U0030947

天還未亮
台灣當代原住民藝術發展

Before Dawn : The Development of Contemporary Indigenous Art in Taiwan

盧梅芬 著

藝術家

目　錄

Contents

1 序一

國立台北藝術大學博物館研究所教授兼所長
王嵩山

距離第一次閱讀梅芬的書已有八個年頭了。這本碩士論文把原住民藝術當成嚴肅的藝術研究對象，初試啼聲便獲得藝評界許多掌聲。之後，青年盧梅芬居然願意進入與現代藝術相去甚遠的考古類型博物館工作，居然對傳統意義的標本抱持新的觀點，居然結合許多有創意的原住民進出「博物館的傳統領域」。看來她不只關心藝術，更熱愛作為藝術主體的原住民。

這幾年來，眼見她在博物館領域稱職地扮演策展人的角色，明白台灣終將出現一本以藝術評論本科學問為基礎關懷的原住民藝術論著。如今書稿既成，索序於我；因此贅言幾句，擺在書前，庶幾不成續貂之作。

台灣原住民的文化已是一個活潑的場域，族人們文化表現的形式非常多樣化，展演的載體也越來越多。從文字書寫到多媒體，從畫筆到雕刀，從織藝到編藝，從家居工藝到建築，普遍的見之於部落與都市中的各種視覺、造型與表演藝術行動，正通過獨特的個人與群體，尋求創意性的表現。許多人透過藝術認識原住民文化。但是，原住民藝術是什麼呢？

梅芬久蟄東台灣的博物館，凝視原住民的藝術世界，體察豐盛的原住民視覺與造型藝術現象，其實纏繞太多浮誇的報導資訊，藝術思想、表現能力仍處於啟蒙階段卻又攬有不相襯的高曝光率，而缺乏開拓式議題的討論，原住民藝術便只能在「異國饗宴」活動中被快速地消費、遺忘。

這個體察既來自於一位優秀的藝術史工作者的敏感，也來自她與傑出的原住民藝術家的深刻交往，更來自於在「國家的」與「人類學的」情境中的台灣史前文化博物館之策展經驗。本書微妙的透露出對於原住民藝術家與其處境的同情的理解。

通過梅芬擅長的藝術批判的文體，跟隨著能「深切體認到台灣原住民藝術在許多方面的問題的少數原住民藝術創作者」的看法，本書指出當前的「虛幻」的原住民藝術盛況（包括：浮濫的天賦描述、原始的想像、差異的光環等），是對於原住民藝術的發展不利的因素。她強調，人們所忽略的「文化殖民」依舊存在。因此，我們必須思考如何讓大社會更能深刻、敏銳地感受到原住民藝術所需面對的殖民障礙與現實困難；「去殖民化」正是

台東縣文化局原住民文物陳列室展示之「排灣族木雕桌椅」（盧梅芬攝於2007）

原住民藝術發展的關鍵性動作，而評介具有時代精神的好作品，不只成爲展望未來的參考，更讓我們發現複雜的社會文化因素對藝術的影響。

書中四大部分內容，分別討論了「藝術復興」中的1990年代台灣原住民藝術之「群起」而非「興起」的現象；從「殖民美學」而來的「型塑與隔離」，建構出一個「原始的想像」與「孤立的傳統」之「無形的蕃界」，產生了「邊緣裡的中心幻象」；「重塑祖靈的榮耀」，描繪「去殖民的文化想像與心理處境」所產生四個問題：落入殖民美學邏輯而自我奴化、鎖國的民族主義、遠離更細膩的藝術根源、消耗；最後一章則「穿透隔離界線」文本，藉由討論「打破二元視角」、「原住民性的限制與可能」、「從不同中照見人性」、「從族性邊界中釋放個人記憶與經驗」等等去殖民的實踐，我們探掘原住民藝術復興的啓蒙與主體深度。

隨著內外在社會之文化發展而脈動的原住民藝術表達，早已不是一個孤立的範疇。本書文字流暢而意蘊深厚，論述節奏明快又條理分明，取材豐富且內容紮實。因此，台灣原住民的「族群藝術」、「泛原住民藝術」、「現代藝術」發展脈絡，從「生活藝術」、「觀光商品」、「藝術產業」到「純藝術創作」的藝術功能演化進程，以及在變遷的過程中原住民藝術的角色與價值等幾個面向，都被細膩的描述出來。

根據前述的認識，梅芬對於近十年來顯示在原住民藝術裡的「邊緣裡的中心幻象」，提出「天還未亮」的警示觀點。但是，有源、有本、有超越的原住民藝術的路，要如何走下去呢？或者，用本書的話語來問，台灣原住民藝術要如何「立己」呢？

「去文化殖民」，是梅芬的強烈呼喊；或者，採用「反思的與智性的」掌握脈絡的方式，拉高、改革原住民視覺與造型藝術水平，也是一個方法。但是，如同本書所關心的，更好的答案存在於「去文化殖民」的「傳統美學素養的重建」與「現代美學的探索實踐」之間，等待那些與部落緊密關連、又能體現普世價值的創作者之積極實踐。

無論如何，梅芬深切的期待是一個巨大的文化工程。文化殖民者的藝術世界模式昭然若揭：被殖民終而去殖民者的藝術世界模式之顯露，究竟是鏡、是燈？天亮以後自然明白。

2 序二　啟航時/天還未亮

高雄市立美術館館長
李俊賢

　　2006年中，高雄市立美術館辦了台灣和法屬新喀里多尼亞（New Caledonia）的「南島」藝術家駐館創作。來自屏東的排灣族藝術家雷恩說：「老一輩叫平埔族爲『跑的和鹿一樣快的人』。」同一年中高美館幾位同仁到台東拜訪達悟族藝術家飛魚，他告訴我：「野銀建村不到三百年，早期仍維持和菲律賓來往。」

　　高美館自2006年中啓動「南島當代藝術」系列，爲了踏實執行計畫，儘量大量閱讀、並盡可能實地參訪。短短一年多，了解了很多和「南島」相關的知識，而總結這些經驗和知識，最大的反應是--台灣這塊土地太豐富了。

　　誠然，過去的台灣歷史多半不及於「南島」部分，所謂的「南島」經驗多半來自刻板浮面意象。一當開始了解，確實好像開了一扇新的「視窗」，有了更新的台灣經驗。

　　過去幾千年中，「南島」族群在台灣島上來來往往，爲了適應或對應這個熱帶海島環境，發展出多樣豐富的文化類型，表達了人在海島環境求生存發展的智慧。這些不同族群的文化，有些更「精淬化」而成爲符合當代藝術標準的「藝術品」，成爲「南島」人對於這個海島的註解，也作爲全人類對應海島環境的例證。

　　在過去數千年，台灣「南島」人做爲自己命運的主宰，創造了豐美的文化「藝術」。在21世紀的當下，台灣「南島」則沉陷於結構性的悲情，整個族群被邊緣化，引以爲榮的族群文化快速流失。台灣「南島」文化最終成爲文化標本，只存在於美術館的櫃子、唱片行中的CD片，或終能更新再生並和台灣主體文化交融共榮，確實令關心台灣發展者關切。

　　盧梅芬以地緣方便，深入切身體察台灣「南島」文化，而以其中最「精淬」且「進行中」的「南島」當代藝術做爲探測觀測標的，得出了完全現實又令人不忍的結果。

　　台灣「南島」文化的存續，其傳統文化能否延續是關鍵，而文化更新活化則是延續傳統文化最立竿見影的方式。對於此，有識的台灣「南島」精英已有一些經營，諸如拉黑子、撒古流……者，確實以個別族群文化爲本，誠實面對當代社會環境，表現爲相當質量的「當代藝術」品，創造當代人涉入「南島」文化的介面，所謂的「南島」文化更新，以上確屬誠懇的案例。

　　而「南島」藝術面對結構性難題，確實表現諸多詭異，乃至不堪的情境，這些狀態，

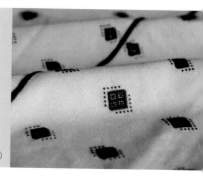

尤瑪‧達陸重製之太魯閣族織品（野桐工坊　林為道攝）

是當代台灣「南島」藝術的背景。對此，作者選擇誠實面對，並儘量「對症下藥」。

　　因此，文中先歷史追索，回溯台灣「南島」藝術「當代化」的起點。對日據時代「工藝產業」推展而造成的雕刻「排灣化」加以說明，並緣此脈絡將國民政府「山地平地化」，以及近年來「南島」文化「節慶化」對台灣「南島」文化影響確實說明，以歷史背景鋪陳做為當下窘狀的基礎根源。

　　回歸「南島」當代藝術的主體--創作，作者亦直指當下困境多因精英投入不多，使當代台灣「南島」創作者較傾向於本能、技能層面，較具挑戰性的文化、甚至美學價值辨証則甚少觸及。

　　作者關心乃至於投入台灣「南島」當代藝術已久，建基於直接接觸感受的田野經驗是其立論的核心根源，這種總結田野經驗再透析立論的做法，使書寫傳達著「現場目擊」的迫近感，加上外衍資料閱讀之後對田野經驗的詮釋說明，使全文可以引人入目且可理解表現下的現實，在台灣「南島」當代藝術論述中，確屬較少見。

　　當代藝術多元多樣，當代藝術的多元面貌實反映當代社會多樣情境，以及當代人性的多元觀點。而「觀點」是複雜的經營、累積後的產物，傳統農業社會時代對於藝術理解的「直觀」方式，確實不易完全理解當代藝術的複雜狀態。因此，當代藝術創作週邊的言說書寫乃成為必要，透過正確合理的言說書寫，使人易於迅速進入創作者觀點進行理解，如此的狀態或是當代藝術多元發展後的必然，即使是當下如胚胎時期的台灣「南島」當代藝術亦是，如作者所撰的《天還未亮--台灣當代原住民藝術發展》，實屬當代情境下的必然結果。如此的書寫累積，一方面足以形成理解的基礎，更進一步則可能增厚創作本身的深度，促成台灣「南島」當代藝術創作質量的累積。

　　作者關切台灣「南島」族群發展，選擇台灣「南島」當代藝術做為觀測的窗口，而愛之深、責之切，既傷情於台灣「南島」族群被邊緣化的情境，又恨鐵不成鋼的殷切期許其當代藝術茁壯成長。本書是作者對於台灣「南島」當代藝術的當下註解，而做為高美館「南島當代藝術」系列的啟動者，或許仍必須加註：「啟航時，天還未亮」。

3 序三　誠實的相遇

卑南族、國立政治大學台灣文學研究所副教授
孫大川

　　1990年代以來，由於台灣社會發生一連串內部結構性的變化，使原住民的議題不但被顯題化，而且其討論的層次，也逐漸從一般社會救濟的層面，昇華到重新釐清民族與國家（nation to nation）相互關係的高度。毫無疑問地，這將近二十年中間，台灣原住民，特別在法政和文化學術的領域方面，似乎有了不少突破性的發展。「原住民」正名入憲、「行政院原住民族委員會」的設置、若干原住民專屬法律的通過，以及國立東華大學「原住民民族學院」的設立，在在顯示一個建立在客觀法政制度上的原漢關係，已經成形。而從原住民主體這個側面來看，80年代正名運動所引發的能量，使原住民在文學、音樂和藝術方面有著源源不絕的創作動力；配合早期社區總體營造的政策，以及最近文化創意產業的推動，原住民部落呈現了另一番值得觀察並需要投注關心的面貌。

　　梅芬這本大書的完成，應該就是對原住民這段歷史變化的觀察與關心。「觀察」乃是一種客觀分析的致知活動，它必需營造某種距離感；而「關心」則鼓勵一種不容自已的「投入」，使自己勇敢地朝向「他者」。這當然不同於一般的論文寫作，也不是學院專題研究的理論虛構，整本書其實反覆地糾纏兩種「存在的焦慮」：原住民文化的存在與作者自己的存在。原書名「台灣當代原住民藝術的立己之路」涉及「立己」之道，既是原住民之「立己」，也是作者本身之「立己」。用傳統儒家的說法來說，這裡所談論的學問，乃是「為己」之學而不是「為人」之學。梅芬給我的信上說：

這本書花了整整三年的時間完成，但蒐集資料、觀察、參與、投入原住民藝術的時間已經近十年了（1997-2006）。寫這本書的動力，並不是為了升等，急於墊高自己的學術位置，那是水到渠成的結果。動力，來自這幾年自己親眼所見、親身接觸，積壓在內心的問題必須透過寫作、分析、釐清自己內心的困惑與疑問。

　　這正是這本書最吸引我的部分。約八年前(1999)，作為梅芬成大藝術研究所碩士論文口試委員的我，因風雨的關係，飛機在台北台南之間往返幾次，終於趕抵考場，這是我第一次見到梅芬。她的論文和卑南族的藝術生態和風格有關，詳細的內容我已不復記憶，但是她那強烈的「涉入」性格，卻給我留下深刻的印象。我隱約可以估計像她這樣性格的人，將來在學術界、職場和人際關係上會有什麼樣的遭遇。之後，我們沒有進一步的聯絡。雖然輾轉知道她到了史前

里歐諾　泰雅族文面老者　2000
（布農文教基金會提供）

博物館，結了婚，生了小孩，且仍不斷與原住民各方藝術工作者互動；但，無論如何都很難想像她怎樣在中華民國那麼務虛的行政體系裡生存？又如何拉得動時常「脫鏈」的原住民朋友？這本書多多少少給我提供了答案，這些答案不是抄襲或轉引自某某學術理論，而是來自於她的實踐、參與和反省，每一個段落都有烽火與傷痕，有衝突、有原諒也有超越……。

在本書「後記」的初稿中有這樣的兩段話：

對於一個必須在既定時間完成行政程序並兼具質感成果的「文化行政者」來說，在公共藝術執行過程裡，面對不懂行政程序、不瞭解公共藝術執行與建築工程介面，甚至連自身的藝術專業都不穩定的創作者，我曾氣的跳腳、甚至發脾氣，幫他們寫公文，也曾因部落人的努力感動的流淚。終於，在一個傳統文物、標本印象已深的人類學博物館，有了原住民當代藝術與人的溫度。

這是一個完全不同的位置，因此，我提醒自己特別留意與反省，儘量避免不自覺地以中產階級所發出的評論觀點「建議」原住民藝術談如何改善？在此之前，在還沒有能力提出解決方案之前，最大的學習與挑戰是，如何中肯地說出他們的處境？表達他們的感受？我必須誠實勇敢地面對自己。站在第一線，我遇到的原住民藝術是什麼樣子？我聽到的敘述是什麼？眼睛所看、內心所感的是什麼？不能是隱惡揚善的人道關懷，而是要用愛心說實話；不是指責式的批判，而是報以更深善意的理解。

兩段話裡表明了梅芬對原住民文化藝術工作的「涉入」，不是一種盲目的熱情，而是一種以「誠實」為基礎的勇敢「對話」和「相遇」。相對於過去對原住民處境的冷漠，90年代之後，台灣整個社會瀰漫著對原住民浪漫的想像，其中還攪雜政治性的綁架和族群意識形態的操弄。從某種角度說，90年代起原住民社會的種種突破性發展，是具有虛幻性的。我從80年代末期對原住民事務的發言，即不斷明確地指出這一點。在我看來，台灣原住民主體的挺立及其「立己」之路，必需建基在充分穿透此一虛幻迷霧的智慧和勇氣上；我將它稱作「黃昏意識」，也將它視為對「死亡」的敞開性。可惜這二十年來，並沒有太多人嚴肅對待我提出的命題。梅芬說這本書命名「天還未亮」，乃是對我黃昏觀點的響應和延續，我有一種很深被理解的幸福感。其實，「立人」、「立己」之路有什麼高明的法門，「誠實」而已。

是為序。

前言
在文化殖民與藝術獨立之間

- 揭開虛幻的帷幕,面對現實
- 研究與歷史斷層
- 在療傷止痛中尋找生命的出口
- 才剛開始

揭開虛幻的帷幕,面對現實

曾經有朋友以納悶的口吻問我:「怎麼會有那麼多的原住民藝術工作者?」言下之意,這是一個特殊的有點奇怪的現象。在其認知裡,主流社會的「藝術」,不是一個普遍與容易的工作。

然而,台灣原住民藝術的主角,以及這本書關注的主角,並不全然是主流社會想像或認知的「藝術家」。其中一大部分的主角是一群求生存的平凡男女,說得是他們如何面對貧弱與建立正面認同,以及如何捲入殖民與去殖民的文化想像漩渦……。因此,討論的重點不僅是藝術與美學,還包括圍繞在如何「活得更好」這個濃郁的渴望氛圍。一直到2000年代,主流社會認知下的藝術風格及藝術家概念才逐漸鮮明。但自許成為「藝術家」的創作者與作品,許多仍處於起步或實驗階段。

1990年代,文化產業成為遍及角落、深植人心的政策,藝術被普遍認知為是一個比較可能或較快帶來改變的工作。原住民藝術如雨後春筍般冒出的顯著現象,猶如一場移民,為追求一個能夠安身立命的「應許之地」邁進,是研究期間感受最深的時代心事。

他們多不清楚什麼殖民、去殖民,什麼現代性與風格建立……,他們多單純天真地懷抱希望,認為「做文化」工作,有「前(錢)」景,可以慢慢遠離過去的生活之地。他們努力從一個曾經極度仰望殖民價值而放棄自我的人,在文化與尊嚴破壞殆盡後,為剝去身上的污名烙印、擺脫貧弱與自卑、創造新自我而奮鬥努力。

然而,一群文化產業及2000年代初期創意產業政策下的原住民藝術工作者,大多是中等學歷以下或社經地位較為弱勢的一群。這樣的教育程度與生活條件,獲取外界與國際資訊,藉以參考比較與繼續深化的能力較為薄弱;不容易爬上一個至高點眺望整個局面、掌握情勢,更不易預知與解決可能橫在眼前的困難與問題;不具備較高的辨識力、判斷力、鑑賞力,以及對趨勢的敏感度與掌握力,也就比較不容易產生改革的力量。

2006年,我受台灣基督長老教會原住民社區發展中心邀請,談創意風格時代的設計力與原住民創意產業的關係。【1】然而,面對這群部落婦女、部落媽媽等學員,由他們的位置,抬頭仰望理解品牌建立與設計力,是很艱難的學習過程。然而,在演講問答之間、在下鄉訪談原住民藝術工作者所接觸的現實經驗中,落差與衝擊表現在他們蹲在那裡埋頭苦幹、認真努力以對,襲上心頭的為難感與荒謬感。

當文化產業等文化重建工作開始的同

時，總是不斷這麼說的，原住民藝術如此豐美；也不斷地以原住民傳統藝術與文化資產這個概念，來榮耀國家與原住民自己。然而，1990年代原住民文化重建，從上個時代手中接下的原住民藝術，究竟是什麼樣的面貌？

我們必須抱著非常深切的心情理解，在問「我是誰」之前，原住民藝術首先要面對的是「失去」，一片陌生、甚至荒蕪的美感土地。原住民藝術的重建，不僅建立在一個薄弱的根基上，更嚴重的是一個幾乎被淘空的基底。

傳統本身，是沒有力量保護一個備受威脅的文化的；也並不是把傳統擺在自己眼前，就能建立自信與能力。一而再、再而三地強調與炫耀傳統，或重塑祖先的榮耀，或忽略或避談重建這個傳統需要什麼樣的條件與能力，只會淪為金山上的乞丐。或如達悟族一位老人面對文化重建的心情：

哪裡有先砍斷了我們的雙腿，然後，又要我們用被砍斷的腿站起來。[2]

這也就是為什麼專注於傳統織布重製工作十年有餘的尤瑪·達陸耳提面命地不斷強調：「重製傳統的意義，是要證明自己是有能力、實力的。」沒有能力，哪來的傳統？而傳統現代化，意味著深入掌握傳統始能轉化，是另一種搶救傳統的方式。

然而，愈難以達到的理想，愈容易成為時常掛在嘴上的不實口惠。當這個國家、社會不斷地歌誦原住民藝術，喊著天賦才能與藝術民族，而原住民自身也在外表上努力表現一種造作的健壯與美麗時。在官辦活動中，一次又一次重複、稍縱即逝的興奮過後，尤瑪·達陸卻憂心地指出：「你真的會以原住民藝術為榮嗎？」；安力·給努擔憂：「原住民藝術品的素質日趨低俗。而族人們未具批評、鑑賞和比較能力。」[3]

當不斷強調原住民藝術是立足本土的國際代表時，又有幾個人以真本事打進心之嚮往的國際？投入木雕創作十年有餘的拉黑子擔憂：「原住民現代藝術還太幼稚。」、「原住民藝術家應該要比其他族群努力兩倍，才有可能在這個潮流上起頭。」；有些甚至不進反退，2003年行政院原民會文化園區管理局表演藝術負責人包勝雄指出，大部分學校、部落或協會的原住民樂舞，依然停留在二十年前的表演型態。[4]

原住民傳統藝術與素養的重建，幾乎重頭開始；原住民現代藝術的探索實踐，也才剛開始；原住民藝術，多仍停留在自我情感抒發，尚未讓抒發的內涵與形式更具質感。然而，原住民藝術卻在短短的十年內，被強力要求表現、壓縮養成，既未培基固本，又被掐住創作的喉嚨。

雖有少數原住民藝術創作者，深切體認到台灣原住民藝術在許多方面的問題。然而，當原住民藝術的思想、表現力仍處於才剛開始的階段時，原住民藝術在媒體、公共場域的曝光率，卻已浮濫。原住民藝術面臨的問題，不是報導資訊的缺乏，而是過剩；缺乏議題的定格放大討論，多只在「異國饗宴」活動中被快速地消費，也快速地被遺忘。

然而，種種問題卻被一股美麗幻象所覆蓋，猶如聖經啟示錄中所描述傳播末日——飢餓、戰爭、瘟疫、死亡的四騎士，化身為以常春藤遮身的少女與頭戴花冠的青年，遮蔽末日的危機。

舊殖民同化政策結束後，第二階段「文化殖民」對傳統的肯定，以及原住民自身陷入

原漢二元對峙的去殖民的文化想像，使得藝術同時具有精神鴉片與療傷止痛的良藥兩面，亦使得虛幻榮耀與現實貧弱等看似矛盾的經驗，混雜成當今台灣原住民普遍的生活實況。

「虛幻」，正是本書的核心問題感。而本書的企圖，在於接續孫大川於1980年代末期所發出的警語——原住民靈魂深處最深的煎熬、困惑與真實「黃昏民族」，對於十年以來的「邊緣裡的中心幻象」，針對原住民藝術提出「天還未亮」的警示觀點。

分析「文化重建」的概念以及與藝術的關係，試圖揭開隔閡現實中的原住民藝術與社會大眾之間的虛幻幃幕，包括浮濫的天賦描述、原始的想像、差異的光環等。思考要如何讓這個社會更能深刻、敏銳地感受到原住民藝術所需面對的殖民障礙與現實困難？同時分析評介具有時代精神的作品，以做為展望未來的正面參考。

研究與歷史斷層

關於1990年代台灣原住民藝術群起現象，我曾試著從國內研究中尋找類似的討論，心中不斷累積的問題或欲求實踐的方式，卻無法獲得充分的紓解。當代台灣原住民藝術的論述，尚未得到學術與文化機構持續性的關注以及計畫性的研究，似乎反映了某種理論困境以及原住民自身的論述困難。

這個困境，則反映在「傳統」與「現代」兩個詞彙的使用疲乏。而此二元界分，則又反映了之間的研究與歷史斷層。台灣原住民藝術研究，陷入了兩個極深的困境，一是如何重拾時間感？二是在新與舊、傳統與現代的表象底下，或許可以聯想到「傳統的包袱或困境」，卻未能意識到「殖民的陰魂」。「文化殖民」的反思機會或更深刻的討論，容易擦身而過。

在書寫過程中，我雖意識到原住民藝術的文化殖民議題尚未深入開展，但也須回到當時個人的動機、想法、實踐等，避免以殖民與被殖民的理論套歷史，而忽略當時可能的更豐富、更多層次的歷史複雜面貌。

台灣美術史裡有沒有我？台灣原住民藝術出現在台灣藝術史中，以在台灣這個空間出現的時間先後來看，是在考古文物與荷西時期之間，且主要以古老居民的生活美術面貌被介紹。原住民藝術是台灣藝術史重要的起頭篇章，但日據時期國家殖民力量介入後，在台灣藝術史的重要分期裡，除了傳統藝術，幾乎看不清原住民藝術的時代發展痕跡。一直到原住民純藝術與創新意識出現的1990年代末期與2000年代初期，原住民藝術才逐漸獲得了主流美術界的注意。

然而，日據時期至1990年代前，這段橫跨近百年的時空，原住民藝術並非消聲匿跡，只是在強調與偏重個人創作觀念與風格突破的主流藝術裡，具民俗屬性而非純藝術的族群藝術的變遷與起落，以及觀光市場中的原住民藝術現象，或被歸類在工藝範疇，自然不被持續關注。

而或許因為這個介於族群、個人與現代之間，無法清楚界定的交雜模糊面貌，著重族群藝術的人類學、著重個人風格突破的藝術學，不容易在這個「過渡」狀態中找到學科研究的使力點，也產生了原住民藝術研究的斷層。

由於台灣當代原住民藝術的輪廓仍顯模糊，以及過去研究偏重現象、缺乏作品原像與作者分析，因此不少篇幅需先細讀作品以及原住民藝術創作者的想法或觀點，始能進入深度評論。透過作品接合歷史血肉，描繪當時的社會文化背景，但也努力找出獨特的生命力量與

風貌。分析台灣原住民藝術如何從族群藝術、「泛原住民藝術」發展到現代或個人藝術？藝術的功能，如何從生活藝術、觀光商品、藝術產業到純藝術創作？而在此變遷的過程中，原住民藝術的角色與價值又是爲何？

在療傷止痛中尋找生命的出口

台灣原住民藝術群起樂觀表象的心靈深處，卻是同時療殖民傷、止回家痛，並要在傷口未復原的同時，尋找生命的出口，建立強壯的自我。這個過程包括面對世界、殖民、族群與自我之間的各種挑戰。

第一章〈藝術復興？〉是本章的核心提問，針對1990年代台灣原住民藝術群起，幾乎一面倒或籠統地被詮釋、認知爲「藝術復興」的概念，分析其形成因素與「用意」，並提出「群起」並不等於「興起」。從舊殖民時代手中接下一個幾乎被淘空的傳統藝術基底，從「黃昏民族」警語到「藝術復興」，筆者深刻感受到的卻是一個特別到不尋常的急促「逆轉」現象。

本章先分析原住民藝術群起的產業面貌，勾勒出文化重建與文化產業下一種日常生活的時代心事，並將原住民藝術產業置於歷史縱深，回頭分析一斷塵封的歷史——日據時代一些藝文精英所發出的原住民藝術產業警語。尤其，在約六十、八十年後，仍是現今原住民藝術仍需面對、尚未解決、甚至尚未意識到的問題，以比較1990年代藝術產業的過度樂觀。

本章是一篇引子，試圖引出「藝術復興」這個樂觀氛圍背後交纏的「文化殖民」與正面認同需求、體質虛弱，讓人暫時除去疑慮而產生批判空窗期的問題，提出政治上的主體正名，尚未落實於文化的去殖民工作以及藝術內涵的創造。

第二章〈無形的蕃界〉，試圖分析一種發生在你我周遭，極爲尋常的原住民藝術視覺經驗——所謂異國情調下的產物「泛山地藝術」。本章試圖進一步提出「殖民美學」概念，在於「泛山地藝術」背後有其主要的形成邏輯與模式。而過去的研究多關注觀光藝品的社會經濟政治面的影響，較少深入美學領域分析這類藝術究竟的形貌特質。

殖民美學除了不可避免的主流藝術價值的影響，主要建立在漢原二元視角下將原住民各族群視爲單一群體，以及殖民慾望與國族建構的需要之上，形成了「原始的想像」與「孤立的傳統」兩種主要形貌與邊界。

「原始的想像」主要形成了一種相對於漢人、無論台灣各族或其他世界少數民族藝術如何移植再拼組，以及相對於各族，如阿美、泰雅、排灣等「好像是，又好像什麼都不是」的藝術畸形兒，並兼具有美化、自然化、理想化與遙遠的異國想像。

「孤立的傳統」則是原住民文化被視爲擁有的只有傳統的部分。本章所關切的不僅是舊殖民同化時期所操控的傳統，從1990年代扶植政策、學術研究、文化機構等領域所張成的自覺或不自覺的操控網路，剖析舊殖民邏輯如何延伸至文化殖民時期。在具正當性的本土、多元社會裡，原住民藝術如何只是充實主流多元視野的一部分，而非原住民自身的多元開展，多元徒具形式。

而殖民美學所塑造的藝術邊界，隔閡對現實原住民的認識，除了在殖民同化時期產生「兩個極端的世界」，延續到文化殖民時期更產生了「邊緣裡的中心幻象」此核心問題。而本土多元背景下對傳統的肯定，又正應合了虛弱的原住民迫切回到殖民前的榮耀的認同需求，雙重作用使得藝術成了一個短暫脫離現實、逃

避現實的避難所，讓必要的反思滯縮，阻礙了對殖民反思的契機。

漢／原二元權力結構論述方式，多著墨殖民影響，不易察覺被殖民者原住民在殖民與獨立之際發展主體的矛盾。

第三章〈重塑祖靈的榮耀〉則從原住民的角度，試圖分析為什麼標榜「藝術復興」的原住民藝術表現多未從舊殖民時代脫胎換骨？為什麼文化去殖民運動無法展開？從同化殖民到第二階段的文化殖民以及同時期的「藝術復興」，本章試圖探討目前原住民藝術研究一個未被注意的環節——去殖民的文化想像陷阱與心理處境。

每個時代，都有當時的困境與難題。藝術，是時代的見證者；藝術，是擴大人們認識原住民心理的一扇窗。而理解原住民在殖民與獨立之間的心理處境與時代情緒，是了解原住民藝術「群起」與藝術表現的必要條件。

本章以法農（Franz Fanon）的殖民精神分析理論，探討原住民藝術如何急迫回到殖民前、一個未被殖民污染的傳統與榮耀，以撐起正面認同的爆炸性需求。再加上文化殖民時期對傳統的操控，雙重作用，儘管原住民現實中的問題如此強烈，但原住民藝術的社會現實性格一直發達不起來。然而，這種正面認同方式卻陷入了原漢二元對峙的認同僵局，不能沾染殖民文化的狹隘去殖民想像。

去殖民的文化想像主要產生了四個問題，一是落入殖民美學邏輯而自我奴化、二是鎖國的民族主義、三是遠離更清楚細膩的藝術根源、四是消耗，同化殖民後荒蕪的美感土地，需要休養生息的再生力量，陷入一種虛耗的二元對峙之中，無心開展。這個過程似乎是個無法避免的歷史宿命，背後隱藏的是另一個貧弱窮困等生活壓力、無力走出的困境；缺乏

堅強的在地、自我力量，也就不易同時保有開放性與自主度。

本章並以原住民藝術發展之大宗木雕為例，爬梳其歷史脈絡，比較殖民前、同化殖民，以及文化殖民與文化重建期交雜的殖民與去殖民的文化想像問題。除了歷史比較，另以美洲印地安平面繪畫以及台灣原住民藝術、原舞者、顏水龍的山胞畫像、民族誌影像等例子橫向比較探討「人類學」如何成為一種描述「脫離現實的純正」審美詞彙與「觀看」方式。

殖民影響、原住民去殖民的文化想像與狹隘的民族主義以及長久以來的差異與身分保障，讓原住民藝術隔離於現實與世界之外，如此之久，結果，世界也忽略了他。

第四章〈穿透隔離界線〉企圖點出一個關鍵的思考模式轉變——從文化保存到藝術呆滯的警覺。有別於之前的樂觀氛圍，突顯一個新出現的、關鍵性的時代情緒——困惑，拉黑子‧達立夫作品所引發的「什麼是原住民藝術？」的議題。

藉由這個困惑，引出本章的核心，探討2000年代原住民藝術的「現代性」意義，以及這個自覺力量如何使殖民美學的差異隔離邊界以及原住民自身所構築的鎖國防線，開始鬆動、出現缺口。包括「打破二元視角」、「原住民性的限制與可能」、「從差異不同中照見普世人性」、「從族群邊界中釋放個人記憶與經驗」等去殖民的實踐。

這是一條藝術新方向，一個剛開始、具有未來性與開創性的革新力量，設法找出一個可以奮鬥的答案與出路，並回頭重新反省比較1990年代「藝術復興」的啟蒙意義與主體深度。但仍只是鬆動，一些原住民藝術自覺者，雖意識到問題，但尚未提出強而有力的主張與

拉黑子．達立夫 殘系列作品 2007（蔡淑娟攝）

藝術實踐。

才剛開始

　　對於失去傳統藝術與歷史座標，又缺乏現代專業知能的許多原住民藝術創作者來說，他們上了船才開始尋找指北針。對於一個本就身體虛弱、營養不良，甚至仍包裹著殖民傷痕的原住民來說，一路蹣跚跟蹌，走得辛苦，遠超過漢人所能想像。

　　而在邁向「應許之地」的長征路途中，還需來自這個社會更多的深刻反思與同理。如果主流無法深刻由衷地了解問題，如何共同解決原住民藝術的問題？同時在另一端，原住民藝術需要專業或專門知識的力量，進而有效地將這個力量與思考導入政治的決策過程裡，以影響政策。

　　孫大川先生的「黃昏」警語，猶如美麗的族群輓歌，透顯出死亡的意象。但這個社會所製造的虛幻帷幕，多止於對於「夕陽無限好」的浪漫想像，忽視了「黃昏」的現實焦慮。儘管1990年代原住民藝術群起熱絡，正面臨文化殖民危機卻未普遍意識警覺，更遑論撼動與革新。原住民藝術與文化上的去殖民運動，才剛開始。首先要看穿虛幻的表面，還原其過程、

識破潛藏的殖民控制與現實問題，進而拆解，而不是用二手眼睛看自己。

　　久陷殖民與去殖民陷阱的原住民藝術，正努力掙脫，試圖找到立己方向。真正的自信不僅止於異國情調或差異特色，更重要的是有沒有信心與能力將原住民藝術帶到讓大家引以為傲的水平。如果原住民藝術每一個個體無法強壯，兼顧觀光與經濟、擁有尊嚴、邁入國際舞台，都是不易應驗的咒語。

　　在接近尾聲的寫作過程中，我重新思考，放在更大的歷史架構與拉長的歷史長河中，原住民藝術是否像嬰兒般從新學習，伸手踮腳地逐漸邁向茁壯？是否已逐漸走向康復之路，開始反映某種生命力與創造力？

【註釋】

1. 2005年5至6月，該中心舉辦「造一種風格——台東：工藝商品設計研習營」，主旨為開發原住民設計商品。計畫成果「造一種風格——台東原住民工藝商品創意．設計產品計畫書」，標題已帶出創意、設計、產品等概念。
2. 轉引自達悟族文化工作者賴美惠轉述。
3. 安力・給怒（1998：10）。
4. 轉引自鄭桂英編撰（2003：219-220）。

1　藝術復興？
1990年代台灣原住民藝術群起的時代背景

1990年代，這是一個多麼令原住民期待的新時代！

面對這個歷史性的變局，燃起了許多原住民的希望與熱情。原住民彷彿從暗無天日的底層中，看到一線曙光；從污名劃界的族群隔離中，看到對等接納的缺口；從貧弱世襲的宿命中，看到翻身的機會。

然而，1990年代，是原住民開始追尋正面認同、主體性及自我表達的時代，亦是殖民權力慾望之眼更加「看重」原住民的時代；這是原住民開展文化產業的時代，亦是原住民異國情調觀光景氣再度回春的時代；這是原住民文化重建啟動的時代，同時是原住民政治消費更為成熟的時代。

「文化重建」及同化殖民後的「文化殖民」，這兩股力量共同塑造了這個時代的樂觀氛圍，容易讓人分不清、亦看不清殖民的影響，並掩蓋了殖民傷痕，忽略了心理復健與文化療癒。尤其當殖民力量披上文化傳承的外衣、高喊多元文化價值時。

雖然，1990年代相對於解嚴前的舊殖民時期，使得原住民產生了文化重建的動力，也催生了政治新架構，台灣原住民相對有了較為自由的文化與行政空間。但是，存在於社會的原住民刻板印象，至今仍頑固地存在於漢人的腦海裡；存在於整個社會那根深蒂固的原住民藝術觀念，依舊緊緊地箝制了原住民藝術自覺意識的擴張，以及想像力與創造力的開展。

未探究原住民藝術的中心思想與自覺理念究竟為何、改變了什麼，就急於將之定位為藝術復興；未思考上游原住民藝術創新呆滯的問題，卻急談下游缺乏靈魂的生產與行銷；未反省原住民藝術營養不良、如何養成的問題，卻不斷急於產出文化節，吹噓原住民藝術的豐美，獨立的主體與所謂的藝術復興，不過是虛妄。

第1-1章　藝術大躍進：台灣原住民藝術群起的產業面貌

第1節　技藝訓練與文化產業：1990年代台灣原住民藝術群起的政策導向

一、從文化保存到技藝訓練

光復後，台灣原住民手工藝出現在幾項重要政策中（詳表1-1），但未成一個長期持續的顯項計畫推動。這個時期的手工藝主要被放在觀光遊憩與改善山胞經濟的角度思考，行政管理單位主要為省旅遊局與民政廳，執行單位則是鄉鎮公所基層。實施方式為鼓勵當地山胞經驗

技能，製作適合於平地愛好之產品，向鄉外推銷。這個時期所辦理的各類家政班、補習班與研習班，多是技術導向。

自1990年起，教育部技職司執行「山胞職業教育改進計畫」，並以維護傳統文化、適應現代生活為目標，對原住民較多之職業學校優予照顧。【1】自1993年起，教育部開辦國中技藝教育班，原住民藝術是山胞職業教育的重要項目。惟技藝訓練常流於一種補救措施，包括希望減少中輟生發生。

1991至1993年間，由台灣省原住民行政局推動的「加強山胞家政推廣教育計畫」，以及1994至1998年為期四年的「家政推廣教育」計畫，是光復後較具規模且持續於全台原住民縣市地區推動的技藝訓練。【2】當時推動這條主脈的主要單位還包括行政院農業委員會、經濟部中小企業處、財團法人台灣手工業推廣中心，以及「原住民地區」之縣市政府、鄉鎮公所等張成的連結網路。

最基層的鄉公所廣泛地開辦家政班與技藝班。例如，1993年成立，在當時經常成為全省各原住民鄉鎮發展手工藝的著名示範點——台中縣和平鄉公所傳統藝品產銷班，全鄉共成立十七個家政班，參加班員高達四五○人；班員並自行成立兩處展售中心——「德芙蘭展售中心」與「尤瑪展售中心」。【3】

1994年，台灣省政府原住民行政局所轄之「原住民技藝研習中心」正式營運，統籌管理與開設原住民技藝研習課程。【4】在該中心所開辦的「專業經營管理訓練班」中，專業類別包括農業類、技術類與土地資源開發類，其中的技術類主要指「原住民傳統技藝與風味之技術和木雕、石雕、製陶、行銷作業與經營管理等。」【5】

1996年，上述推動原住民藝術產業的主力單位，於台北台灣手工業推廣中心中華工藝館，共同推出了政策執行成果——「台灣原住民手工藝品展」。行政院農委會特別強調展售及行銷制度與網路的建立，使原住民手工藝品商品化、藝術化，以提高原住民社會地位和增加原住民所得。【6】

其中的行銷方式，包括在原住民鄉鎮地區成立手工藝品工作坊展售產品，並與台灣手工業推廣中心，構成城鄉配合、相互支援的行銷網路。而主辦單位之一經濟部中小企業處主要透過「社區小企業輔導計畫」專案執行，協助原住民成立產品運銷組織，訓練培養經營工商業能力。技術、生產、行銷管理為此階段強調的重點工作，至為重要的上游設計，則未有太多著墨。

二、觸發與培力的社區藝術：文化產業的階段意義

1994年，文建會推動「社區總體營造政策」。1995年，文建會進一步提出「文化產業化、產業文化化」。文化產業，成為社區總體營造兼具文化與經濟發展的核心工作之一。同年的「全國文藝季」，文建會所策劃的「台灣原住民文化藝術傳承與發展系列座談」，即透過全國性、各地方座談方式，推廣「社區總體營造」與「文化產業」政策觀念，並廣徵民意，期望可勾勒出原住民文化未來發展的可能藍圖。【7】時任文建會主委鄭淑敏在開幕式即指出：「舉辦此系列座談，實際上就是要在現代社會中為即將要消失的原住民文化找到一線生機，……。」【8】

大型座談議題包括，「文化產業發展與社區總體營造」、「文化政策與人才培育」、「傳統工藝及其發展」、「原住民樂舞」及「原住民語言與文學」。原住民藝術開始被中央文

化單位所正視，文化產業則成為當時原住民藝術發展的焦點政策。

「社區總體營造」標榜由下而上的理念，提供給全國各社區、地方文化工作者一個發揮的舞台，而得到了廣泛的迴響。一些起步較早的社區，則因社區總體營造政策而加速成長，較具代表性的有1980年代後期，即開始推動「達娜伊谷生態公園」理念的鄒族山美部落。[9] 位於屏東的魯凱族舊好茶部落，則因1994至1996年期間，台大建築與城鄉研究發展基金會規劃聚落保存與社區總體營造，而成為當時原住民聚落社造的重要範例。

許多地方文化或藝術工作者，則因接辦相關活動或申請相關補助而大幅成長，或成立工作室。為了因應這個成長，位於屏東的台灣原住民文化園區分別於1994年、1995年，連續舉辦兩屆「原住民文化工作者培訓營」，並整理出版《原住民文化工作者田野應用手冊》及《原住民文化工作者田野應用手冊（二）》。課程內容包括田野調查、文化採集、影像紀錄與計畫書撰寫等，反映了原住民文化重建與透過計畫書申請補助的兩個主要面向。

社區總體營造與文化產業政策，亦開始影響原住民藝術的發展。著名的有花蓮太巴塱國小校長李來旺在校內所推動的木雕班。本來是為了避免學生下課後被招徠為「八家將」而成立，後因社造影響成立成人木雕研習班，發展木雕產業。台東卑南族建和部落，則有哈古主持木雕藝術村。1999年，台灣原住民文化園區則因應原住民藝術創作者的群起現象，辦理「原住民藝術工作者培訓營」。

文化產業政策透過工藝觸發文化意識，社區培力的效益顯然大於「藝術性」。因此，看待社區產品的態度也會有所不同，不會以太高的藝術標準看待之；而是鼓勵取向，對社區

的認真、努力給予掌聲。在社區培力的過程中，亦可激發或發掘有潛力或質素高的創作者，但需要有不同於社區藝術的計畫，協助這些人精進。

三、原民會與原住民族產業

1996年，原住民最高行政機構「行政院原住民族委員會」成立後，基本上仍延續台灣省政府時期的家政推廣教育計畫，以及文建會的社區總體營造與文化產業政策。

1997年，為推動原住民族產業活動，增進原住民產業經營管理效能，提升產業層級及競爭力，原民會特訂定「推展原住民族產業活動補助要點」，補助範圍之一的原住民文化產業活動，包含傳統手工藝、竹（藤、編）器、刺繡、編織、服飾、陶藝、木雕、皮雕、石雕、雅石、琉璃珠、玩偶、奇木等產品。同年頒行「補助原住民民俗文化暨傳統體育競技活動作業要點」，宗旨為推動原住民民俗文化及傳統體育競技活動，發揚原住民優良文化藝術及激發體育潛能。原住民民俗文化活動中的傳統手工藝，亦是補助範圍。

1999年起接續「家政推廣」推行「輔導傳統工藝產業暨婦女副業生產創業經營」，家政班班員以婦女為主，以家庭副業的方式，兼顧家庭與收入。2001年，原民會為執行「行政院挑戰2008：國家發展六年計畫--新故鄉社區營造--原住民新部落運動」訂定部落社區產業發展六年計畫以及「原住民地區輔導原住民工藝產業發展計畫」。

1999年9月21日震災，造成南投縣等原住民地區重創，原民會展開的災後重建工作之一「就業輔導」，主要與行政院勞工委員會協調重建災區的技術人力，包括建築配管、挖掘機操作等外，另外辦理「原住民社區型技藝訓練

表1-1 國家政策下的台灣原住民文化藝術產業

分　期	時　間	政　策	特　質
經濟就業與觀光遊憩	1951	「台灣省山地施政要點」	第15點為「增加山地生產，設立山地產業指導所，訓練山胞農業及手工業技能，指導農業增產，推廣畜牧水產養蠶種菜果樹及山地特產之栽培，以提高山胞經濟觀念及生產能力」。【10】產業內容主要為農畜牧業等。
	1953	「促進山地行政建設計畫」大綱	第二項「改善山胞經濟生活」項目之一，實施原則包括訓練山胞學習手工業技能，因地制宜興辦手工藝，開設山胞工藝講習班。【11】
	1956	「山地手工藝講習班」結業成員輔導	輔導結業學員返鄉後，繼續從事手工藝品製作，以提高技能及加強推廣。【12】
	1963	「台灣省山地行政改進方案」	在經濟建設項目中，包括訓練山胞實用技藝，並輔導生產就業。各種技藝訓練由省縣鄉分別設班或委託學校廠商辦理。【13】
	1966	「各縣山地國校辦理民眾國語文及實用技藝補習班注意事項」	與手工藝相關之補習班，包括「手工藝科」與「家事科」。手工藝科的課程為工藝概況，竹木藤工等製作法；家事科以女性為限，課程包括烹飪、縫紉、編織、刺繡等。補習班之修業期限，以全期四個月每日六小時日間授課為原則。【14】
	1988	「台灣省山胞社會發展方案執行作業要領」（實施時間1988～2000年）	在「經濟建設」分項計畫下，推展台灣山地手工藝，包括，第5點觀光遊憩：推展山地固有手工藝及特產物；第6點輔導創業：舉辦山胞傳統手工藝訓練。【15】
文化產業	1991～1993	「加強山胞家政推廣教育計畫」／台灣省原住民行政局	文化傳承、提高所得與提升社會地位。
	1994～1998	「家政推廣教育」／台灣省原住民行政局	
	1995	社區總體營造文化產業／文建會	社區培力、主體自覺、文化觸發、提高所得。
	1999～2001	「輔導傳統工藝產業暨婦女副業生產創業經營」計劃／原民會	
	2002～2003	挑戰2008「原住民地區輔導原住民工藝產業發展計劃」／原民會	
創意產業	2002	創意產業／文建會	著重國際競爭、創意、設計力、品牌建立。
	2006	行政院原民會文化園區管理局	舉辦「2006年原住民族創意產品設計競賽」。
	2006	台北市政府原住民事務委員會	「原藝之美──台北2006年原住民文化創意產品競賽暨特展活動」，並首次辦理「文化創意產業研習」。
	2007	台北市政府原住民事務委員會	「原光再現──文化創意設計展」

班」，如織布、竹藤、編織、木雕等。然而，從相關計畫報告中，可以看到就業數，卻不容易感受藝術的品質。

四、小結

從1991年台灣省政府原住民行政局推動的「加強山胞家政推廣教育計畫」到文建會、原民會的文化產業政策，一路下來，這十年間，基本上都在談同一件事情：透過工藝能夠兼顧原住民的文化與經濟問題。

原住民藝術很快地被推上生產線。剛開始有正面觸發的作用，如社區培力、正面認同需求，也的確可見立竿見影之效果，讓原住民在一開始、短期內看到一些具體成果，而不是遙不可及的夢。然而，除了社區與文化面向的意義，這些政策的共同問題，在於這個產業的基礎之一「藝術性」是較弱的，並產生量重於質的問題。

1990年代中期，原住民藝術從傳統轉換成現代產品之際，在當時的條件與能力下，不乏有相對來說水準不錯者。然而，整體原住民藝術產業發展，在短時間內一窩蜂的投入，產生愈來愈多產品同質化的問題。而多數產品一個個又像是在輸送帶上集體完成、卻未經過嚴格品質控管的過剩產品，如筆袋、眼鏡袋等。

原住民藝術產業的主要面貌，很快地淪為尤瑪・達陸所形容的「Lobanton名牌」——「路邊攤」。以上問題反映出現代創意瓶頸以及傳統美學素養薄弱，甚至，品質、美感各方面和傳統比較起來，正在不斷的倒退。許多「原住民藝術工作者」逐漸成了模仿或代工的「藝術勞工」，逐漸失去了以藝術創作提升文化與主體性的意義。

第2節　從「原住民名牌」到品牌：2000年代台灣原住民「創意產業」跳級的痛苦

一、從「文化產業」到「創意產業」的認知落差

文建會從1995年的「文化產業」，到2002年「挑戰2008 ── 國家發展重點計畫（2002-2007）」中進一步提出「創意產業」，思圖從傳統或鄉村型的初級產業提升到「創新、研發、品牌」，才能提高產業競爭力。【16】

從1997年開始，原民會陸續推動的藝術產業，主要為工藝與技藝導向。2004年，原民會也趕搭潮流提出創意產業，時任主委陳建年指出，近幾年原住民創作的生活工藝漸受市場重視、原住民擁有豐富的文化創意產業，不少藝術品甚至具蒐藏價值。但因資訊、通路、宣傳不足，產品的販售與收益未能得到相對合理的回饋。原民會與加拿大駐台辦事處提出合作行銷平台，建置台灣與加拿大的工藝品電子商務網站。【17】

2006年，行政院原民會文化園區管理局舉辦「2006年原住民族創意產品設計競賽」。同年，台北市政府原住民事務委員會舉辦「原藝之美：台北2006年原住民文化創意產品競賽暨特展活動」，並首次辦理「文化創意產業研習」，期望藉由品牌管理、行銷、智慧財產權等專業智能，導入原住民工藝、休閒娛樂、視覺藝術、建築設計、設計品牌時尚等產業。【18】

惟無論是視覺藝術、建築設計等品牌建立，在主流社會皆有一套養成系統，原住民創意研習單點式的課程，不免讓人擔憂其持續力。2007年，為擴大文化創意產業研習的學習效益，舉辦「原光再現：文化創意設計展」，然而此特展強打的行銷點 ──燈罩設計，其設

計者主要爲主流社會的設計公司。【19】

原住民藝術產業的實質內涵，如何從「文化產業」階段蛻變至「創意產業」，其中的「過渡」爲何？想要拿來造創意產品的底子是什麼？似乎未多有著墨。創意產業研習的焦點爲品牌管理、行銷，較少聚焦設計力與美學素養的養成等上游問題。

正當原民會提出原住民擁有豐富的文化創意產業，並著手推動台灣原住民工藝品行銷國際化，邁向世界舞台時。站在第一線、配合政策開發「產品」與行銷，921大地震後因多元勞工就業方案而投入原住民藝術產業工作，並被行政院勞委會評比爲優良產業單位的尤瑪·達陸，卻警覺到原住民藝術產業有一種欲振乏力、走不下去的無力感，甚至跳級的痛苦。【20】

爲什麼欲振乏力、走步下去？不僅是行銷與生產，下游的包裝與宣傳，還包括缺乏好作品，好的藝術產品、好的建築設計、好的美食料理等。而好的作品與產品，需要好的設計師。投入文化產業十年有餘的尤瑪·達陸，雖已有能力穿回祖先的美麗，但還沒有能力設計出屬於自己在這個時代的服飾。在其主持的工作團隊中，雖有一群具有織布技術基礎的部落婦女，卻缺乏具有設計能力的設計人才。

以目前台灣頗熱衷的巴里島藝術產業爲例，許多久居此地的西方設計師與藝術家，多成爲印尼藝術文化專家，並以這座島爲實驗室，通過靈巧工匠的協助，嘗試各種設計。【21】設計力與技術力密不可分，原住民創意產品同時面臨這兩個問題。傳統工藝的工序、形制，以及背後豐富的民族美學特色與文化內涵，皆有賴創意轉化。

十年了！她認爲原住民藝術產業應該從透過製作初級產業，兼顧社區培力的第一階

段，往打造高質地 —— 有質感、有思想、有設計力與執行力的創意產業邁進。從原民會的樂觀與大膽行銷，以及第一線尤瑪·達陸警覺與憂心尙無能力到達創意產業的現實問題，反映了兩者對於原住民創意產業的專業能力的認知落差。

二、從「原住民名牌」到品牌

我們終將成爲台灣另一波大起大落，
又立刻被清除殆盡的產業。

—— 尤瑪·達陸【22】

沒有文化，藝術無法感人；沒有創意、品牌，產業無從著力。品牌，是產業化的基礎；而好作品，是品牌化的基礎。雲門舞集創辦人林懷民以雲門舞集三十年的經驗爲例指出：「表演藝術產業化需要經過『品牌化』的過程，增加它的附加價值，才有可能發展爲可以量產，成爲大眾消費的產業。『品牌』可以是個人，如馬友友；團體，如日本「鬼太鼓」；或作品，如「天鵝湖」。這個過程不容易。即使最商業化的音樂劇，要產業化也不是那麼容易。」【23】

創意產業爆紅時，林懷民點出創意產業的關鍵：好的作品、品牌化，再談產業，提醒避免一開始落入產業的思考。原住民藝術產業的問題，正是欠缺「質」的檢討，而多在談產業化這個面向。

全球化時代愈來愈重視「知識經濟」，在於如何將創意變成一門好生意。但基礎是，創作已走出了一條品牌路，才延伸爲創意產業，如雲門舞集、琉園等。反觀原住民目前整體藝術產業發展的過程，好作品多未出現、品牌多未建立，很快地推上生產線與行銷，並著力於

媒體曝光。

　　整體來說，這個產業之所以可以大起，多在於其所憑靠的是「原住民」這個名牌；而會大落，也正因為這個產業僅靠這個差異名牌光環硬撐。

　　「原住民」名牌，早已不是一個陌生的全球現象。1999年，記者陳佩周在其《變臉中的「印地安」人》一書中指出，美國正流行著「印地安」名牌，任何商品只要冠上「印地安」之名，就有不錯的銷售量。【24】台灣亦有類似現象，台東一位陶藝老師無奈感慨地指出：他教出來的原住民學生自立門戶以所謂原住民特色的陶壺販售，可賣得比他高的價格。更令人擔憂的是，一些原住民藝術工作者蒙蔽在漢人的好奇或同情中，以為作品值得高價出售而自我膨脹。

　　早在山地觀光時代最常使用的詞彙「原始藝術」，反映的正是異國情調所具有的市場消費吸引力。從1990年代文化重建時期的文化產業，一直到2000年代的創意產業，在原住民藝術還不足以有能力領導顧客時，異國的差異特殊，仍是原住民藝術消費慾望主因。原住民藝術除了其差異保護色，產品背後的感人勵志故事，大部分尚未在藝術性、設計力上，在主流創意產業中嶄露頭角，並具競爭力。

　　原住民藝術也尚未成為一種生活藝術，進入普羅大眾的生活，而是到此一遊的紀念品。對於這個現象，尤瑪‧達陸提出：「原住民藝術的消費群定位，不能永遠停留在觀光客，而是使用者。」也就是說，原住民創意產品的定位，不僅是觀光興致的紀念品，而是能夠進入使用者生活的創意產品。

　　品牌，往往深植人心，而不是一時的慾望發洩。品牌不但領導顧客、創造「藍海」與趨勢，更是體貼眾人；而多數原住民藝術產業，卻多只能一味地滿足異國慾望的需求。而一窩蜂的模仿，同質性高的產品不斷輸出，卻在既有的產業框架中，衍生成原住民自己人的

尤瑪‧達陸工作室設計產出的手提包（左圖）、燈具（右圖）　2005（野桐工坊 林為道攝）

割喉「紅海」競爭。

三、設計力以及創意產業各項專業環節

　　尤瑪．達陸所警覺的缺乏設計師這一環，基本上呼應了2002年文建會所提出的創意產業的上游核心專業，亦是三十年前台灣工藝先驅顏水龍所提出的「新民藝」的發展條件之一。

　　1977年，顏水龍即指出：「新民藝的指導與開發，不是一件容易的工作，有志於此者應對民藝有深切的認識和修養，才能辦得到。」他認為主持民藝製作和推廣的人應該具有以下的條件：一、對產品的美醜能夠判別者。二、有設計能力者。三、製作技術，能夠得到多數人協助者。四、有擬定企業計畫的能力者。他又堅定地說：「有這種能力的人，才配作為新民藝生產事業的推動者。」【25】

　　在推動藝術產業的過程中，顏水龍即扮演了最上游的行政統籌與設計指導角色，以其

人文與美學素養領導新民藝品味，與技術匠師合作，製作出兼具美感與實用功能的生活藝術，並予以產業化。然而，顏水龍不被當時的美術主流認同，多靠單打獨鬥。受顏水龍影響而致力於台灣早期民藝研究的劉文三說：「可惜他個人精力無法兼顧，如果當時有十位擁有顏水龍之抱負的實踐者，則台灣工藝研究與發展就會有全面性的改變。」【26】

　　顏水龍所提出的「新民藝的指導與開發」的四個條件，分別代別四種專業能力──鑑賞力、設計力、技術力與行政統籌執行力。而原住民創意產業在實務面上，面臨極為嚴重的人才不足問題；或好像什麼都有，但又不夠好、不夠強、不夠專精；每一個環節都有，但散落一地，無法緊密地連結；好像有一群人，卻只是隊伍，缺乏團隊。

　　這每一個專業環節，都不是一蹴可幾。在理想的專業分工上，創作者專注於創作，從擬定願景、統籌規劃，到繁瑣擾人的執行、溝

尤瑪．達陸與漢人設計師嘗試合作服裝設計 2004（野桐工坊 林為道攝）

通協調工作，則需有藝術與文化行政者的專業。然而，在各種專業人才不足的情形下，許多原住民藝術創作者被迫必需身兼多種角色，創作同時需煩惱產品銷售等下游問題；或如尤瑪‧達陸處理行政及面對部落太多的突發狀況與不穩定的生活，不斷的磨耗，也影響了創作：

十年下來，我花了三分之二的時間和行政官僚斡旋、寫計畫、行政工作，為了經費不得不。剩下的三分之一的時間才是研究與設計產品。【27】

「為了經費不得不」，錢，是維繫理想所必須的條件之一。而部落的社經問題，嚴重影響了藝術發展的速度。尤瑪‧達陸從一個原住民服飾織品研究調查者，織品技術專業者，成為一個產業行政統籌者，甚至得兼負設計的工作。除此，培育部落婦女一技之長、穩定家庭經濟的問題也落在她的肩上。婦女背後的家庭或家暴問題，現階段仍是不能避開、又不是短時間所能解決的問題。尤瑪‧達陸自覺跳級的痛苦，背後有著許多的苦撐，與硬撐。

四、小結

文化產業，在原住民起身之際，扮演了重要的「觸發」與「培力」角色。原住民藝術重建，也在這邊全面性的破土。然而，從1995年的「文化產業」到2002年的「創意產業」，原住民文化產業之路還沒走穩，又須面對跳級到創意產業的難題。

下層的基礎打樁尚未穩固，起造高樓的設計藍圖與設計專業仍是空的，國家政策下的原住民創意產業一下子就築了一個直達行銷的高塔。起造的過程，處處偷工減料，使得這座看似通往國際的高塔顯得搖搖欲墜；亦缺乏一條踏實的階梯，讓原住民藝術一步一腳印地往上爬。大跳級，成了一種躁進。原住民藝術產業的問題如此急迫，卻不該如此速成。

創意、設計、品牌，反映了風格社會這個全球化潮流。各國品牌，尤其北歐品牌設計，成了台灣市場上的熱門商品。2005年，由中原大學設計學院商業設計系所主辦、吳鼎武‧瓦歷斯所策劃的「國際原住民文化創意設計交流國際學術研討會」，也提出原住民創意設計的命題。

然而，原住民創意設計的實務面尚未落實，理論面也無從建立，而使得研討會的宏觀骨架，缺乏實例血肉。從研討會不斷重複使用的「原住民文化創意工作者」一詞，也直接反映了原住民創意設計專業度與定位不清，或者說，尚未有專業的設計師。

創意產業的核心關鍵，多指向設計力。原住民藝術產業在這個創意設計時代環節上，格外顯得搭不上線。甚至如達悟族藝術創作者飛魚（夏曼‧瑪德諾‧米斯卡）所擔憂，連這個時代潮流車尾都吊不上。

原住民藝術要如何從觀光活動中的「原住民名牌」達到「品牌」？如何從家政班員的手提包、眼鏡袋，跨入設計的門檻？如何從已具人口規模的下游生產，反轉成上游的創意設計？究竟有什麼樣的本事大跳躍？

跳級，非常人所及。藝術、設計，需要時間的養成。以原住民藝術的普遍狀況與能力，起步尚不穩，要建立品牌是很艱難的過程。但原住民首先該問的是有沒有一個好的養成環境，始之有培養設計師、創造好作品的可能？這一波的創意產業、美學經濟，能否影響政策對原住民設計與美學養成的重新認識與重視？

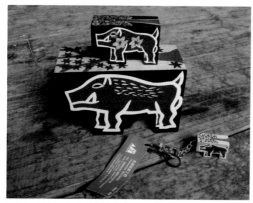

不舞．阿古亞那 山豬創意產品 2003 木、彩繪（不舞提供）

尼誕．達給伐歷 咖啡杯架 2005 鐵雕（串門攝影史乾佑攝）

第3節 三餐不穩定：台灣原住民藝術養成的認知落差

一、原住民藝術的養成管道

（一）雨露均霑政策下的技藝研習

1990年代，政策下原住民藝術學習管道的著重面向，主要為技藝導向，普遍缺乏獨立思考、美學素養、格局視野與國際觀等的養成。政策施行後，下游的人口規模、龐大隊伍已經成型、就定位並上戰場，政策即投注更多的時間與資源在「技藝」、「技術」、「實作」、「工坊」、「展示櫥窗」等需求上，相對無暇思考上游的「設計」、「創意」需求。

行政院原民會為補助機關、學校及民間團體辦理民俗才藝、文化藝術、歌舞藝術、體育技能等人之培育工作，使青少年認識、傳習原住民文化，奠定培育原住民人才基礎的「原住民人才培育及團隊扶植計畫」，2001年，財團法人國家政策研究基金會內政組政策委員曹俊漢，觀察分析此計畫實施四年多來，有每下愈況、力不從心的問題。他並提出警語，若原民會仍重「量」不重「質」，團隊扶植只會劣弊驅逐良幣，並稀釋有限的資源。【28】

劣幣驅逐良幣，亦直接反映在一些原住民藝術創作者是否申請該會補助。拉黑子．達立夫直接點出了此問題：「原民會太廣泛，不精準。原民會的產業政策，距離原住民藝術創作核心還有一段距離。」【29】故轉向具專業知能以及制度化評審機制的國家文化藝術基金會申請補助。

十年雨露均霑的政策，有其階段性的必要。十年後，若原住民藝術要在創意產業時代，進入著重品質與藝術性的時期，甚至迎頭趕上，原住民藝術政策則須因時制宜地調整，從廣泛觸發的齊頭分配，調整為針對不同發展階段的原住民藝術，而有不同的重點扶植機制，以避免「亂槍打鳥」，不容易見到具體成效。

（二）野地裡的種子：師徒制與自學

1990年代，在台灣原住民藝術扶植政策

上，除了技職訓練，不容易看到對於藝術教育、養成的深入思索；「各自努力」，則是許多原住民藝術創作者的學習常態。例如，撒古流‧巴瓦瓦隆（1960-），學歷高職，曾經歷水電工、刻印章，後投入田野調查與傳統藝術重建工作；拉黑子‧達立夫（1962-），高中肄業，跑過遠洋漁船，設計創作多靠自修；阿道‧巴辣夫（1949-），在成為原住民舞者前，歷經店員、捆工、清潔打臘、司機、林務局調查、揹夫、梨山種菜、泥水工、打獵……，1991年，四十二歲時加入原舞者，2000年代初期倡導原住民劇場。

直接到工廠從事藝品加工，是另一個原住民藝術創作者學習雕刻技術的主要管道。例如太魯閣族石雕創作者沙仁於1980年代於石雕工廠做代工，刻龍雕鳳。然而，這種管道缺乏人文與美學養成，使得沙仁決定離開工廠，自己創作。人生的低潮期也就開始，家人無法理解，甚至認為這些石頭不能吃飯，乾脆去掃廁所。在最貧窮的時候，他用過期的日曆當素描紙，廢棄的養雞場成了他的工作室。

或大多「黑手」出身，以土法煉鋼的方式摸索前進，如1999年峨格進入撒古流工作室學習製作陶壺，才認識了專業雕刻工具，之前主要是以螺絲起子「雕刻」。排灣族藝術創作者嘎木里‧伯冷（漢名方福明），因家貧，小學畢業後離開家鄉到都市討生活，由於在餐館工作多年而擅長水果雕刻，因此他的第一件木雕作品是以菜刀完成的。**[30]**

許多創作者靠著自我努力，有些雖非學院出身但仍表現突出、有所成就。雖未受學院限制，但在各種資源不足的條件下，其藝術創作之路的困難與辛苦可以想像。如魯碧‧司瓦那所說：「也很好，也不好。」**[31]**

無法認同官辦訓練與活動，或無法從中滿足的原住民藝術創作者，則向已受社會肯定、但為數寥寥的原住民藝術創作者學習，如撒古流‧巴瓦瓦隆、哈古、拉黑子‧達立夫、巫瑪斯‧尤瑪‧達陸等。較早也最具代表性的「工作室」為撒古流於1984年成立的「古流工作室」，在缺乏學習管道的當時，扮演了啟蒙角色。在這個師承過程中，同時分享身為一個原住民藝術創作者的特殊處境、使命等。然而，這種仍有著部落型態的師承方式，也剛開始，尚未將發展過程與經驗整合成一套可以傳遞或具有認證的系統或制度。

（三）學院出身的黑馬

1990年代中期，拉黑子的「抽象」作品，除了引發了什麼是原住民藝術的問題，另有人以為其作品為菁英學院派、或喝過洋水的藝術創作者。**[32]** 2000年，在布農文教基金會所舉辦的「第一屆台灣原住民現代藝術座談會」中，原住民木雕創作者阿水比喻拉黑子像是從國外深造回來的學院派藝術家。對於多是野地裡的稗子的原住民藝術創作者來說，學院出身，有時卻意味著較能掌握觀念、表現形式或突破。

1990年代中後期及2000年代初期，兩位學院出身的原住民藝術創作者，猶如黑馬，很快地嶄露頭角，並被定位為「原住民現代藝術」的領域。相對於一些埋頭苦幹的原住民藝術創作者，他們的藝術表現很快地引起主流與原住民藝壇的注意。

安力‧給怒（1958-），文化大學美術系畢業，1992年美國紐約視覺藝術學院研究所創作碩士畢業。早於1996年，安力‧給怒於台北市立美術館展出「愛‧生命‧尊嚴」展，惟當時這個展並未和原住民當代或現代藝術產生密切的對話連結。時隔約三年，「愛‧生命‧尊嚴」又於1999年，在台灣原住民文化園區展出，同年

於北美館「加拿大與台灣原住民藝術聯展」展出部分作品，從畫作中可見其油畫基礎與功力。

吳鼎武（瓦歷斯・拉拜 ，1960-），1989至1991年間，就讀美國羅徹斯特工藝學院應用藝術研究所。2001年，於台北市立美術館展出「隱形計畫──隱形人系列」，批判舊殖民同化政策，其創作概念與觀點強，使用現代數位形式，迥異於當時的原住民藝術表現。

他們另掌握漢語表達與書寫能力，為自己的創作想法開路，或因留下文字資料，可供後續深入研究。例如安力・給怒於1998年發表〈台灣原住民「傳統與現代」的課題〉一文，關注原住民現代藝術的發展。而吳鼎武更是透過資訊流通更為廣泛的網路，架構完整的作品介紹網站。

當安力・給怒與吳鼎武於美國留學期間，1991年「頭目的尊嚴」哈古木雕個展於台北雄獅畫廊展出、拉黑子剛返回部落從事創作並於台北畫廊舉辦個展、撒古流所著《山地陶》出版不久並持續傳統文化藝術重建工作。這些藝術創作者非高學歷、或缺乏漢語論述能力、或身處於地域上非媒體注意的邊陲之地，多靠自己摸索，逐漸累積實力後並撐出了一個新氣象，很不容易。

二、教育體制的銜接與原住民藝術養成的認知落差

2000年代中期，一些原住民藝術精英，已警覺到原住民受制於「自學」的侷限與瓶頸，並思索如何精進及向上與常規教育體制接軌的問題。因此，當多數的眼睛仍望向文化重建時，他們轉向思考「體質自強」。如何「自強」，養成，是個老生常談的問題。養成，仍顯空泛，或許需探究的是這個環節被忽視或認知落差產生的相關因素。

一、原住民藝術的能力強調與養成思考，不成正比。這個社會不斷灌輸的天賦說、藝術族群，使許多原住民產生了一種自己體內具有與生俱來的藝術基因與潛力，是可以被喚醒與激發的幻象。天賦與藝術族群說，容易忽略原住民藝術創作者的現實條件，也就無法提供正確的支援。

二、早期原住民藝術產業政策，被放在觀光經濟與技藝就業層面，後期原住民藝術產業主要在文建會所推行之社區總體營造、閒置空間再利用、地方博物館等計畫政策下生存，缺乏教育單位同步思索長期教育養成的問題。

三、原住民藝術的研究論述，多著重在社會與文化層面，如觀光、經濟、發展、傳統文化等，而少以藝術美學為核心，所展開的各種面向討論，以致容易忽略「創造」與「質」的問題。這又牽涉到參與的學科領域，缺乏藝術與設計專業。

四、公部門之相關執行單位從早期省政府原住民行政局、農委會、基層鄉鎮公所的觀光旅遊單位、民政單位，到現今行政院原民會等，文化藝術行政官員的專業不足。縱使政策有很大的空間，原住民行政單位本身即面臨了文官體制仍待養成的問題。

在國家文化藝術基金會列為「全國藝文創意產業案例蒐錄計畫」案例005號的三地門琉璃珠產業的介紹中，屏東縣三地門文化藝術協會即提出了「基層地方政府文化專業素養不均不足，部落文化產業之推動宜有優良部落社團，或資深文藝工作者接辦。」由排灣族藝術創作者巫瑪斯研發、推廣，並蔚為三地門主要藝術產業的琉璃珠，其創意產出的困境，在於無相關學習環境，政府支援的方式不正確。

【33】

2001年，曹俊漢即以深造的角度針對「原住民團隊扶植計畫」提出：「團隊扶植不只是『展演』，更是有效開發人力資源。原民會應協調相關高中、大專院校有『藝能』、『舞蹈』、『音樂』科系者，研擬一套進修、入學機制，使團員有繼續深造的機會。」【34】

尤瑪‧達陸負責的「原住民織物研究中心」於2000至2002年期間，與輔仁大學織品服飾研究所共同策劃舉辦「原住民傳統染織工藝設計及師資培訓課程」計畫，並爭取行政院原民會資源協助，希望整合高等教育資源、師資與課程，提升原住民產品研發與設計能力。一直到2000中期，她思及在原住民藝術的常規、甚至高等教育尚未成立之前，具原住民屬性的博物館，或許可以扮演相關培訓的角色。【35】

2004年，拉黑子‧達立夫期望能夠從教育體制著手，並思索從高等教育藝術相關系所培育原住民藝術精英的可能性。【36】然而，原住民整體教育的立足點不平等，原住民藝術工作者大多中等學歷以下，多難以越過基本的學歷門檻，進入高等教育。2005年，在史前館舉辦的「台灣原住民文學與藝術座談會」中，拉黑子對著正在攻讀博士學位的原住民作家夏曼‧藍波安說，我很渴望繼續深造，這或許亦是許多缺乏深化管道的原住民藝術創作者的渴望。

三、小結：一個更廣、更大、更艱難的責任

1990年代，原住民藝術成為政策扶植重點，其因素除了藝術被認為是衡量國家文化的重要發展指標外，原住民藝術成為行政官僚較容易切入，也較容易得到立即正面效果的面向與政績。然而，政府對現實中原住民藝術條件的基本認識，除了認知落差，是否還包括不夠誠實？

過去十年，原住民藝術的發展，在政

治、市場消費的干預下，是速成的，養成期卻嚴重被壓縮。現實中百廢待舉的原住民藝術、最需要時間養成的藝術，在短短十年內，成為藝術創作人口急增的現象，許多問題也就接踵而至。原住民藝術最迫切的問題，不僅是展出、表現的空間有多少，還包括提供多少學習空間？行政院原民會補助原住民鄉鎮興建文化（物）館二十處，經費兩億一千萬元，以利傳承原住民部落之歷史文化，已被「蚊舞館」一說，生動地嘲諷了這個「施政績效」。【37】

正因為原住民藝術整體體質虛弱，在教育、養成上就必須有更大的投資。這個投資是一套完整、連貫、常態的藝術教育百年大計，一個有藝術史教育、專業養成、研究機構與美術館的環境。而不是目前隨著預算多寡或有無、政權更迭或首長換人，而有一餐沒一餐的訓練與活動。人才（包括建築、表演藝術、音樂、視覺藝術、設計、餐飲）的養成要靠教育，教育還須有一批質地高、視界廣的教育人才，培育出來的人才還需要專業文化藝術行政人才整合分工。

一味地解決原住民藝術的下游問題，而嚴重缺乏獨立思考、美學素養與視野格局的培育，正如林懷民所一再強調的：「不改善表演藝術生態，就要發展表演藝術產業，是緣木求魚，註定是浪費預算與資源的動作。」【38】

第4節　塵封的歷史警示：日據時期台灣蕃人的工藝危機【39】

日據時期為台灣現代美術的萌芽期。這個時期台灣美術史的研究重點集中於石川欽一郎、鹽月桃甫等將日本近代美術帶到台灣的一代，以及台籍畫家的美術面貌。台灣近代美術第一代畫家絕大多數是公學校畢業再進入更高

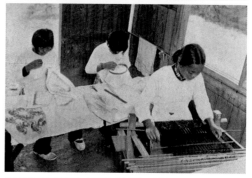

阿馬灣工藝指導所 木工部（上圖）手藝部（下圖）

一級的學府之後，才有機會得到美術老師的指導和啓迪。【40】在殖民分級的教育制度及貨幣經濟邏輯下的條件，蕃人不容易跨入學歷門檻，與日本當時認知的先進現代美術教育接軌。

這個時期的原住民藝術樣貌爲何？尋找這段歷史，原住民藝術的面貌非常模糊，但原住民藝術被破壞，或置於博物館被保存的集體記憶卻如此清晰。日據時期原住民藝術曾在工藝產業這一區塊發展。但台灣藝術史中的工藝史，非藝術主流而被忽略。若不挖掘工藝史，台灣原住民藝術的變遷與興衰也就上不了藝術史的檯面。

1990年代台灣原住民藝術所面臨的問題，以及藝術產業化的價值，早在日據時期，曾被當時活躍於藝壇的日籍與台籍藝文精英討論過。他們提出了重新珍視蕃人工藝，同時無奈地發出蕃人藝術「存者無幾」的警語；他們提出蕃人工藝產業未來發展的具體方式，同時亦發出蕃人原來豐美的藝術，逐漸庸俗化且僅剩殘存樣式而不斷重複的困境。

雖然，反省比實踐來得精采，發掘問題比提出未來出路來得深刻。雖然，他們的呼籲，不敵國家力量和商業投機者的速度，卻仍可帶給今天的原住民藝術極大的啓發。

一、1924年山本鼎與蕃人工藝產業的倡導
（一）來台考察的背景

1924（大正13）年4月，在日本推動自由畫與農民畫而享有盛名的山本鼎（1882-1946），時年四十二歲，受台灣總督府委託渡台，考察值得開發爲產業的台灣工藝，並將調查成果〈有望之台灣工藝的產業〉一文發表於《台灣日日新報》漢文版，連載七次。【41】

山本鼎於1906年畢業於東京美術學校，

1912至1916年間留法，返日經蘇聯時，被蘇聯農民工藝所吸引，促使他提倡農民美術及藝術與生產結合之應用藝術。歸國後提出「自由畫教育論」的革命性理念，倡導自由畫藝術教育。自由畫藝術教育運動，與當時日本學校美術教育的理念極爲不同，反對臨摹與制式的技法訓練。【42】

除了自身對於常民美術的興趣背景外，當時他來台考察工藝的時代背景，台灣本島的理蕃政策逐漸轉向爲教化與授產。1914（大正3）年，佐久間總督以武力鎮壓爲主的五年理蕃計畫結束，日本政府逐漸從戒備轉而撫蕃工作。約1922（大正11）年後，日本殖民統治台灣近三十年時，蕃地才逐漸平靜，蕃人亦逐漸有經濟觀念。【43】政府積極推動山地部落集體遷村、教育制度化，在授產方面則在各州廳山地樞要地設置各種產業指導所。從1927、

1932年的統計可以看出產業以農事爲大宗，手工藝產業僅爲少數（**詳表1-2**）。

日據時期的蕃人手工藝課程除了零星地附屬於蕃童公學校或教育所，另於日據初期，已有相對較爲獨立的機織傳習所，教導蕃人女子改進織布技術，如1900（明治33）年，台東廳「國語傳習所」附設蕃婦機業傳習所、1905（明治38）年，阿猴廳鹽埔庄西瓜園蕃婦機業傳習所、1909（明治42）年，台中廳白毛蕃務官吏駐在所附近開設蕃婦機業傳習所。【44】

從機業傳習所已可看出原住民藝術朝產業發展，但未發展成熟；或因當時蕃人常因農業與現實生計關係更爲密切，以及布料的取得方便而放棄織布；或因政策並非以產業爲目的，而是以撫育爲目的，而未積極推動。

有別於消極撫育授產，山本鼎來台考察時深切地提出台灣工藝若要走向專業，培養技術家與工藝家，則必須設立工藝產業學校，始能開拓工藝的前景。【45】「技術家」與「工藝家」的概念，反映了山本鼎對工藝素養與水準的期望。

一直到1929（昭和4）年，高雄州潮州郡成立綜合性的蕃地工藝指導所——「阿馬灣（アマワン）工藝指導所」。文獻特別強調日本政府以二千餘之預算設立。設立初期僱用日人教師，又有蕃人助手七人，招收徒弟十五人開始作業，成績至爲優秀，製品有織物、刺繡、雕刻等，各有特色，運至高雄物產陳列所販賣，並屢次於日本各地博覽會展覽會，獲得銀牌獎賞。【46】

從文獻強調此工藝指導所投入的資金，可見對此工藝指導所的重視。從1935年出版的《台灣蕃界展望》一書所刊木工部照片，可見現場的製作者大致可分爲成人與少年兩個年齡層，人數超過十人，照片中的站立者可能是指導者。手藝部照片，則有三名女性，一人以高織機織布，兩人刺繡，使用的工具已非傳統。該工藝指導所猶如有制度與規模的小工廠。

（二）考察建議：蕃人工藝的產業方向

這次考察雖如山本鼎於文中聲明，由於考察期間僅一個月，不盡詳細。但他卻清楚勾勒出未來台灣工藝產業化具有世界競爭力的主軸——蕃人工藝。在〈有望之台灣工藝的產業〉一文中，他以五個篇幅詳述當時蕃人工藝的價值、沒落的問題、較爲發達的藝術種類，以及工藝發展爲產業的具體方式，僅以一個篇幅表達他對台灣工藝的看法，可見他對蕃人工藝的重視。

1924年，山本鼎受官方委託來台考察蕃

	水田指導	養蠶指導所	教育所實習園	甘蔗指導園	柑橘園	果樹園	鳳梨園	竹林園	桐樹園	苧麻園	蓮草園	桑樹園	堆肥及養豬指導所	牧場指導所	家兔指導所	機業指導所	藤細工指導所	共同養蠶飼育所	工藝指導所
1927（昭和2）年	64	68	50	8	2	9	0	2	4	2	5	2	7	10	1	3	3	16	0
1932（昭和7）年	91	82	161	7	6	1	1	2	2	6	9	1	5	14	1	3	3	0	1

表1-2：日治時期授產機關數統計表【47】

人工藝，有研究者分析蕃人工藝是因日本殖民想像下台灣特異性的最佳對象，而被挑選。【48】但不可忽略的是山本鼎對藝術本身的看法。他認為台灣工藝水準不夠，因為有些工藝品乃從大陸輸入，而這點在他來台前就已考量到；超乎他想像的，反而是被認為未開化的蕃人工藝。他並認為蕃人自用工藝與德、俄兩國發達的農村自用工藝相較，絕不遜色。【49】

曾任職於台灣總督府博物館，負責蕃人文物保存工作的森丑之助，於1924年提出極為贊同山本鼎的想法，反映了當時一些在台日籍學者或文化人士，對於蕃人現實問題的關注：

傳統的工藝已受到物質文明進展的壓迫，現在已有逐漸沒落的趨勢，我覺得很可惜。幸而山本鼎主張將蕃人的傳統工藝產業化，使傳統的技能保存下來，我們對於山本氏的嘗試，舉起雙手贊成，希望能夠具體化。【50】

山本鼎倡導蕃人工藝產業，並提出初步的具體方式，包括複製與積極應用。複製的部分，主要以台北博物館或各州理蕃課所蒐藏的文物精華，忠實仿造；應用的部分，則是製作適用於日本內地或歐美生活用品而非骨董的工藝。例如，刺繡可應用於女性的帽子、服裝與手提袋，排灣族的木雕可應用於建築或家具，紅頭嶼陶器可應用於花瓶、煙壺等。【51】

（三）廉價製品及「存者無幾」的工藝景象

除了談前景與具體方式，他更提出此刻原住民藝術不僅正趨於沒落，取而代之的還是「日本內地的廉價製品」的問題。

在行經排灣族部落時，對於當時該族的工藝現況與問題，山本鼎有比較詳細的描述：許多蕃人已是「星（Hosi）製藥會社」及「台灣製糖會社」雇工，蕃社曾經發達的機織與雕

刻皆已荒廢，連織機都不知賣到何處。【52】他請託當地警部協助，才購得一組，卻已佈滿塵埃。雕刻器具棄置於角落，早已生鏽。而眼前蕃人的穿著，不僅已非昔日的美麗服飾，改穿的是日本內地的廉價製品。用心製作的自用工藝，亦大多被蕃地訪問者運走。面對眼前所見「存者無幾」的蕃人工藝景象，他隨即發出「不宜聽之自滅」的警語。【53】

山本鼎考察台灣後約一個月，1924年（大正13年）5月，台灣總督府警務局發布關於原住民自用工藝品案函致各州知事、廳長，旨在妥善保存蕃人藝術，全文如下：

蕃人自用工藝隨山地開發，年年被運出外界或被轉賣，具蕃人獨特藝術風格之工藝品瀕臨絕跡，但蕃人本身卻對此毫不關心。有悠久傳統之貴重藝術作品宜作為將來參考資料，應妥善保存，特函請注意。【54】

1990年代，原住民文化重建期所一再強調原住民文物被搜購殆盡的集體記憶，早在約八十年前，山本鼎即已發出警語。彷彿歷史斷層，八十年後，原住民主體意識覺醒下才剛開始面對這個問題。

二、1940年代工藝發展的時代契機與警示
（一）再次認識台灣的時代背景

日據末期，始有較多的關注投入台灣地方民俗文化，包括常民生活工藝。投入台灣本土文化的日籍人士，較為人所熟知者包括創辦《民俗台灣》並擔任執編的台北帝大教授金關丈夫（1897-1983）、以畫作記錄台灣與蕃人工藝之美並積極參與《民俗台灣》編務工作的立石鐵臣（1905-1980）等人。

關於1940年代末期，對台灣民俗、鄉土

文化的重視，多數研究聚焦於辨識此現象是殖民想像下的異國情調，或是對台灣本土地方特色的關懷。而這點也一直是貫穿日據時代再現台灣的核心議題，如1924年山本鼎來台考察蕃人工藝、1927年成立的「台灣美術展覽會（台展）」官方所鼓勵的台灣「地方色彩」、鹽月桃甫畫中的蕃人形象等。

對於1941年創刊，宗旨在蒐集、記錄台灣本土民俗文化的重要刊物《民俗台灣》，日籍文學評論家川村湊提醒這段被高度評價的歷史中，不可忽略其中殖民想像的影響。學者吳密察則分析，該刊物出現的時代背景，與1941年1月大政翼贊會文化部所發布振興地方文化以產生新國民文化的運動也有密切關係，而《民俗台灣》可說是利用政策間隙進行台灣地域性的文化耕耘工作。【55】

刊載於1941年8月《台灣實業界》的〈趣味台灣座談會〉一文，題旨為討論「台灣特色」。曾任職於台灣總督府博物館之歷史部門，以及博物館協會理事的尾崎秀眞，在座談會一開始即點出再次認識台灣的時代背景：

希望大家再次認識台灣。領台迄今四十七年，看看學校使用的地理、歷史教科書，……實在令人噴飯。人類應該從自己的立足點，亦即自己所居住的地方開始認識世界。然而，目前的教科書看來已完全遺忘了鄉土的事，只教日本方面的事。【56】

在日本同樣出現以東京觀點與標準出發的教育問題，在重新認識地方文化的時代背景下，打開了重新認識台灣的機會；而反映地方文化的地方工藝，也獲得了被關注的機會。

在殖民與被殖民關係下，對於殖民影響保持警覺，以及批判反省的觀點絕對必要，但也須回到當時個人的動機、想法、實踐等，細膩地探討地方色彩與殖民想像兩者的差別。

（二）蕃人工藝「俗惡的表現」

立石鐵臣在1943年所發表的〈生活工藝品的反省〉文中，開門見山地指出台灣工藝的主要問題—裝飾過度、畫蛇添足與誇張矯飾。【57】另又以銷售到日本的土產品，一把刻有百步蛇圖案的木製割紙刀為例，討論原住民工藝品「錯誤的模仿」與「俗惡的表現」問題：

直接模仿百步蛇圖案來做成新產品，這樣的學習態度不過是低俗的錯誤的模仿罷了！高砂族的古老雕刻是從原始人純樸的造型本能出發，優美地表現出毫不誇張的凹凸雕刻感。如果要學就得學習這點，而不是雕刻出和我們生活毫無關係的百步蛇。

不論高砂族或本島人的手工藝品中都有許多可供今後學習來創造的。然而在學習態度上絕不可以像這樣好奇趣味性的方式。如果再用這樣的方式則將會把原來的優點導至俗惡的表現。【58】

立石鐵臣從藝術表現，欣賞高砂族雕刻質感，反對僅是原始圖紋的拼貼。身為一位日本人，他對當時日本殖民異國情調與好奇趣味所導致的俗惡表現提出批判之聲。

長期以原住民為題材作畫的著名畫家鹽月桃甫，於1941年舉辦的「趣味台灣座談會」中，以皇民化運動下被塑造為「愛國莎勇」的部落利有亨社（Liyohen，宜蘭縣南澳鄉）為例，提出生蕃的變化：

覺得不像到蕃社，反而像到真正日本人的地方去的感覺。

他們都口齒清晰地唱日本歌，從唱片學來的。十多歲的女孩，不跳蕃人舞，而是隨著日本流行的愛染桂歌曲跳舞。【59】

對於這個現象，鹽月進一步提出「蕃人教育不可墮入俗惡趣味」，似乎暗示與擔憂現實中的原住民，盲目地追尋流行，學到的卻又是日本內地比較不入流的東西，類似山本鼎擔憂蕃人改穿內地廉價製品的問題。而無論是刻意表現異國趣味的工藝品，或是現實中被同化的原住民，皆面臨了日趨庸俗化的問題。

(三) 顏水龍提出「浮濫與陳腐的殘存樣式」與退化

繼山本鼎倡導蕃人工藝後，致力於推動台灣工藝產業實務面的顏水龍（1903-1997），亦關注原住民工藝的未來發展。1936（昭和11）年，是顏水龍從純藝術領域擴展至台灣工藝的關鍵期。當多數人的眼睛朝向西方現代美術時，他提倡推行生活工藝，才能進入純藝術的領域。【60】1937（昭和12）年，顏水龍向台灣總督府文教局及殖產局呈美術工藝學校創立計畫方案，後受聘擔任殖產局囑託，調查台灣工藝基礎。在調查過程中，亦屢次接觸台灣原住民。【61】

1942（昭和17）年，他發表〈「工藝產業」在台灣的必要性〉一文，指出「高砂族的自由工藝，具備足以誇耀世界的優秀性與特色，則是眾所週知的。」【62】這點與山本鼎看法一致。他同時也提出原住民藝術所面臨的問題：

高砂族自用工藝，是本島工藝發展上最重要的基礎。可惜時至近日，其工藝特色即將喪失。殘存樣式為業者所濫用，……。有的地方行政長官因為無視於其必要性，也有人阻礙其天真爛漫的生命延伸。也有人認為務農比起紡織更

為重要，然而我深信助長他們既有的自然的藝術心，同時讓他們靠特有的技術，獲得生活的質量也是非常重要的。【63】

顏水龍道出了蕃人工藝不受地方政府重視，而新興的農業產業收入勝於織布傳統，更進一步點出了商業市場所操控的投機勢力，正以浮濫與陳腐的殘存樣式，操縱原住民藝術的走向：

將蕃產品當作一種特有的工藝氾濫於市場，然而一般所見卻只是陳腐的趣味。此外，在各地販賣的蕃產禮品，看起來像是日本的輸入品或仿造品的東西很多，是一般公認的事實。【64】

顏水龍所提出的上述問題，反映了商業市場逐漸成熟。日據時期，除了將原住民藝術複製的工藝品外，另外一種極為常見的方式，則是將原住民圖像套用在殖民者或漢人工藝器物上。如於台中地區發展、最具代表性的新興工藝——漆器，主要生產具台灣特色的漆器賣給來台觀光的日本人，紋樣多以台灣原住民圖像、台灣特有水果與生活型態為主。【65】

原住民圖像雖是代表台灣島內風俗民情的代表，可惜不斷重複使用幾種題材，如身體裝飾有菱形紋的山豬、盛裝吹口簧琴的形象，以及原住民觀光的代表性濫觴日月潭邊的杵音歌舞圖像等，而逐漸流於刻板化與形式化。

顏水龍亦零星設計過以原住民為題材的工藝作品。基本上仍主要將原住民圖像、符號應用於工藝上，如陶杯以陶土素燒方式試圖表現質樸感，或瓷器彩繪原住民人物。惟從他使用的圖像，反映出他對原住民文化藝術的認識是比較深入與多元的。

顏水龍在之後發表的台灣工藝相關文

顏水龍 彩繪盤（盧梅芬攝）

章，原住民藝術總是其中不可避談的一項台灣工藝，但對於原住民藝術，多僅能發出無奈的嘆詞。終戰後，顏水龍仍耳提面命地指出，此曾被譽爲世界原始藝術之精華，甚至晚近之雕刻技術，多比目前的產品精緻，而目下山地工藝品品質顯示不斷退化，或已斷絕生產。【66】

從日據末期直到1970年代，顏水龍雖一再發出如此警語，卻未出現另一個能實踐出另一個正面價值的力量，包括藝術鑑賞與判斷力以及優秀工藝實踐家，與商業勢力抗衡。

三、小結

1940年代末期，這些提出警示的「審美判斷眼光」及剛萌芽的蕃人工藝關注或觀點，很短命地在戰火下終止了。光復後原住民工藝發展仍因缺乏沃土而無法實現，甚至在反共與復興中華文化的「文化防禦」時代背景下，更爲扭曲。

而在台灣持續實踐工藝之路的孤鳥顏水龍，在不重視工藝的時代背景下，猶如「釘椿在爛泥裡」，得不到廣泛地共鳴與支持，孤獨堅持地爲台灣奠定了工藝基礎，在有限的精力與時間下，無法顧及台灣原住民工藝。

一直到1980年代後期，時隔約五十年之後，排灣族撒古流．巴瓦瓦隆帶動了排灣族第一波傳統藝術重建工作。1990年代，在國家政策的牽引下，開始了如雨後春筍的文化產業現象。2000年代初期，又出現了泰雅族藝術工作者尤瑪．達陸，對於公部門原住民藝術產業政策的反思。

時代的現實，使得台灣整體工藝不受重視。一直到2000年代，文建會所倡導推動的「創意產業」、「公民美學」，使得顏水龍再度被提出來討論。2004年於國立台灣美術館展出「威廉．莫里斯與工藝美術特展」與「顏水龍工藝特展」，前者介紹英國19世紀的工藝美術運動，以及領導者之一的威廉．莫里斯，如何改變大眾對應用藝術的認知。文建會又將2005年訂爲「台灣生活工藝運動年」，由文建會所屬之國立台灣工藝研究所於華山藝文特區舉辦的生活工藝大展，介紹日本民藝之父柳宗悅、台灣工藝先驅顏水龍。這幾個展覽有了國際、歷史的比較與參照。

1920與1940年代的警語，猶言在耳。雖然，整個現實情勢與環境和當時所處時代非常不同，已非當年顏水龍所比喻的時代爛泥了，但原住民創意產業則需要更多有力釘椿的人，並警覺這些約八十、六十年前提出，今日仍需面對的問題。

【註釋】

1. 1991年，教育部技職司陸續出版「山胞職業教育稀有類科教材」集叢，包括1991年出版，謝貴利著《台灣原住民傳統文物簡介》；1991年出版，梁秀美編著《山地編織》；1991年出版，許坤信（撒古流．巴瓦瓦隆）編著《山地陶》；1991年出版，田秀琴、全正太編著《布農織布》；1992年出版，謝貴利所著《台灣原住民原始木雕工藝》，以及黃順男編著《蘭嶼民俗工藝》等。
2. 政策內容參見黃煌雄、黃勤鎮調查（2004：18-25）。
3. 高俊雄（1998：158）。
4. 1989年設立於台中縣和平鄉，1997年改隸台灣省原住民事務委員會產業發展組，1999年精省後改隸行政院原民

會中部辦公室產業發展科。參見文高一（2000：34）。
5. 引自行政院原住民族委員會網站：
   http://www.apc.gov.tw/skill/b2.jsp（2006.2.3參考）
6. 台灣手工業推廣中心編輯部編（1997）之序言。
7. 座談分為北、中、南、東四區，共18場小型、5場中型、1
   場大型，總共24場系列座談。
8. 孫大川計畫主持（1996：3）。
9. 1996年獲選為全國社區總體營造示範點，同年與時報文教
   基金會舉辦「鯝魚節」，炒熱後的山美部落成為全國知名
   的明星部落。
10. 資料來源：台灣省公報際網路查詢系統
    http://www.tpg.gov.tw/b-info/info-og.htm
    （2006.11.7參考），《台灣省政府公報40年春字第26
    期》，415-416。
11. 同上註，《台灣省政府公報42年冬字第63期》，703。
12. 同上註，《台灣省政府公報45年秋字第25期》，316-318。
13. 同上註，《台灣省政府公報52年秋字第58期》，5-6。
14. 引自傅寶玉等編（1998：337）。
15. 同上註，112、115。
16. 參見文建會《文化創意產業發展計畫》之「計畫緣起」，
    http://web.cca.gov.tw/creative/page/main_02.htm
    （2005.5.7參考）
17. 引自劉芳妙（2004.06.30）。
18. 引自台北市政府網站：
    http://www.native.taipei.gov.tw/cgi-
    bin/Message/MM_msg_control?
    mode=viewnews&ts=4652a5ab:7723（2007.6.14
    參考）。
19. 「原光再現：文化創意設計展」網站
    http://www.tgda.org.tw/event/（2007.6.14參考）
20. 輔仁大學織品服裝學系講師何兆華在〈台灣原住民染織
    工藝之商品與文化〉（2005）一文中，以尤瑪・達陸為
    主要案例分析指出：「媒體上一派天真與樂觀的言論，
    與我所認知在理想與現實之間掙扎的原住民染織工藝者
    的印象，有著天讓之別。」「在尤瑪一方面受到很高
    的注目的同時，我同時也看到苦撐與跳級的痛苦。」
21. 馮久玲（2002：146-147）。
22. 引自吳惠蘭（1999）。
23. 引自林懷民（2003）。
24. 引自陳佩周（1999：230）。
25. 引自張炎憲（1992：62）。
26. 轉引自莊伯和（1979：35）。
27. 2006年，尤瑪・達陸訪談紀錄。
28. 曹俊漢（2001.10.26）。
29. 2004.2.19，拉黑子訪談紀錄。
30. 引自依斯坦達霍松安那布（2003b：148）。
31. 2007.7，魯碧・司瓦那訪談。
32. 2000年，拉黑子訪談紀錄。
33. 屏東縣三地門文化藝術協會（2003）。
34. 引自曹俊漢（2001.10.26）。
35. 2005年，尤瑪・達陸訪談紀錄。
36. 2005年，拉黑子・達立夫訪談紀錄。
37. 數據來源：行政院原住民族資訊網「施政現況」第四點
    「推廣原住民族文化，振興原住民族語言」。
    http://www.apc.gov.tw/official/govinfo/report/pr
    esent.aspx（2006.11.08參考）。
38. 引自林懷民（2003）。
39. 本書對於原住民的稱呼，依據當時慣用的稱呼而使用。
40. 李欽賢（1996a：42）。
41. 連載於1924年5.20、5.21、5.24、5.28、5.29、6.3、6.9
    之《台灣日日新報》。後收錄於顏娟英（2001：436-440）。
42. 顏娟英（1993：496-497）。
43. 溫吉（1999：843-844）。
44. 台灣總督府警察本署編、陳金田譯（1997a：710-711）。另
    參考（1911.4.15）。〈蕃婦機業〉。《漢文台灣日日新報》。
45. 轉引自顏娟英（2001：440）。
46. 鈴木作太郎（1988：404）。初版1932年發行。溫吉編譯
    （1999：846）。
47. 1927年末與1932年之授產機關統計資料，分別引自台灣
    總督府警務局理蕃課編（1928：88-89）、鈴木作太郎
    （1988：402-403）。
48. 廖瑾瑗（2001：40）。
49. 轉引自顏娟英（2001：436）。
50. 森丑之助原著、楊南郡譯註（2000：223）。原文〈生番
    行腳〉於1924（大正13）年刊載於《台灣時報》。
51. 轉引自顏娟英（2001：437-438）。
52. 森丑之助於1924年刊載於《台灣時報》之〈生蕃行腳〉
    一文中提及：「台灣製糖會社最近在內社溪進行灌溉工
    程，大量使用蕃人勞力，而『星（Hosi）』製藥會社在
    這一帶經營藥草園，使很多蕃人從事栽培工作。由於就
    業機會增加，蕃人有工資收入，生活比從前更寬裕。」
    引自森丑之助原著、楊南郡譯註（2000：252）。
53. 顏娟英（2001：437）。
54. 引自台灣總督府警察本署編、吳萬煌譯（1999：496）。
55. 引自王淑津（2003：53）。
56. 尾崎秀真等（1941.8）。〈趣味台灣座談會〉。《台灣實業
    界》。引自顏娟英（2001：450）。
57. 立石鐵臣（1943.9.13）。〈生活工藝品的反省〉。《興南
    新聞》。轉引自顏娟英（2001：481）。
58. 同上註，482-483。
59. 尾崎秀真等（1941.8）。〈趣味台灣座談會〉。《台灣實
    業界》。轉引自顏娟英（2001：451）。
60. 引自顏水龍（1977：6）。
61. 顏水龍（1978：8）。陳泰松、賀豫惠編（2006：99）。
62. 顏水龍（1942.2）。〈「工藝產業」在台灣的必要性〉。
    《台灣公論》。轉引自顏娟英譯著（2001：459）。
63. 同上註，460。
64. 同上註，462。
65. 何榮亮等著（2005：8）。
66. 顏水龍等纂修（1958：138、141）。

反思的空窗期：原住民藝術群起的樂觀氛圍與時代情緒

第1節 虛弱的前線：台灣原住民藝術群起的性格與體質

台灣原住民藝術一開始就失去懷疑與反思的精神。——拉黑子·達立夫【1】

一、可觀的原住民藝術人才

1990年代，包括1991至1993年台灣省原住民行政局的「加強山胞家政推廣教育計畫」，以及1994至1998年為期四年的「家政推廣教育」，這兩波家政推廣速成地訓練出一批批的家政班班員。1995年，社區總體營造與文化產業政策，再加上鼓勵成立立案工作室以申請相關補助，「原住民藝術工作者」角色大幅成長。這兩條主線雙管作用，宣稱藝術能兼具文化傳承與經濟發展的未來景象，迅速、廣泛地影響了1990年代原住民藝術發展取向，帶動了原住民藝術產業的基礎成員。

政策執行過程中，所謂的「藝術人才」也要重新翻一番，藝術人才與工作室普查成為基礎工作。同時，官方亦可透過這些普查與名單，有效的傳遞政策。1992年，台灣省政府教育廳委託國立花蓮師院山胞教育研究中心，地毯式調查全台原住民地區各縣市部落人才，並於1993年完成《九族藝能人才資料》。該中心所調查的專長極為廣泛，包括音樂、舞蹈、服飾、生命禮俗、母語、工藝與口傳文學等約六百多人。【2】

1995年，文建會主辦「台灣原住民文化藝術傳承與發展系列座談」，在其實錄報告書附錄亦列出為數可觀的「各區民間技藝師名單」，包括歌謠、樂器、木雕、製陶、編籃、編織、藤編、竹編、拼布、刺繡、服裝設計等。【3】1996年，解嚴後第一個大型「台灣原住民手工藝品展」，展出約五百多種、三千多件作品。在展覽專刊序言中指出「原住民地區資源豐沛，原住民才藝出眾」、「台灣原住民朋友擁有天賦音樂與藝術創作細胞，他們沒有師承、憑自己的想像力、觀察與天賦從事創作，各族專長均別具口碑。」【4】

然而，從這些名冊所列的可觀藝術人才中，從琳琅滿目的創作專長與類別，從才藝出眾與天賦說中，究竟可以嗅出與看見什麼樣的具體藝術面貌與想法？這個格外引人注目的現象，似乎又面目含糊。

二、精英不足的社區藝術運動

新興的原住民文學和深受殖民影響的原住民藝術的發展條件極為不同。原住民文學作家與研究者崛起多為精英，原住民藝術群起則趨近於一種社區模式，並影響不同程度的主體自覺深度。

原住民文學與評論者崛起時的體質，相對於普遍的原住民藝術工作者，多是跨足世界、部落與自我，受不同思維、體驗所激盪或具有高等學歷的思想精英——如田雅各、夏曼·藍波安、瓦歷斯·諾幹、孫大川等。他們不僅深刻反思或批判，亦能駕馭漢語文字，為自己的思想開路，溝通原漢兩個世界。

在文化產業政策下的原住民藝術，則具有社區培力的重要角色。社區總體營造政策由下而上的精神，是對精英或專業知識膨脹與傲慢的反省與反動，並非完全否定專業與精英。如致力於社區總體營造、曾任文建會主委陳其南分析：

當精英教育和專業化領域無止境地膨脹之後，最根源性的地方居民日常生活知識之提升卻被忽略了。當藝術創作和文化活動在現代主義思潮中遠離了生活和地方，公共藝術和公共空間的價值開始受到重視。【5】

然而，社造精神套用於原住民藝術，其條件、背景與主流社會並不完全相同。在1990年代初期群起的原住民藝術工作者，除了少數後來成為有影響力的原藝精英，更多是缺乏固定工作、中等學歷以下、農工階層、家庭主婦，或是缺乏現代轉化能力的傳統藝師或工匠。原住民藝術的普遍體質則是精英未同步形成，便轉向一個以多數升斗小民為主的藝術前線，藝術工作者成為或被期待為部落對外的發言人，甚至成為官方活動中的國際代表。因缺乏強而有力的藝術精英與相關專業，而使得社區工作的推動，容易過於浪漫。

原住民文學基本上是在被壓迫與反壓迫的自覺中崛起，具有強烈的批判、反抗性格，並與政治權勢抗衡。相對於原住民文學，原住民藝術的覺醒反應較為遲緩，或者多未經過深刻反思、徬徨與掙扎的過程，便在本土、多元的時代背景，文化復興的順勢下，開始有大規模反應。殖民影響未被拆解、啟蒙力量尚未全面性地展開，多受政策黑潮牽引，並在政策保護傘下，亦步亦趨。甚至，服從。而1990年代後期才逐漸發展起來的現代藝術，歷史短淺，尚未形成一個能夠與政治權勢制衡的力量。

原住民文學、評論作品，具有強烈的社會抗爭與現實精神；原住民藝術群起則反覆表現美麗、健康的原住民形象。尤其在人物上，獵人強壯、老者有智慧、少女健美、歌舞刻意有力、文化活動熱絡。美麗、健康與強壯的面具背後，其中一個面向則是反映了原住民的心

病，在原住民重新尋找自己的困惑時期，這些形象身負撐起一整個族群、尤其是升斗小民的正面認同需求。

三、數大是美的背後：人海戰術展

原住民藝術的群起現象不僅指人口數，還包括相較於1990年以前明顯增加的原住民藝術聯展；有些更確切地說，是「動員展」。

最典型的是分別於1992年與1997年，於台灣省立美術館（1999年更名為國立台灣美術館）展出的「第一屆山胞藝術季美術特展」與「台灣省86年原住民傳統工藝展」。這兩個全國性大型展覽，將不同族群、類別、性質與水準不一的作品都納編至「山胞」或「原住民」名稱之下，傳達一種集體的主體之聲，或原住民藝術活絡現象。

另一個突出的聯展現象，則是木雕聯展。1990年代較為重要且受矚目的聯展，包括1994年順益台灣原住民博物館主辦的「台灣原住民木雕創作獎／展」、1996年於花蓮山海關藝術中心展出的「阿美族木雕藝術祭聯展」（較深入探訪創作者創作歷程）、1996年於清華大學藝術中心展出「原生、族群、韌力：變遷社會中的原住民藝術」，以及1997年於元智工學院人文藝術中心展出「涵容強韌生命力：台灣原住民藝術創作展」。

2000年代初期，則加以標榜「大型」，營造一種驚奇的表象。例如，2000年，台東縣政府舉辦台東原藝嘉年華之「巧奪天工：百公尺十字繡」與「原貌雕現：二十一尊巨型木雕展」活動，並舉行申請列入金氏世界紀錄見證記者會。【6】前者由一百名左右原住民婦女，以六天時間在長達100公尺的布上繡上圖紋；後者則邀請二十一位原住民木雕工作者於現場創作，以八天的時間，每人各雕一尊號稱3.5公

尺高的巨型木雕。炫目的詞彙、不尋常的尺度與數量，似乎才是藝術活動的賣點。

2001年，台東縣政府主辦的第二屆台東南島文化節「雕鑿祖先的面容」大型木雕現場創作，依循前一屆的相同邏輯，邀請約三十餘位原住民藝術工作者於活動現場雕刻大型作品。2000年，為響應協助921地震後部落重建的文化賑災活動「雕鑿山海情‧連結台灣心：第一屆台灣原住民巨型木石雕刻展演」，則邀請約二十位創作者，於台北大安森林公園展開為期十幾天的現場巨型木雕創作。

這類型展覽並非完全沒有不錯的作品，但因缺乏策展論述、中心議題與核心理念，無法強調出作品的想法與重點。以「量」與集體行動標榜主體之姿，更勝於以「質」來展現有力的美學觀點或文化省思。這往往是一種人海戰術障眼法——聲勢浩大、壯觀氣勢的背後，藏的是不均或虛弱的體質。

雖然，在藝術發展剛起步、仍不夠成熟之際，單打獨鬥不容易，集體行動成了一種過渡方式。但這種展出模式從1990年代初期一直延續至2000年代初期，某程度反映了原住民藝術體質並無太大改變。而同件作品在不同展覽重複展出的頻率極高，除了原住民藝術展覽過剩，亦反映了作品的產出緩慢或停滯。

四、小結：社區力量或群眾控制？

從官方量化報告，可以看到成冊的藝術人才名單、研習班場次、就業人口數等；從官辦展覽、藝術節活動，可以看到一個龐大的隊伍、量豐的作品。然而，從1990年代到2000年初十年間，尤其隨著創意產業政策推行，重量輕質、靠異國情調保障的「原住民名牌」、原住民藝術工作者人口數與藝術質地的落差等問題開始浮現。

聽到這些問題，並不用太驚訝。要一群因經濟壓力而導致不容易產生深刻想法，或缺乏養成而需要被觸發的一些藝術工作者，來造

2001年台東南島文化節現場巨型木雕創作（盧梅芬攝）

一種深刻的藝術、讓人眼睛爲之一亮的設計，甚至建立品牌，不僅讓原住民藝術難爲，更容易誤導、混淆了藝術發展的認知。

雖然，這些原住民藝術工作者，是原住民文化重建的契機，進而匯集、提升爲一股重要的「社區力量」，並掌握與運用政策空間與資源。但多因掌舵力不足，敵不過政策黑潮與殖民想像的牽引，隨波逐流，如尤瑪‧達陸所形容：「政策的潮流，像大黑潮。原住民藝術漂到那個地方，而不是你要走到的那個地方。」【7】

「勉強應合，不是開創遠景的人應該有的步伐」，尤瑪‧達陸深切期許。【8】但對於許多原住民藝術工作者來說，卻缺乏條件與能力談遠景；甚至淪爲一種「群眾控制」，成爲殖民與政治操控最容易入侵的一群、官辦原住民文化藝術活動最容易被動原的要角。

這個受著政策指揮，看似龐大的隊伍，容易順理成章地成了政治人物或是投機者所說——原住民以主體之姿，推動、推廣原住民文化藝術。「主體」被無限擴張，如此輕鬆。也因爲隊伍龐大，更令人擔憂。

到了2000年代初期，許多警訊開始浮現，考驗才剛開始就陷入盲目膨脹、「藝術家」這個名稱被濫用、舊山地製品翻身成新原住民藝術。而身陷在牢固糾纏的殖民網罩、異國饗宴食物鏈的最底層，多數所謂的原住民藝術工作者的條件、能力與位置，不容易爬出來看到這些困境。

第2節 應許之地【9】：原住民藝術群起的時代心事

每一個群眾運動在某種意義下都是一場移民，追隨者會覺得他們正向一片應許之地邁進。

那些在一個群眾運動初起時會急急投效的人，往往也是樂於得到移民機會的人。
——賀佛爾（Eric Hoffer）【10】

一、貧弱世襲，藝術翻身？

重建是爲了甚麼？爲了讓生活能夠過得更好！
——尤瑪‧達陸【11】

在部落社會，藝術被強調和社會文化有著複雜且密切的關係，同時蘊含了常民生活情感。在現代社會，藝術是社會建築的上層指標，它反映社會、文化、現實、人性或是美，或是彰顯某種程度的理想主義。

但對於多數的原住民來說，藝術卻是反映了更多底層原住民的心事。群眾運動研究者賀佛爾指出：「在一個行將被同化的少數民族裡，最容易被群眾運動吸引的，是最有成就和最沒成就這兩類人。」【12】少數原住民因自覺反思而回歸部落、投入藝術創作；但更多的原住民會毅然、甚至貿然投入藝術產業，大多不是先爲了要變革或搖醒什麼，而是想擺脫、抓住些什麼。他們看到前頭彷彿有一個隱約、模糊的希望——文化自信與尊嚴、提高所得、提升社會地位。

長久以來，他們身受貧弱與被歧視之苦，在這個土地上，流離失所，沒有辦法安穩，甚至失意、喪志與絕望。例如，長年失業、覺得自己的人生是失敗的，更有人悲觀地覺得進入貧弱世襲與永遠低人一等的宿命。因此，他們渴望移民的應許之地，是一個能夠安身立命的處所，生活有著落、精神有寄託，並能受到這個社會肯定的平凡希望。

邁向應許之地，這是個混合了因自身貧弱而自卑，爲身處社會底層而悲苦的希望。一

個看似180度大逆轉、給了一個希望的政策黑潮，以及歷經百年積壓、飢渴自我正面認同的情緒洪水，瞬間潰決，兩股巨大的力量共同支配著他們的流向。

二、一個足堪被看的工作

在原有的文化逐漸瓦解後，原住民的職業出現了幾個明顯的就業取向：1950年代開始部分轉入造林業，成為林班工人；1960年代中期以後原住民青年大量移入都市，成為台灣經濟起飛時期的低技術勞工，以及隨著幾次遠洋漁業的成長，成為漁民僱工。【13】原住民被動地隨著台灣產業的轉型而流離。

上述工作除了極不穩定外，還包括工作環境惡劣，如從事的是高危險的營造、卡車司機等工作，又缺乏專業技術而容易被取代的勞動工作。同時因缺乏獲取法律知識、尋求知識或單位組織支援的能力，而容易受到剝削。

1956年台灣省政府公布「台灣省山地同胞就業輔導辦法」，山地鄉公所為申請人介紹工作並訂出適合山胞技能的職業分類，包括：各種農林畜牧場員工、各種工廠員工及手工藝工人、各種交通機關員工、各種礦場管理人員及採礦搬運工人、各種土木水利建築等工程員工，以及各公務機關及社會團體員工。【14】

在1963年台灣省政府所推動的「山地行政改進方案」和1966年「現階段扶植台灣省山地同胞政策綱要」中，都提及獎勵輔導職業生產教育和優秀山胞升學，因此於1970年代，培養了不少職校畢業生投入勞力市場。政府也鼓勵青年報考軍警學，由於可以減輕家計，畢業後有份固定工作，有不少身強體壯的山青因而投入軍警行列。【15】

1990年台灣省政府發函各中等學校，為培育山胞人才，發揮山胞潛能與天賦，俾為國家社會服務，凡參加各類職業技能競賽，以及投考軍、警官（專）及警察學校錄取者，由政府核發獎助金。【16】「發揮山胞潛能與天賦」用語似乎反映了原住民被鼓勵，以及設限的職業專長類別。

原住民多早已失去了能夠實現自我價值的獵場，甚至被推至社會底層。取而代之的軍、警、公、教、護士等行業，成為原住民的翻身新指標。原住民的職業取向，反映了對「穩定」的渴望。但要進入這些行業領域，多須先跨過基本學歷或經濟門檻。然而，大多數的原住民，又貧又弱、無權無勢，多不易進入主流價值來自我肯定。而有些進入主流價值越深的人，卻又面臨了離部落愈來愈遠的矛盾。

而藝術，就最廣義的藝術而言，相對比較沒有太高的學歷與專業知識壁壘，又是主流價值認知下一個足堪被看、被肯定的工作。藝術，亦是一種比較可能或較快帶來經濟改善、翻轉負面認同的應許之路。因此，藝術成為許多原住民躍躍欲試，甚至趨之若鶩的機會。然而，悲觀來看，這個現象反映了藝術是原住民不多的選擇之一。就如南方朔在〈運動、被看、異國情調〉一文中無奈地指出：「就在這些運動的光輝裡，所折射的卻是另外一些不平與蒼涼。……運動其實是原住民不多的選擇之一。」【17】

三、被放大與簡化的希望

但是，政府與原住民自身，是如何理解藝術、文化傳承與經濟發展三者之間的關係？藝術可以吸引觀光而助長經濟，可以提升文化而重建民族自信心，這是一直以來原住民藝術政策所應許的希望。然而，這個邏輯，顯然被簡化；原住民藝術工作者的能力，顯然被高估了——甚至，一開始就被過渡的渲染，僅釋放

出樂觀前程的一面，淡化了種種問題，使得後來許多原住民產生「錢途無亮」的高度落差。

已被社會所肯定的原住民藝術家拉黑子‧達立夫，是歷經底層職業或打零工，自學努力後在藝術上有所成就的例子。國中畢業，十八歲時曾跑過遠洋漁船三年，後來輾轉至台北工作時，為了擺脫貧窮、出人頭地，立志不能永遠當低技術的工人，而是能夠掌握設計概念的設計師。

在台北歷經十年自修苦學，他才實現當一位設計師的願望。回到部落持續創作十年，始於2000年代初期成為受到社會普遍肯定的藝術家。對於一個缺乏學院訓練養成，他的養成以十年為一個單位，鍛鍊自己的能力，二十年後始有一席之地。

原住民藝術的經濟與文化效益，就如原住民如何在觀光中同時擁有尊嚴的問題類似，如果原住民每一個個體無法強壯，這些邏輯、這些說法，對原住民來說，都是不容易達到的希望。即使已是國際知名的美國印地安藝術家亞倫‧豪瑟（Allan Houser），在1950年以其個人經驗指出：「How can the Indian live by art？」這句話不但反映了原住民藝術與觀光生存的歷史與全球現象，更直接點出現實問題，這兩者之間的關係被簡化而一開始過於天真樂觀。【18】

原住民藝術與文化傳承的關係，亦非如此樂觀。有許多原住民藝術工作者如英國藝術政策學者費約翰（John Pick）分析開發中國家的藝術復甦狀況：「復甦傳統藝術的經濟目的遠勝於其原有的社會價值、習俗、典禮和技術重新被學習到生活中，其源於觀光市場的利益遠較造就原住民的福利更具吸引力。」【19】

1990年代初期主宰原住民藝術群起的動力，缺乏經由深刻的自覺與反思點點滴滴的累

積，多是靠一股重建正面認同的熱情及渴望安穩的情緒。雖有些創作者因創作本身的自足感，會不斷地超越世俗利益，但更多的原住民卻是處於，一旦維繫文化的經濟基礎斷裂或消失，也更容易失去文化傳承的動力。

第3節　唱自己的歌？台灣原住民藝術群起的主體盲思

一、1980年代：翻起主體自覺與去殖民的助醒浪潮

（一）揭開傷口

1980年代初期，一些原住民精英透過組織的連結與運作，吹起了原住民主體自覺的號角，最具代表性為1984年成立的「台灣原住民權力促進會」。他們以切膚之痛的心情，揭開原住民那傷痕累累的身體——自卑、貧窮、雛妓、勞工、漁民、語言、教育、文化等傷口，同時倡導原住民奮起團結，爭取應有的權益。

1987年解嚴，為台灣民主進程一個重要的分水嶺。政治氣候與文化氛圍丕變，各種社會運動在解嚴後蓬勃發展，以集體發聲方式挑戰以往的政治禁忌與中央威權，尋求各種解放。面對民間社會提出的新觀點、價值，以及強大的社會力量，迫使威權體制不得不重新反省舊價值並展開雙向對話。原住民社會運動——反雛妓、反東埔風景區、反吳鳳神話、反核廢料、還我土地、正名運動等亦迅速地陸續展開。原運搭上普世人權，而受到更廣泛的關注與協助。

一波又一波的「反」與「還」，不斷地拍打衝擊原住民那最痛的心靈深處，並凝聚成一股群起的去殖民助醒浪潮。

（二）細心批露

1980年代後期，如孫大川所形容：「原

住民開闢了『街頭』之外的另一個戰場：即文字舞台。」【20】台灣原住民作家，陸續於吳錦發主編、晨星出版社出版的「山地文學系列」中發跡。原住民作家以筆桿力量，透過漢語寫作的文學與評論，細膩地刻劃原住民的生命經驗與心理處境，或是赤裸裸揭露殖民暴力。一個個文字所織羅出的畫面，讓讀者看到與感受到不容易碰觸到的歷史遭遇與殖民傷痕。

緊接著，則是扮演傳播與評論機制的刊物發行——分別於1989、1990年、1993年、1995年創刊的《原報》、《獵人文化》、《山海文化》與《南島時報》。其中，孫大川所執編的全國性雜誌《山海文化》，除了更爲廣泛地涵蓋原住民相關議題，更積極地溝通原住民與外在世界，開拓視野。更重要的是，它越過了控訴，身兼自覺反思、分析與自我塑像等多種角色。如創刊號專題——「原住民圖像的重構」引言：

毫無疑問地，原住民的歷史圖像是模糊扭曲的……。

重構原住民的圖像，正是我們揚帆起航的起點，……。

這樣的圖像重構當然是永無止盡的，《山海文化》的推出，是一種宣示：藉不斷地文學、藝術之創作以及文化的反省，捕捉並塑造原住民清晰的面容。【21】

（三）回家

另有一批都市原運精英則重新反省實踐理想的著力點——從柏油路上的抗爭轉向爲土地的扎根，從泛原住民自覺轉向部落回歸，試圖展開另一個施展力量的新航道。原權會領袖之一的台邦·撒沙勒率先發起「部落主義」，打出「原鄉戰鬥、部落出擊」的口號。【22】

例如，1990年，魯凱族作家奧威尼·卡露斯重返「雲豹的故鄉」——舊好茶（Kochapogan），重建舊部落；1989年，達悟族作家夏曼·藍波安，重返「人之島」，探索達悟族的海洋觀；1991年，阿美族藝術家拉黑子·達立夫，回到部落從廢棄的木頭、破碎的陶壺，開始尋找溯源的蛛絲馬跡。離家，這一走，就是十幾年不等；回家，他們重新學習、調整自我，並思索屬於自我文化的生活與價值觀。

從批判殖民影響、揭開殖民傷痕，到追溯文化的痕跡，進而重塑自我，形成一股思想啓蒙力量，廣泛地影響與喚醒原住民主體自覺與反省，更促使許多人有勇氣跟進。

然而，這股一路沖瀉下來的反思與警示的去殖民浪潮，很快地在1990年代中期，被一股表面上席捲而來的樂觀氛圍所逆轉與替代了。原運所揭開的赤裸傷口還未復原，還來不及被社會所深刻理解，就被美麗歡樂的原住民表象所層層覆蓋。裡頭，卻仍包著鹽。

二、1990年代：文化重建全體總動員與「文化殖民」時期

1990年代除了家政班與文化產業的推動，標舉原住民文化的活動亦紛紛出現。1992年「第一屆山胞藝術季」，爲解嚴後第一個由國家主導的大型原住民文化活動，不但在媒體沸騰發燒，更讓原住民感到備受重視。1993年，聯合國訂定爲「國際原住民年」，開啓了大量的原住民相關報導。同年由文建會主辦的「全國文藝季」展開，這個標榜從中央到地方的文化政策，亦成爲「國際原住民年」的應景活動，以及地方政府興辦原住民文化活動的轉折點。負責籌辦執行的各縣市文化中心，紛紛以原住民傳統文化爲活動內容，趕搭上「國際

原住民年」熱潮。然而，這些活動，並未深入提供國人關於原住民議題的國際思考。

1994年，文建會開始推動「社區總體營造」文化政策。當年的「全國文藝季」，文建會以「人親、土親、文化親」為主題，繼續實施文化由地方自主的理念，而原住民傳統文化仍是一些地方政府的重頭戲。原住民藝術這個類別也不缺席，系列活動之一「原住民工藝巡迴展」由台灣省手工業研究所承辦，首站於台灣山地文化園區展出。

「全國文藝季」的活動之一「原住民文化會議」中，有一些原住民精英則在主辦單位所主導安排的議程外，主動提出「出草宣言」，呼籲尊重原住民的自主性與教育文化權等。而前總統李登輝則代表官方，首次以「原住民」一詞回應了原住民歷經十年的正名運動，並成為官方正式用語。【23】這份宣言，在地方活動瀰漫的一片傳統歡樂聲中，似乎「出草」成功。

2000年，台東縣政府舉辦台東原藝嘉年華，這個活動標榜絕對是由原住民自主設計與安排、絕對有原住民傳統部落景觀特色、絕對充滿原住民跨世紀的驕傲、絕對是原住民族並絕對是族群代表。【24】這是繼中央所策劃的重要原住民文化政策活動後，另一個由原住民地區地方政府所策劃執行的大型原住民文化活動。活動所標榜的絕對自主、傳統與驕傲，欲突顯原住民的主體與傳統。2001年，活動更名為「台東南島文化節」，每年舉辦持續至今。

有別於原住民精英所倡導的「原鄉戰鬥、部落出擊」，政府一連串、密集的文化活動的推波助瀾，很快地轉變並擴散為一種幾近全民性的文化重建總動員。文化重建的樂觀氛圍，蔓延或直襲到許多原住民的心理，升斗小民被帶進了文化重建的熱情中。文化重建雖更為活絡，卻也逐漸產生質變。

在這股文化重建浪潮中，原住民藝術工作者與工作室，在1990年代十年間，被形容如雨後春筍般大量湧現。不管是原住民或漢人，高度評價肯定此現象為文化傳承與主體自覺的重要指標，一股「藝術復興」的樂觀氛圍席捲而來。

另有人類學學者謝世忠於1999年正面肯定此原住民藝術興盛現象，為繼1980年代中期而消隱於1990年代中期的原住民族群政治運動之後的第二波原運主流，或可稱之為原住民的全民文化運動；其並認為諸如觀光場域、收藏家和帶著休閒遊憩心態者、學政合作之堅護傳統理念之大作，以及儲藏型博物館等亦能使「傳統」體現的範疇，紛紛失去它們的影響位置。【25】

1990年代，相對於舊殖民時期原住民有了較為自主的文化發展空間，上述堅護傳統的殖民操控力開始有了反省或修正，但並未完全紛紛失去他們的影響位置，另一股張著本土大旗、披上多元文化新衣所操控的傳統，又重新粉墨登場。國家以掌有的優渥資源，支持與強化原住民的傳統，以過去的傳統榮耀肯定原住民，進入殖民第二時期「文化殖民」。

舊殖民伴隨著武裝、政策、經濟以否定原住民文化，將原住民降之於次等地位，逼使逐漸向殖民主流文化靠攏，甚至認同其價值標準，這是原住民的自卑期。文化殖民時期國家對傳統的重視此一正當性政策，使得原住民文化操控的問題隱而不顯，這是原住民的樂觀天真期。

三、批判的空窗期：未全面性展開的文化去殖民運動

謝世忠所指消隱於1990年代中期的社會

運動，其實亦是原住民批判反思的空窗期開始形成的關鍵時期，這點是原住民文化重建開始後被忽略的面向。1994與1995年，分別召開了「原住民文化會議」、「台灣原住民文化藝術傳承與發展系列座談」此官方重新重視原住民文化的重要會議。當多數眼睛都望向文化產業政策，注意力聚焦於文化重建時，1996年文化研究學者陳光興卻提出了不同的觀點——文化去殖民運動尚未展開。

他同樣認同解嚴前後，黨外政治反對運動在當時確實替去殖民運動開創不少生存空間，但文化上的去殖民運動尚未展開時，卻將所有能量推向新國族打造、新國家機器再造的主軸上。【26】他並憂心的指出：

1994年的「原住民文化會議」，正是收編原運去殖民力量的另一個指標。這些原本可以展開的文化去殖民空間，都在快速的為政治獨立建國運動所吞噬，而無法有自主性的深化，文化、學術都被吸到以統獨為後設敘述主軸的磁場中。【27】

這是一個非常關鍵的警語。然而，這個問題環節在當時的原住民文化藝術圈卻未被解讀出來，而是聚焦「主體」開展以定位此階段的意義。

從啞巴吃黃蓮的時代，到終於可以「唱自己的歌」；從失語的歷史，到「主體的言說」，原住民逐漸從第三人稱再現轉變為第一人稱自我表達，是一個關鍵的歷史轉折。「主體之姿」，是此文化重建時期不斷被強調與重視的面向。對「主體發聲」與「受到尊重」這件事異常敏感的原住民來說，情緒自然高昂、甚至亢奮異常。

在短短十年間，掀起了總動員式的文化

重建，像是百年來殖民壓制低潮期後的一個高潮，或像是心電圖上持續虛弱呼吸的一次大跳動。這個振奮人心的轉變，使長久受挫的心理受到即時、暫時的安慰或安撫，甚至，除去疑慮。這個看似原住民命運逆轉的分水嶺，一分為二，容易忽略過渡期的種種現象與問題而陷入了無庸置疑的「主體」迷思。

原住民的主體意識，雖看似已波瀾壯闊地展開；原住民藝術，雖看似已蔚然崛起。但從歷經百年「被想像的對象」，到開始十年「創作的主體」，原住民藝術究竟有沒有從殖民美學的框架中脫胎換骨？如果是藝術復興運動，辨識、檢視這個運動的標準是甚麼？這個運動所要表達的思想，所欲啟蒙的觀念是什麼？影響是什麼？主體意識與主體內涵，是否名符其實？

1990年代原住民藝術群起現象，被視為主體展開的重要表現，但在藝術表現與思想上，是否堪稱得上是主體自覺運動，在當時並未進一步踏實地從作品分析。不僅忽略這個新契機背後所潛藏的殖民控制，更埋下了日後「延續殖民想像」、「自我奴化」與狹隘偏執的民族主義危機。

除了上述因素，文化去殖民運動無法展開，對傳統的肯定等重新包裝的文化殖民力量，能夠產生強大的作用，正因為應合、滿足了原住民急欲擺脫污名烙印，對於正面認同的爆炸性需求，並與原住民自身強烈的「回到殖民前的傳統」的心理需求相互作用、增強。原住民藝術排除了原住民的當下與現實，以及過去的殖民創傷經驗與記憶，隔離在自身構築的傳統榮耀邊界內。

而這個爆炸性需求，使得原住民產生高度凝聚力，甚至產生集體盲思的症狀。集體盲思，望文生義，即大家都認為對的事情，可能

隱含著盲點或方向錯誤。1972年，政治心理學者詹寧斯（I. Janis）在研究甘迺迪總統及其核心幕僚處理「豬羅灣入侵事件」，提出「集體盲思」這個重要發現。【28】集體盲思的前提，包括團體凝聚力與團體孤立性。前者指凝聚力愈高的團體，愈容易出現集體盲思的現象，後者指團體中的成員缺乏、甚至沒有機會得到專家資訊和他人的批判性評估。【29】

　　1980年代原運的反思與警示，在1990年代被高度凝聚的樂觀氛圍與異常的快樂所替代了，再加上審慎的分析以及批判的力量暫時失靈，或一直沒有去填補，所出現的「反思的空窗期」現象，使得1996年陳光興即點出的文化上的去殖民問題環節，一直到2000年代，仍缺乏相關研究論述進行深入剖析。

四、小結

　　唱自己的歌的時代來了嗎？但許多原住民藝術的聲音在喉間湧動，卻難以引吭高歌。陳光興在〈帝國之眼〉一文點出「去殖民的全面性反思根本沒有運轉，才會承續帝國主義的文化想像。」【30】台灣原住民藝術去殖民的全面性反思尚未展開，全面性的「文化傳統表徵」工作，卻已如火如荼地展開。如果原住民藝術看不到、看不清問題，該如何抵抗？

　　原住民藝術與文化重建的第一個十年剛走，自覺、尋根、主體、文化傳承等用語詞彙，在過度的消費後，逐漸失去它的詮釋功能，也快要變成一個失去意義的空洞符號與形式套話，幾乎失去它的效用。

　　原住民藝術一路下來，有土法煉鋼的、有熱情衝鋒陷陣的，卻對自己究竟得到什麼樣的主體，缺乏更深刻的了解與透視。十年後，在2000年代，原住民藝術究竟擁有什麼傳統基礎、什麼主體，必須重新反省其深度。

【註釋】

1. 2005年，拉黑子‧達立夫訪談紀錄。
2. 吳天泰、國立花蓮師院山胞教育研究所編（1993）。
3. 參見孫大川計畫主持（1996）。
4. 台灣手工業推廣中心編輯部編（1997）。〈展覽序言〉、〈出版序言〉。
5. 陳其南（1999.08.10）。
6. （2000.12.31）。〈二十一尊巨型木雕 百公尺十字繡：爭取列入金氏紀錄 原住民亮出好手藝〉。《聯合報》，17版花東財經。
7. 2005.8.31，尤瑪‧達陸訪談紀錄。
8. 同上註。
9. 《聖經舊約全書》出埃及記（3：7-8）。
10. 引自賀佛爾（Eric Hoffer）著、梁永安譯（2004：27-28）。
11. 2005年，尤瑪‧達陸訪談紀錄。
12. 引自賀佛爾（Eric Hoffer）著、梁永安譯（2004：70）。
13. 參考台灣省政府住宅及都市發展局規劃、國立台灣大學建築與城鄉研究所協助規劃（1992.9）。
14. 《台灣省政府公報45年夏字第32期》，346-347。
　　資料來源：台灣省公報網際網路查詢系統 http://www.tpg.gov.tw/b-info/info-og.htm （2006.11.7參考）。
15. 同註13。
16. 《台灣省政府公報79年春字第59期》，17-18。
17. 南方朔（1995：21）。
18. 轉引自Penney（2004：201）。
19. 引自費約翰著、江靜玲譯（1995：123）。
20. 引自孫大川（2000：147）。
21. 山海文化雜誌編輯（1993：6-7）。
22. 台邦‧沙撒勒（1993：38）。
23. 文建會編（1994：1）。
24. 參見《台東縣原住民藝文會議手冊》。
　　會議時間：2000.3.11，由台東縣政府、台東市公所，以及原住民團體台東縣原住民文化藝術發展協會合辦。
25. 參見謝世忠（2000：7）。
26. 陳光興（1996：124）。
27. 同上註，124。
28. 江岷欽（2005.3.4）。
29. 胡文惠（2005）。
30. 陳光興（1994：211）。

2 無形的蕃界：
殖民美學的形塑與隔離

「隘」，為設於漢蕃交界的防蕃機關之一。清朝時的防隘制度，起源於民間私設。然而，這些民隘的位置乃隨蕃界開墾情形而定，墾地前進則隘址亦隨之前進。「官隘」的劃定，則始於1722年（康熙61）年，於蕃界立石，嚴禁漢人侵越，並且制止蕃人越出。【1】

日據時期蕃地牽涉到殖民主的國家經濟利益。1906（明治39）年，有「理蕃總督」之稱的陸軍大將佐久間左馬太（1844-1915）就任第五任台灣總督，在其任內施行武裝鎮壓的「五年理蕃計畫」。【2】理蕃計畫序言即開門見山的說：「蕃地經營為台灣之一大課題，蕃地利源之大，乃盡人皆知者。」【3】蕃政之目的在乎開發蕃地，以利國家經濟。

日帝覬覦的林木、樟腦與礦藏，無不涉及蕃地。而為更有效地獲取蕃地內的天然資源及控制蕃害，從消極隔離與防守的蕃界，轉為積極侵略的隘勇線，從山區邊緣向內推進，並在隘路上廣佈地雷與電流鐵線網，將原住民困在山區，期間不乏日警與蕃人誤觸電流致死。

除了有形的劃界隔離，另一個較為人知的無形蕃界，即是同化殖民所產生的「污名化」種族歧視。原住民適應不良所衍生的種種問題，更倒果為因的驗證與加深此污名標記。

原住民的底層工作很傳神地被形容為「最高的鷹架、最深的地底、最重的背負物，以及最暗無天日的空間。」最高，指都市土木建築的水泥工、釘板模、搬運等非技術或半技術勞工；最深，指深入地底數百公尺的礦工；最遠，指遠洋漁業的漁工；最暗無天日，指女性從娼或雛妓。這些不同的「最」，都是主流民族最不願意從事的工作，卻似乎又是最需要的服務。【4】

還有一個最需要的服務，則是滿足殖民慾望的「最遙遠的國度」，這個慾望需求，則無不涉及與殖民者有所不同的差異。原住民藝術與歌舞成為滿足異國視覺感官享受的主要來源，以及吸引遊客目光的誘餌。為了滿足這個慾望，原住民藝術被隔離在差異傳統與原始想像的邊界內。

這個隔離雖未有明文規定、制度化的同化政策，雖不似污名劃界帶有明顯的歧視態度，但原住民藝術彷彿被植入一個無所不在的「控制晶片」，其表現隨時處於被監視的狀態。大至國家體系下的文化活動、博物館等文化機構的再現，小至媒體、旅遊報導的「重圍」之下，猶如一道道不成文的審查、檢查制度，並連結成一個堅實而不易撼動的控制區。舊殖民時期，原住民藝術就在這樣的監視下長成，並且延續到第二階段文化殖民時期。

第2-1章 原始的想像：漢原二元視角與殖民慾望下的原住民藝術

第1節 「好像是，又好像什麼都不是」：漢原二元差異下的「泛山地藝術」

「族群藝術」雖是一不帶價值判斷的客觀詞彙，原住民各族皆有其民族藝術風格；但「山地藝術」一詞，已隱含、甚至僵化為某種普遍存在的藝術形貌或概念。對於「山地藝術」，已有相關研究從權力關係著眼，並探討背後的觀光問題，但少從漢人自我中心的二元視角，以及殖民慾望所鏡射出的不切實際與浪漫化的原始想像此一面向，深入分析其所形塑的「山地藝術」面貌及社會普遍認知的「原始」概念為何。

一、含混拼湊的「泛山地藝術」

1960與1970年代興起的山地觀光，主要憑藉觀光者與被觀光者、漢人與原住民之間心理的「距離感」與「超現實」的氛圍來維持。殖民者對原住民藝術的興趣，不在於現實與知識細節。以「山地木雕」為例，可辨識出幾點顯著常見的「距離感」與「超現實」特徵：包括非寫實的形式與圖騰，以營造一種神靈之氣的神秘感；突顯性器官，以營造一種非文明之感；傳統的聲明，以營造遙遠的異國時空距離感；刻意古舊，以營造非現代之感。

從早期著名的台北烏來、南投日月潭、花蓮到屏東三地門等山地觀光區的藝品店，甚至是文物館與博物館，常會同時混搭販賣台灣原住民仿古製品、東南亞、非洲等地異國民族風濃郁的紀念品。目的多是為了要透過視覺感官，讓心理感受到一種迥異於己且遙遠的「原

始異國」，以填補、滿足殖民者這部分的慾望需求。

早於1977年，人類學者陳奇祿已關切到這種混搭或冒充販售的商業手法，並以強烈的語氣表達他的不滿：

總之，台灣土著藝術現在已經衰墜了。坊間紀念品所陳列出售的所謂土著雕刻或織繡，十九都是贗品。贗品是很容易辨認的，因為原始人從事藝術創作，態度都是十分認真嚴謹的，故作稚拙者，自非真品了。最可恨的是他們還用

林益千 面具 年代不詳
（盧梅芬攝，上下圖）

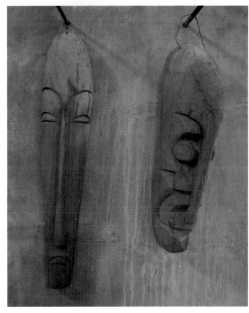

山地圖騰

【台東訊】台東市更生路與更生路的十字路口旁，竪立了一支山地圖騰，使過路的行人頗覺新鮮，紛紛投以好奇的眼光。

該山地圖騰是台東山地雕刻家袁志寬先生所製作，高約二十呎，半噸重，是由整棵樟木雕刻而成，在上端再接一羽毛狀的木飾，通體漆上各種顏色，紅、黃、白、藍、黑色相間，加上圖騰柱上的山地人面造型，頗富雅趣，短小的身軀，圓頭大眼大嘴，非常討人喜歡，故得到不少人士的喜愛。

據藝術家袁志寬先生的說法，他大約花上一個月的工作天雕成此藝術品。圖騰上的造型是表示阿美族的祖先，已把他們神格化，愈往上端的輩份愈高；層層流傳，也給族人的敬祖傳統做一次有力的說明。

袁志寬先生曾經在台東縣的各種山地文物展中，展出過其多次傳統山地雕刻，由於造型的突出，與模拙，深受地方人士的歡迎。（圖文：林建成。）

袁志寬 山地圖騰報導 1986（林建成提供）

非洲黑人雕刻的模刻品，或南美織布的仿製品，用來冒充台灣土著的雕刻或織繡。【5】

最感嘆的，或如陳奇祿所說的「衰墜」；最可恨的，或如陳奇祿所說的冒充。而這種商業投機方式，更演變成混雜拼湊的「泛山地藝術」畸形兒，甚至影響了日後原住民自身的美學價值判斷。

商業市場中混雜拼湊的「泛山地藝術」，是一個相對的概念，是依附在漢原的二元差異關係上，才得以形成存在；以漢人為中心將台灣原住民各族群、甚至各部落視為具有相同特性的單一群體。這種藝術現象，在聲明、標榜為傳統的「山地服」與「山地歌舞」上，極為顯著。

許多人可能都曾經驗到一種普遍的感覺——「好像是、又好像什麼都不是」的視覺經驗。「好像是」，在於無論台灣各族或其他世界少數民族的藝術如何移植再拼組，只要相對於漢人，就都是「山地藝術」了：「好像什麼都不是」，在於相對於各族明確可區分的族群風格，無論是阿美族、泰雅族、排灣族等，甚至是各部落，當然就陌生了，甚至成了所謂的四不像，看不出文化根源以及轉化過的痕跡。然而，這種含糊或含混的「泛山地藝術」與台灣原住民印象，卻又是極為尋常的經驗。

早期一些在觀光市場中生存的原住民木雕師，亦有仿其他少數民族木雕而成「山地雕刻」的例子。如1970年代花東著名的阿美族雕刻師袁志寬（1922-？），自己摸索雕刻的過程，曾參考排灣、魯凱族或世界其他少數族群的雕刻。【6】在1986年《更生日報》所刊〈山地圖騰〉一文，報導袁志寬仿印第安圖騰柱的「山地雕刻」作品，即為例證。【7】而師承父親袁志寬的林益千（Eki，1951-2003），約於1971年，二十歲時所創作的木雕面具，則具有鮮明的非洲雕刻風格，後來他自覺走出自己的風格。1990年代原住民藝術所表現出的泛少數

族群認同，則值得另做更進一步細膩的探討。

　　一路走到2006年，就連「語言」，也可以「創造」出這種「好像是、又好像什麼都不是」的「土語」或「山地話」。2006年4月晚上約六到七點，我於台東某飯店用餐，忽然聽見一陣怪腔怪調，但又聽得出來只是「啊、哩、嚕、哇、啦」等幾個單字不斷重複，並不是一種語言。緊接著，傳來「誠摯歡迎觀賞飯店山地歌舞表演」的中文翻譯。這是飯店為了營造一種相對於「文明」或漢人的「山地話」。

二、「統一」的「泛山地歌舞」

保衛大台灣！
保衛大台灣！
保衛民族復興的基地！
這一個時代、最新、最有意義的歌曲，已從山地同胞的心中唱出來。

　　這是1951年新年期間，桃園角板山的三十多位泰雅族青年所組成的「三光歌舞團」，於基隆慰勞據守於海岸的哨兵，表演時所演唱的部分歌詞。[8] 歌詞充分反映了當時原住民文化成為打造國族想像的最佳工具。

　　1955年，蔣中正提出了「戰鬥文藝」的號召，所謂的「反共文學」、「戰鬥文藝」成為文壇主流。這股文化防衛的氣氛，甚至也吹向了台灣傳統的民俗技藝，台灣著名的布袋戲女演師江賜美，當年就受這種時代氛圍的影響，改變了原本傳統的戲碼，改演反共戲碼來配合反共文潮。[9] 山地歌舞因兼具視覺與娛樂效果，在1950年代亦隨即成為戰鬥文藝下的一員，成為觀光、勞軍及娛樂外使、賓客與官員的重要工具。[10]

　　為了使山地歌舞能夠融入當時的反共時代，隨「反共復國」起舞，山地歌舞成為當時特別輔導的藝術類別。國家直接交辦各縣辦理，鼓勵組成山地歌舞團勞軍，歌舞團體數量迅速成長。1952年，台灣省民政廳舉辦為期一個月（7.28-8.26）規模較大的「改進山地歌舞講習會」，由全省每一山地鄉保送對歌舞有興趣或有天賦的青年女子兩名，加上台東、花蓮兩縣平地山地鄉，總計七十二名集中於台北受訓，年齡約十六至二十五歲。由舞蹈教師擬定的改進目標為：

統一原有的山地歌舞形式。
將優良的山地歌譜填配國語歌詞，並伴以舞蹈。
模仿山地歌舞原有情調，創作山地新歌舞。
灌輸淺近的現代歌舞知識。[11]

　　該會的講師根據上述四大原則，編製了「捕魚」、「送出征」、「農家樂」、「迎賓」、「勞軍曲」、「凱歌歸」、「生活改進」、「萬眾歡騰」、「山地風光」、「收穫祭」、「狩獵舞」、「洗衣女之歌」等十二支具有政治目的與異國情調的歌曲。[12]

　　不須細分各族特色的「統一山地歌舞」、填配國語歌詞、模仿所謂的原有情調、身兼反共責任，在國族建構、異國慾望，以及非常時期的反共階段任務上，再加上國家力量的強勢主導，快速地生產出同時滿足這些需求的突變種。

　　除了反共內容，「山地歌舞」基本上亦是「好像是、又好像什麼都不是」的邏輯，並延續至今。行政院原住民族委員會文化園區管理局表演藝術總監包勝雄，以他長期擔任原住民樂舞評審的經驗具體舉例：

曾經到台中的學校當樂舞評審，其中一支被評

為冠軍的參賽隊伍，頭上戴的是阿美族頭飾、臉上是泰雅族刺青、上衣穿的是鄒族上衣、下半身是卑南族褲片、唱的是排灣族的歌、跳的是蘭嶼的舞，幾乎九個族通通都有。【13】

2001年，文化工作者江冠明觀察於台南師範學院舉行的「全國各級學校民俗體育錦標賽」中的全國原住民傳統歌舞比賽指出，參加團體把舞蹈加在一起，也許這樣的混雜是一種後現代的原住民風格，但也有可能是不知所云地抄襲拼湊。【14】然而，如何辨識其中的差別，是自主的「原住民性」，還是沒有力量的拼湊？是一個極為重要的美學議題，仍需進一步探討。

三、從混搭到移植

1990年代，隨著全球化的腳步、國際物流與觀光的便利、休閒旅遊風氣，使得「原始異國」從混搭型態逐漸演變成進口移植。著名如墾丁遊樂區，主要商街上充斥的是泰式料理，從東南亞與印度大量進口充滿熱帶海洋風與民族風的服飾與貝類飾品，還有少數美洲印地安紀念品等。

另外，影星小S代言巴里風建築，墾丁一位難求的仿巴里島民宿，位於墾丁地區的五星級休閒飯店墾丁凱撒，亦於2005年整建裝修注入巴里島韻味，希望讓台灣民眾不出國，就有彷彿置身巴里島渡假的感受。【15】上述現象反映了巴里風正在流行。

這個顯著的現象，還包括東部地區如台東海岸觀光景點小野柳與三仙台，以及鄰山的知本溫泉區。遠觀商店的陳列似乎琳瑯滿目，近瞧卻是千篇一律、廉價的東南亞服飾與紀念品。

從墾丁到東部觀光區，都在營造一種兼

具「異國」或「海洋國度」的熱帶風情。然而，從山地觀光前進到國際觀光，依然不脫相對邏輯所產生的「好像是、又好像什麼都不是」的藝術面貌。只不過台灣原住民主角，置換成東南亞異國，更驚覺台灣原住民藝術如此輕易地被取代的危機。台灣不斷強調本土特色，以及原住民是台灣本土代表，但擺在眼前的現實是，我們的五星級飯店、國際觀光景點與觀光區街上的精品店，用的、賣的，多數是東南亞的商品或藝術品。

四、藝術價值的錯亂與庸俗化

這個「好像是，又好像什麼都不是的」泛山地藝術，再加上粗製濫造，使得原住民藝術的價值急劇庸俗化，最具代表性以及最常經驗到的，如美麗的泰雅服成了紅白毛線浴袍或披肩。1999年，江韶瑩具體描述了1970至1980年代時期泰雅族服飾的「俗艷」現象：

以埔里、盧山為中心生產極多的仿印地安披肩斗篷、日本式睡袍及泰雅族的長衣，先是毛線後來改用開司米龍織成、色彩俗豔；配銷到南投一帶的觀光據點，對象包括來此一遊的中外觀光客。【16】

「開司米龍」，是日本旭化成工業公司所製人造纖維的商標。為英語cashmilon的譯音，後泛指合成纖維。抗油、耐皺，不易收縮，可做衣料。【17】這種材質引進台灣時期，1988年，投身台灣工藝實踐工作的顏水龍即針對此材質表示擔憂：

台灣工藝另有可憂的是：忽視本身具有的天然資源，迷信外國的化學成品。例如，愚蠢的不穿棉、麻織的衣服，竟一窩蜂認為「龍」的化

學材料所做的衣服好。【18】

山地人也有將苧麻混合平地絲，做成軟布，加以使用的。早期進入山地後，時常可見山地人一邊走路一邊撚苧線。現在他們不撚線了，買「卡西米龍」等化學材料做衣服。【19】

　　原住民藝術在商業市場下的庸俗化問題，已被許多人提出。1998年，泰雅族藝術創作者安力‧給怒則進一步指出原住民自身缺乏鑑賞力而導致品質低落的危機：

在商業利益影響下，市場上大量出現贗品，甚或非洲文物混雜其中，原住民藝術品的素質日趨低俗。再加上族人們未具批評、鑑賞和比較能力，容易受利誘，而製造出許多現代贗品，並充當古物來出售。這也是加速戕害原住民藝術品質的禍因。【20】

　　原住民藝術所要重建的，不僅是形式的復古，內涵的理解，還包括藝術的「批評、鑑賞與比較能力」。然而，原住民藝術歷經長久的庸俗突變，現在他們眼前所見、手中所用、身上所穿，熟悉習慣的視覺與觸覺經驗，甚至，認定的傳統，多早已是品質低落的樣貌；現在原住民參加隆重祭典所穿的傳統服飾，亦遠不如昔。

五、小結
　　原住民藝術在國家政治力量所操控的國族建構，以及二元視角、殖民慾望、觀光商業所掌控的培養皿中，經歷了一場劇烈的基因重組。這個「泛山地藝術」新品種，並未使整體原住民藝術更具創造力的演進，反而是一種退化與庸俗化。

　　在一直未出現精神與品質兼具的原住民藝術與之抗衡下，原住民藝術很快地幾乎一面倒的被庸俗品所取代了。在這樣的背景下，安置、隔離於博物館中的原住民文物，反而顯得異常可貴。

　　而1990年代至今，原住民以主體之姿展開的文化重建時代，許多原住民藝術仍反反覆覆地表現出這種「好像是、又好像什麼都不是」的藝術窘境。

第2節　自然與質樸：台灣原住民藝術的美化、自然化與理想化

一、高貴的野蠻人
　　對於原住民的污名化與理想化，同時存在於殖民者的異己想像中。然而，正面讚美與評價語言裡所潛藏的殖民陷阱，卻不易被原住民自身所察覺。

　　史波爾（Spurr, D.）在其著作《帝國修辭學（The Rhetoric of Empire）》中，詳述殖民時期與當代西方的新聞與旅行寫作中，十三種對於非西方世界的重要行文措辭方式，包括監視、侵占、美化、分類、現代化、肯定、貶抑、否定、理想化、非現實化與自然化等。【21】

　　其中，史波爾提出的「美化」、「自然化」與「理想化」，亦是漢人觀看與評價台灣原住民藝術的三種主要方式與用語。「美化」，一種在社會現實之上的唯美化，有助於西方自身去維繫其與真實的第三世界之距離；「自然化」，更接近自然與更原始；「理想化」，將異己理想化為高貴的野蠻人，帶有西方人早已失去的純真與質樸的美質。【22】

　　觀看的權力關係，內含殖民者心理欠缺與慾望的投射。儘管這類「高貴的野蠻人」或伊甸園想像已受到反省，卻未完全終結，甚至

從觀光場域重新包裝於展覽場域。從舊同化殖民時期到新文化殖民階段，成為原住民藝術的一種正面或理所當然的特質。

　　一直到1990年代，在許多關於原住民藝術的展覽專輯介紹，或是相關文宣、報導中，仍不斷重複出現「原真」、「純樸」、「率真」、「無矯飾」、「崇尚自然」、「真純的原味」、「樸實自然」與「山林大地」等審美慣用詞彙。例如：1999與2001年，分別於國立歷史博物館展出的「祖先‧靈魂‧生命：台灣原住民藝術特展」，以及於國立台灣藝術教育館展出的「飛耀的子民：台灣原住民藝術特展系列」專刊序言中指出：

原住民的藝術創作由於純樸自然、向來受到中外人士重視，近年來且有「原真藝術」之譽。無論任何階層民眾，只要接觸到原住民的創作，無不被其渾然天成、不假雕琢的生命力所感動。【23】

原住民藝術家大多未經正規學院美術教育的洗禮，其作品流露出純樸、率真的生命本性，亦融入了原住民的文化背景、生活環境，無矯飾的表現大地子民對萬物的崇敬。【24】

　　然而，展覽中的作品，有些卻與質樸大相逕庭，例如：刻意仿古，已是深諳市場邏輯、仿古技術的「老油條」；有意識的表現質樸，卻是拙趣未生，先有一種拙劣粗糙之感；不脫傳統原型與規範的民俗藝術，在技法上有時卻更為精巧；有些則是在技法上苦心經營「心中的大師」，並期許走出自己的創作之路。這些作品全都在博物館等文化殿堂的加持，卻又未細究作品的創作動機、背後的社會文化脈絡的狀況下，帶上「原真」與「質樸」的光

環。

　　這類審美詞彙容易讓人以為從過去到現在，原住民藝術仍保有如此美質。但同時也暗藏了對於超越時間與社會的純種原住民藝術的期待——不需添加其他調味料，就能享有最原始的美味。

　　在這些類似卻又含糊不清的審美詞彙文字障中，感覺不著邊際，基本上卻都指向所謂的「高貴的野蠻人」，它未反映出原住民藝術的真實面貌，也無助於這個社會了解原住民藝術與時代的應對關係，反而清晰地折射出殖民者的欠缺——對「伊甸園」的嚮往與渴望。

　　從原始的異國、高貴的野蠻人到質樸藝術，原住民藝術多在滿足殖民者的欠缺，而非填補原住民藝術自身的不足。而這些審美詞彙文字障，正是關鍵所在，殖民慾望要的不是清楚的根源或知識，也正因為這個遼闊的想像空間，允許原住民藝術大量的作假。

　　污名化的功能之一在於劃界，美化、自然化與理想化的功能之一亦在於劃界。如果沒有這個異國邊界，如何維持殖民者心中的慾望與想像？

二、質樸藝術與質樸意識

　　2000年，蘇振明教授在其所作《台灣樸素雕塑家》與《台灣樸素畫家》二本書中，分別介紹了林益千、高富村、卡拉瓦、陳正瑞、傅龍華等五位具有原住民身份的質樸雕塑家，以及一位具原住民身份的質樸畫家余娃，正式以「質樸藝術」此一專有藝術類別介紹原住民作品。

　　其中，林益千、高富村、卡拉瓦、陳正瑞等四位，比較常出現在原住民藝術的範疇討論，本身亦積極參與原住民藝術與文化重建相關事務或活動，活躍於原住民藝術圈。他們的

確有一個共通點，亦是目前許多原住民藝術創作者的共通點——非學院出身。而這個共通點，的確可以將他們與受過學院訓練的藝術家區分開來。

然而，若從西方藝術「質樸藝術（Naive Art）」的定義：「專指無師自通而未經正規與學院的訓練與影響、還包括乃個別心理而不是共同歷史與特定文化中的作品。」[25] 此嚴謹標準看之，使得他們的作品不全然符合此分類標準。

原住民藝術創作者雖多未受過學院訓練，有一些作品的表現技法卻極為純熟，或有清楚可循的師徒相承的風格脈絡。因此，這些原住民藝術創作者的師承、養成脈絡或自我摸索，甚至仿效的學習過程實不容忽視。

1980年代中期，林益千即試圖從餬口的商業雕刻跳脫，展現走出自我風格的企圖心。如他所說：

那是1984年左右的事。一是厭倦，老是重複在家具上刻那些傳統浮雕會膩死的。[26]

為了解當時原住民木雕樣貌，林益千陸續拜訪當時正在創作的原住民木雕創作者，如尚未被《雄獅美術》雜誌發掘而成名的卑南族木雕創作者哈古，以及實地走訪木雕發展區域，如三地門、大武、太麻里等地，觀察排灣與魯凱族木雕，企圖走出一條不一樣的道路。

林益千自覺走出形式化的排灣風格或商業山地雕刻，並曾經試圖從「心中的大師」朱銘作品中找尋靈感，如試圖抓住原住民敬酒姿態的「敬酒系列」中，可見林益千師法朱銘「太極系列」的痕跡。但他後來逐漸發展出有別於朱銘的表現方式。無疑的，林益千的創新意識清楚且強烈，致力追尋個人的原創風格。

林益千 敬酒系列 年代不詳（盧梅芬攝，上圖）
林益千 作品名稱不詳 年代不詳（傅君攝，下圖）

高富村 排灣祖靈 1997 石雕 35×32×18cm（高富村提供）

高富村（1951-），則是在市場發跡而著名
的雕刻師。在家傳與商業訂製的環境下，雕齡
已逾三十，已是箇中能手，堪稱得上是一位專
業的、訓練有素的職業雕刻師。其木雕作品已
達精巧熟練程度，尤其是充滿裝飾性圖紋的木
製與石板圓桌桌面，更是必須精雕細琢。

高富村的石雕作品，則具有「質樸意
識」，表現出一種不雕琢、不關心細節、粗率
的質樸感。作品整體造型，尤其人物臉部特徵
重複類似，具有一定的穩定性；而雕工俐落，
並非一再琢磨才得以成型，看得出作者掌握作
品的能力。

卡拉瓦（1957-，漢名杜再福），魯凱族
人，三十五歲時開始學習陶藝。作品除了仿傳
統木雕形式，並以寫實技法致力於呈現傳統人
物的榮耀形象與民族特色。例如，對傳統服
飾、頭飾與飾品的考究細膩，並刻意突顯百步
蛇、陶壺、百合花與琉璃珠等傳統符號。

父親為阿美族、母親為噶瑪蘭族的陳正
瑞（阿水，1957-），約於1986年開始雕刻，並

阿水 無題（傅君攝，上圖）
阿水 望田 1999 櫸木 18×18×65cm（阿水提供，下圖）

從市場「山地桌椅雕刻」做起。【27】受林益千影響跨入雕刻領域，作品風格沒有明顯的師承，亦沒有傳統雕刻文化背景，但試圖在創作中呈現還存留或記憶中的原鄉。1997年，受邀於北美館參加「台灣樸素藝術家聯展」。

除了殖民與商業影響、個人原創的追求，作品題旨內容使他們的作品表面很「原住民」，他們的創作意識有一個共通點——共同的原住民文化傳承意識。他們的作品反映時代、見證時代，既是共同歷史，亦是特定文化下的產物。

三、質樸誠可貴，風格價亦高

2001年，參加於土耳其舉辦的第七屆「伊斯坦堡雙年展」，並獲得聯合國科教文組織（UNESCO）「視覺藝術特別推薦獎」，而如藝壇黑馬的魯凱族人杜文喜（阿拉斯，1941-2006），其許多作品可歸類為西方「質樸藝術」的範疇。

1998年，藝術家張新丕在屏東縣立文化中心所委託的「藝術協尋」調查專案中結識杜文喜，這也是杜文喜的作品得以面世的重要機緣。2000年，台北雙年展期間，在台北華山藝文特區的一場雙年展會外展「驅動 城市2000」聯展裡，張新丕邀請杜文喜參展，並被受邀來台參觀雙年展的國際知名日本策展人長谷川祐子「發現」。時任第七屆伊斯坦堡雙年展總策劃的長谷川祐子，即邀請杜文喜參加此次雙年展。【28】2002年，杜文喜應邀於靜宜大學藝術中心舉辦個展，完整呈現作品。2006年，六十五歲，卻因顱內出血辭世。

杜文喜的創作媒材以石雕、木雕與繪畫

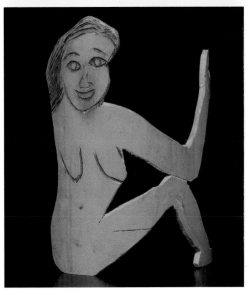

杜文喜　裸女人偶（靜宜大學藝術中心與謝佩霓、杜文喜繼承人提供，上圖）
杜文喜　裸女雕像（靜宜大學藝術中心與謝佩霓、杜文喜繼承人提供，下圖）

杜文喜 生命的喜悅 1982 雕塑 牛樟 16×18×48cm
（高雄市立美術館藏品）

潘阿俊 至愛情深Kayi 1979 雕塑 木 21×12×40.5cm
（高雄市立美術館藏品）

潘阿俊 勇之俑 1981 雕塑 木 19×7×65.3cm
（高雄市立美術館藏品）

了嘎‧里外 無題 2005（串門攝影 史乾佑攝）

為主。題材以人像居多，無論是立體雕塑或平面繪畫中的人像，肢體動作大多僵直，技術並不靈巧純熟。平面繪畫主要為寫實形式，沒有透視法，類似兒童畫中的平面特徵。立體雕塑中的幾座裸女木雕，則有著比例過長而略顯誇張的雙腿，有些人像作品的頭部與四肢必須另外拼組才得以成人型，類似玩具人偶。有些情緒表現讓人印象深刻，如梳了髮髻且面貌慈祥的孕婦，或狀似熱情打招呼的裸女雕刻等。

關於原住民藝術中的質樸特質，或有歸因於交通不便與地理區位的阻隔，而影響資訊傳播；或因生活環境比較接近自然，而媒材少塑膠、金屬類；或因部落少見有系統傳承的美術學院等機構，所以多是單獨創作。【29】這些因素都有關聯與影響，但在媒體傳輸資訊如此便捷的時代，再加上原住民藝術長期受殖民影響，多數作品已非深具質樸特質。

杜文喜雖長年深居於海拔約1200公尺、交通不便、人煙罕至的深山小部落——屏東縣霧台鄉阿禮部落。然而，相隔不遠、約7公里的鄰近部落霧台與神山，卻已是頗具知名度的觀光部落，更打出「台灣的阿爾卑斯山」招牌。而因應遊客所興建的大小民宿或商家，並以傳統魯凱雕刻與圖紋裝飾來營造民宿特色。而杜文喜作品流露出的質樸所帶給人的藝術驚奇，或在於他不以市場維生，而是以純粹的創作為樂。

排灣族人潘阿俊（1930-1990）以及阿美族人Pa-nij（陳萬榮）的作品，亦可歸類為西方「質樸藝術（Naive Art）」的範疇。潘阿俊的人像雕刻主要為周遭的親友與生活經驗，未刻意強調民族性。七十多歲的Pa-nij，雖是阿美族人，但他的畫作卻未給人強烈的異國情調感，而是一種本土地方色彩。作品中的海岸山脈、水牛、稻田、戴斗笠的農人，呈現出花東

了嘎．里外 母親 2006（鄭桂英攝）

沿岸的稻田景觀與農村景象，自然地反映阿美族人的生活變遷樣貌。

質樸藝術的價值，通常亦指相對於學院所被賦予的負面意涵。在藝術史中，「學院派」曾被運用來描述長久以來接受知識與技術之專研，卻缺乏想像力或情感表達的藝術形式。【30】因此，曾在藝壇或媒體上喧騰一時的質樸藝術家，有時發生於主流藝術產生變革或被動地成為學院或制式化藝術藉以啟發的重要力量，例如1970年代末期美術鄉土運動中的洪通熱潮。

洪通熱潮也就常被解釋為被社會形勢所塑造，時機使然。作品雖獨具風格，但往往缺少作品的細膩分析，反被媒體多以「黑馬」或傳奇性介紹。質樸藝術在主流藝壇上，成為可

陳萬榮 自畫像 年代不詳 水彩（林建成提供）

能不斷發生卻只是一時的熱能。然而，無論藝壇如何變動，對質樸藝術者本身來說，也許影響不大，因他們的創作目的多是單純的「游於藝」。

杜文喜深具質樸特質的作品，當然值得珍視。然而，對於更多的原住民藝術創作者來說，卻是質樸誠可貴，風格價亦高。他們更關注的，顯然不全然是那部分非出於自覺意識、無法掌握的技術所產生的質樸魅力，而是能否清楚地辨識問題、掌握方向並精準地透過作品表達自我理念。

而一直被塑造為本土文化的區隔代表或多元時勢下的象徵，原住民藝術不能只是被動地等待時機，或伺機而動，或甚至投機，更需具備掌握情勢以主動開拓未來的能力。

原住民所處的現實世界，早已不是殖民想像中與世隔離的伊甸園。原住民已不可避免地必須面對主流那一個需要策略、配套的藝術世界，同時又必須面對文化適應、自主轉型與迎頭趕上問題。他們面臨了和主流藝術家同樣，甚至更多的挑戰，但卻又正處於一種既未完全隔離又「接觸不良」的狀態。若不想依循主流的藝術生態，則必須創造另一套價值，並將這套價值導入主流並獲得認識與認同。

四、天賦本能，藝術民族？

原住民藝術的質樸美質又常歸因於天賦本能。姑且不論原住民是否藝術天賦，或縱使原住民不乏具有藝術天賦者。然而，對於多數的原住民藝術創作者來說，在現代社會除非自

修能力非常強者，倘若沒有後天環境的持續培養，也不容易持續與深化。另有一些原住民藝術創作者，常因受制於「自學」，深化困難；有些則因土法煉鋼，不得要領，而事倍功半；有些雖有極強的自修慾望，卻因中文閱讀能力障礙而使得學習受阻。

　　然而，在天賦本能與藝術族群的想像下，原住民藝術被想像為本身就是一種能力，而不是思考原住民藝術在當下社會，是否具備各種專業能力。

　　對於一個長期受挫的族群來說，在其生命開始逆轉時，無論是質樸、天賦藝術本能、擁有優良珍貴文化等讚美或鼓勵，或有其階段性的重要意義。然而，當這些浪漫的讚美話語在美學分析未相對成長時，負面影響開始增多，如滋長不實的幻象，甚至導致養成期嚴重地被耽擱了。自學與苦學的過程、殖民影響等問題，容易被天賦想像所覆蓋。而1990年代原住民投入藝術的人口比例大幅增加，更增強與合理化了此種天賦想像，並產生了原住民藝術復興運動的幻象。

　　殖民者對原住民藝術的「美化」、「自然化」與「理想化」，本是一種相對的價值觀，卻演變成一種絕對價值，不僅將原住民藝術隔離於預設的想像框架裡，對原住民藝術來說亦可能是一種浪漫的反發展。

【註釋】

1. 溫吉編譯（1999：467、472）。遠流台灣館編著（2000：46）。
2. 遠流台灣館編著（2000：115）。
3. 溫吉編譯（1999：747-748）。
4. 汪明輝。〈台灣原住民族運動的回顧與展望〉。轉引自張茂桂、鄭永年主編（2003：109-110）。
5. 陳奇祿、顏水龍主講。（1977.8.21）「台灣民藝及台灣原始藝術座談會」。收錄於張炎憲編（1992：67）。
6. 袁志寬本是花蓮亞士都飯店一名普通員工，於1960年代後期在飯店支持下，擔任駐店雕刻師，為飯店打造山地風情。亞士都飯店以專屬雕刻師而非從各處搜購「山地製品」的方式，使袁志寬得以在經濟穩定的環境下，累積雕功經驗。
7. 林建成（1986）。
8. 蔡策（1951.2.10）。
9. 〈第71集 其他篇 文化政策與思潮（1）國族主義下的文化建設〉。台灣空中文化藝術學苑網站：http://www.tpec.org.tw/air-art/learn/learn021102.htm（2006.1.17參考）。
10. 從官方宣傳報紙《中央日報》全文影像資料庫中，依據當時所習用的詞彙「山胞」、「山地」，檢索1990年代前的藝術、工藝與歌舞，檢索結果為：「山地藝術」5筆、「山胞藝術」2筆、「山胞工藝」2筆、「山地歌舞」54筆、「山胞歌舞」為23筆。歌舞比例極高。
11. 〈手舞足蹈勞軍去 載歌載舞舞凱歌歸：記改進後的山地歌舞〉。《中央日報》。（1952.8.20）
12. 同上註。
13. 轉引自鄭桂英編撰（2003：202）。
14. 江冠明（2001：82-84）。
15. 參見屏東凱薩大飯店網站http://www.caesarpark.com.tw（2005.8.20參考）。
16. 引自江韶瑩（1999：19）
17. 教育部國語辭典：ttp://140.111.34.46/cgi-bin/dict/GetContent.cgi？Database=dict&DocNum=66886&GraphicWord=yes&QueryString=開司米龍（2006.6.25參考）。
18. 引自顏水龍提供、黃春秀整理（1988：96、98）。
19. 同上註，98。
20. 安力‧給怒（1998：10）。
21. 轉引自Susan Schech and Jane Haggis著、沈台訓譯（2003：105-106）。
22. 同上註。
23. 國立歷史博物館館長黃光男〈序言〉，引自蘇啟明編（1999：6）。
24. 國立台灣藝術教育館館長陳篤正〈序〉，引自林義娥、莊麗華編（2001：6）。
25. 引自Robert Atkins著、黃麗娟譯（1996：106）。
26. 轉引自蘇振明（2000a：120-121）。
27. 林柏年採訪、郭乃玲記錄（1996：98）。
28. 謝佩霓（2002：16）。
29. 李俊賢口述、高子衿整理（2005：184）。
30. 引自Robert Atkins著、黃麗娟譯（1996：37）。

第2-2章 孤立的傳統：國族建構所操控的原住民文化藝術

第1節 活在兩個極端世界：同化殖民與文化保存背景下的傳統

光復以後，政府要改建，什麼都拿掉，現在我們都沒有了，還得重來。那個文化園區，卻又要展示傳統山地文化，收門票來賺錢，真奇怪啊！

達卡納瓦（賴合順）[1]

一、一皇萬民中的台灣特有種

1894（清光緒20）年，清軍於甲午戰爭中戰敗後割台給日本。1895（明治28）年，日本政權正式入駐台灣，創立台灣總督府，舉行「始政」典禮，開始了長達五十年的殖民統治，雙管實施殖民主義與現代化。

1902（明治35）年，台灣總督府參事官持地六三郎（1867-1923）提出「關於蕃政問題意見書」。這是份關鍵性的意見書，是帝國殖民統治論的典型，更為日後日本政府制定理蕃政策的重要依據與方針。[2] 在意見書的「理蕃政策」單元中，持地六三郎指出「蕃人為原始生活，距獸類不遠，其進化程度與吾人相隔數千餘年，……。」蕃人教育則被認為「不需要宏壯之學校，且不需教以文明科學，只需國語，讀書、算術、耕耘稼之法，並勸其改除殺人獵首之俗足矣。」[3]

現實生活中的原住民，被視為落後野蠻，而必須以日本文明標準來教化與同化。然而，被視為「距獸類不遠」的蕃人，在展示國力的博物館與博覽會舞台上，卻被孤立隔離於日帝認為急需改變的「進化程度與吾人相隔數千餘年」的奇風異俗之中，並成為最佳的展示主角。

以歷年來最具規模與重要性的「日英博覽會」與「始政四十周年紀念台灣博覽會」為例。1910（明治43）年，日本與英國共同舉辦「日英博覽會」，這次博覽會的規模之大、展示項目之多，以及投入的人力、財力和物力之高，遠遠超越了日本參加的其他國際博覽會。[4] 這個博覽會除了展現日本整體國力與文化，更計畫展示殖民台灣的統治成果與特殊產物。其中，與殖民主差異最大的台灣蕃人，自

台灣總督府博物館台灣蕃族品陳列室（國立台灣史前文化博物館藏品）

是赴英展示的重要主角。

　　首先選定一批相貌與服飾必須「極具蕃人特徵」，以求呈現活生生的蕃人。當年赴英蕃人爲阿猴廳恆春及枋山兩支廳轄內排灣族高士佛等八社男女，共計二十四人，選定原因爲排灣族在全島蕃人中骨骼身材中等，服飾極具特色。【5】1910（明治43）年，從基隆啓航「運送」這批蕃人遠渡重洋，於英國日英博覽會會場展示，並於會場搭建蕃人住屋，以讓被展示的蕃人生活於其中，「俾其生活一如蕃地之狀」。【6】此行另一目的爲觀光教化，使蕃人接觸現代文明，進而嚮往現代文明。

　　1935（昭和10）年10月，爲慶祝日本統治台灣四十年有成，台灣總督府於台灣舉辦「始政四十週年紀念台灣博覽會」，同時宣揚台灣作爲「南進政策」的入口據點。蕃人的展示內容，一方面展現同化統治成果，同時仍大力展示「一如蕃地之狀」的傳統蕃人。

　　當時蕃人展示主要位於台北新公園內的第二文化設施館，並分爲三個展示室。第一室爲「昔日的理蕃」：介紹過去理蕃實況，尤其是隘勇線時代的警備狀況；第二室爲「高砂族的生活」：以飾有菱形圖紋的展示櫃，陳列蕃人人像模型與文物；第三室爲「今日的理蕃」，以模型模擬新的理蕃設施機關、集團移住的新蕃社以及產業的開發情形等。【7】

　　另外，則是動員眞人於戶外搭設的實景中表演傳統生活與技藝，如搭設泰雅族代表性蕃屋、穀倉與望樓，並在蕃屋前廣場表演搗米與織布。廣場周圍設有禁止跨越的圍籬，以保持觀賞距離。來自潮州郡的排灣族人，則於石板屋實景前，身著傳統盛裝吹奏鼻笛與口簧琴。【8】

　　另一項在當時極具人氣的表演爲六場的高砂族舞蹈演出。演出者爲來自蕃社的蕃人，

日英博覽會赴英展示之恆春高士佛蕃人男女　圖片來源：藤崎濟之助（1930，上圖）
日英博覽會赴英展示之蕃人　圖片來源：遠藤寬哉（1912：54，中圖）
始政四十週年紀念台灣博覽會第二文化館之高砂族展示　圖片來源：台灣博覽會事務局（1936：72，下圖）

如高雄州屛東郡排灣族男女共三十人、花蓮港廳阿美族六十九人等。另外，則有當年成立的「高砂族青年團」參與演出，演出歌舞除了蕃人舞蹈，還有以日本歌曲演出的新舞蹈。【9】

　　然而，這種一如蕃地之狀的展示，主要的觀賞對象不是蕃人，而是殖民者。蕃人必須看的，是觀光與見識日本國力下的現代化發展。趁著博覽會濃縮與宣揚國力的時機，同年於台北警察會館召開「第一屆高砂族青年團幹部懇談會」。出席的各族代表共三十二名，被

稱之爲「先覺青年」，是推行同化政策的「蕃社種子」。他們被帶往台灣神社參拜，亦被帶往參觀博覽會的交通館、產業館、礦產館、國防館、南方館等，認識殖民主的進步與優越。【10】

同年12月與次年2月，《理蕃之友》刊載〈高砂族風俗變遷的概要〉上下篇，以統計數據顯示蕃人的同化程度。【11】如「台北州高砂族風俗變遷調查表」顯示，1934（昭和9）年12月末至1935（昭和10）年末期間，生活變遷的指標事項「改良蕃屋數」，已佔總戶數約47%；「和服所持者」約佔總戶數的83%等。

博物館與博覽會所塑造的「一如蕃地之狀」展示櫥窗，卻也是殖民慾望之眼，飽覽滿足的最佳時機與場所。而展示櫥窗中的蕃人文化，則開始了被凍結在傳統純正之中，難以與時俱進的命運。

離開了博覽會、博物館，回到現實生活中，強大的同化操縱力，仍持續影響蕃人。台灣總督府警務局理蕃課實施選出全島優良的蕃社，以資獎勵並作爲具體的同化指標。蕃人似乎活在殖民者兩個極端的世界中；而對蕃人來說，面對殖民者並無法在權力不對等的關係下獵奇式的尋找日本性，而是在掙扎與反抗後，在現實生活中努力成爲日本人以及追求殖民主的現代性。

二、我們都是中國人：中華文化復興運動下的國族藝術

光復後，在「山地平地化」的同化過程中，現實生活中原住民逐漸喪失或否定既有的文化時，另一邊，在弘揚中華民族優良傳統文化的政治場域中，則以山地傳統文化藝術，整編山胞爲大中華文化的一員。

（一）中華民族藝術之一的山胞文化藝術

1966年，時值中華人民共和國的重大政治運動──無產階級文化大革命開始。在「反共復國」與鞏固政權正統性的時代背景下，蔣中正倡議發起中華文化復興運動的文化作戰與防禦，並於1967年成立「中華文化復興運動推行委員會」，以國家力量「維護及發揚博大精深的中華文化」，型塑中國在台灣的文化正統地位。因此，當時的文化施政、建設等，皆以「復興中華文化」爲最終目標。

中華文化復興運動推行的重點工作包括：「國語」，尤其特別加強鄉村與山地國小國語文教學；積極推行「國民生活須知」與「國民禮儀範例」，充實國民精神生活與培養誠樸奮發之社會風氣；整理、發展國醫、國藥、國劇、國樂、國術、書畫藝術及民族舞蹈等國粹。

在新政權之下的中國傳統水墨書畫，扶正復甦，取代日帝殖民下的東洋畫與西洋畫。另外民族舞蹈的發達，正因在弘揚中華文化的官樣活動中，最容易帶動現場同歡慶祝的熱鬧氣氛。而「山地舞」，則同蒙古舞、西藏舞、新疆舞、猺族舞等，成了象徵「五族共和」的中華民族藝術之一。

1980年代，政府大力推動「傳統技藝」、「民俗文化」與「民族藝術」等競賽與活動。1984年，教育部訂定「加強維護及發揚民族藝術實施要點」，目的爲加強國民對民俗藝術的體認與傳承意願，提升民俗藝術的水準。舉凡宋江陣、獅陣、山地歌舞等皆屬於民族藝術的範疇。【12】

1984年，台灣省政府教育廳檢送「台灣省山地同胞傳統歌舞競賽實施要點」，其目的爲「維護山地同胞傳統歌舞藝術的完整性與純粹性，以保存文化資產，發揚中華文化。」規定傳統歌舞的原則，必須具備「傳統性」、「純粹性」與「代表性」。其中個人組以演唱（奏）傳統歌曲、樂曲爲限。參加資格，以山

行政院原民會文化園區管理局常設展廳（盧梅芬攝於2004
年，上圖）
行政院原民會文化園區管理局常設展廳　泰雅族婦女織布
（盧梅芬攝於2004年，下圖）

地籍爲限。而歌舞競賽的籌備委員則清一色爲官方代表，包括山地籍省政府委員、山地籍議員、省政府各廳處代表及各社教館館長。【13】

　　雖然，這類民族藝術比賽多標舉「傳統性」與「純粹性」，然而，原住民歌舞爲了迎合殖民口味，排除了原住民祭儀中極爲重要卻也比較嚴肅的儀式，剩下的多是綜藝娛樂的歌舞歡樂面貌。原住民歌舞，早已無法自主地沾染政治干預的痕跡。

（二）台灣山地文化園區

　　於1976年開始籌建的第一座極具規模的「台灣山地文化園區」，係依據台灣省政府民國六十五年度之施政綱要「維護山地固有文化實施計畫」訂定。【14】1987年該園區落成開幕，省主席邱創煥致詞中指出：

本省山胞文化純真樸質、源遠流長，是我中華民族優良傳統文化之一部分，不論在雕刻、編織、歌舞、音樂、陶藝等，都有很高的造詣。而如此可愛山地固有文化，在社會急速演進過程中，若不加以維護，就將逐漸消失。政府為了挽救這些文化資產，建立學術研究資料，並配合觀光事業之發展，於是設立了這個山地文化園區。

……，更為我山胞傳統兼負起繼絕薪傳的重任，使我中華文化更為發揚光大。【15】

　　此園區最初設置目的仍不脫建立大中國政治版圖目的，視山胞傳統文化爲中華民族優良傳統文化之一部分。但在當時卻具另一個重要意義，兼具教育、保存與觀光之原住民文化園區模式，轉由相對於行政官僚與商業較爲客觀與專業的學術單位中央研究院民族學研究所主持規劃。

　　該園區於1976年開始籌劃時，正值原住民文化在觀光場域綜藝化、庸俗化而扭曲的極爲急劇的時期，如當時最具代表性的山地觀光，位於日月潭德化社的「台灣山地文化中心」，於1975年正式開放。該園在當時的時代意義，在於強調「文化資產」的觀念，並與當時扭曲的山地觀光區隔，具有導正的企圖。然而，該園區以及一些博物館的常設展展示更新速度相對於社會變遷，仍屬緩慢，不易與時俱進反映時代，而須借助特展。

三、鄉土運動時期的原住民藝術

　　1970年代台灣文學界掀起的鄉土運動論戰，影響到美術界與整個文化界。這個時期的「鄉土」，很重要的一個意義在於正視現實，而不是憑空想像與歌頌遙遠陌生的中國。原住民

文化藝術在此背景下，再度獲得了被閱讀的機會。但此階段觀看原住民文化的視角，主要仍關注傳統的部分。

美術界重要的兩大民間刊物，《雄獅美術》與《藝術家》，分別於1971年與1975年創刊。當時的《雄獅美術》，為主導美術圈鄉土運動的主要據點。【16】在鄉土運動的時代背景下，1972年該雜誌特別策劃「台灣原始藝術特輯」，台灣原住民藝術被視為台灣本土的重要一員。然而對原住民藝術的介紹，仍以傳統為主，具有轉變性質的原住民藝術，包括市場中的藝術變遷，尚未受到注意。

1977年，聚焦台灣文化的「台灣研究研討會」，從第一場「關於連雅堂先生」起，間月舉辦，歷經十一年之久。【17】關於原住民的研討主題，有1977年顏水龍與陳奇祿主講的「台灣民藝及台灣原始藝術」、1978年由呂炳川主講的「台灣土著音樂」，以及1981年「文化資產的保存」中陳其南討論「台灣山地文化園區」。上述關於原住民的討論會，內容多圍繞在傳統與文化保存觀念。

1970年代後期，許常惠與史惟亮發起「民族音樂調查」，從學院走向鄉土，引介民間歌手陳達並開始採集研究原住民傳統音樂。原住民文化藝術研究，除了人類學主力外，加入了音樂學學者。惟這時原住民音樂的階段性研究與關注重心仍以傳統為主，當時已發展出的原住民創作歌謠、流行音樂、傳唱歌謠、林班歌等變遷現象，以及陳實、陸森寶等原住民歌謠創作者皆尚未受到正視。

四、小結

殖民者看待原住民主要有兩種心態，一是歧視，一是好奇。在殖民優越感中，原住民是社會的問題邊緣人；在殖民慾望之眼中，原住民是高貴的野蠻人。

在同化政策下，原住民在現實生活中「被迫離開成為原住民」；在文化保存與國族建構下，原住民卻被塑造與要求「成為純正的原住民」，雖然多數並不純正。同化殖民不想讓原住民生根，卻又需要原住民的根——傳統，或樣板皮相來滿足自我慾望的宣洩。

不到百年光景，酗酒、貧窮落後等現實生活中適應不良的刻板負面印象，以及博物館內濃縮的精美文物與觀光盛裝歌舞等兩面，成為原住民普遍的兩極印象。長久以來，在現實生活中，原住民主要以一個極度自卑，背負污名烙印的蕃仔、山地人出現；在虛幻世界中，則是以一個極度健壯，披上美麗盛裝的差異文化面貌出現。

在這兩極世界，無論是正面與負面觀點，有一個共同點——因預設的刻板印象與偏見，把我們帶離了對原住民真實生命的深刻思考與關切，削弱了對原住民歷史文化變遷的理解與認識。而在國族打造與遙遠異國慾望的雙重需求下，不僅將原住民藝術隔離在傳統邊界內，在未來原住民藝術重建之路上，更埋下了視原住民擁有的文化只有傳統的陷阱。

第2節　邊緣裡的中心幻象：文化殖民與多元文化背景下的傳統

一、「敲吧！門將被打開」？對傳統的肯定與暗藏的殖民控制

1987年解嚴後，台灣存在的多元族群與性別問題逐漸浮現。婦女界發起「彩虹專案」救援雛妓運動、「老兵返鄉運動」後政府正式開放大陸探親、布農族人因「南投縣信義鄉東埔村風景區規劃」強遷祖墳至行政院抬棺抗議。1988年，反吳鳳神話，要求刪除有關吳鳳神話的課文、更改吳鳳鄉地名，以及拆除嘉義

火車站前吳鳳銅像等。客家雜誌等團體發起「還我客家話運動」，要求重視客家母語的傳承與重建多元開放的語言政策。【18】

1992年，為保存發揚山胞傳統文化、發掘山胞藝術人才，提升藝術水準，由文建會策劃、中華文化復興運動總會主辦的「第一屆山胞藝術季」，為解嚴後第一個規模最大的山胞藝術活動。活動內容包含美術特展、歌舞表演、民俗體育（體能競技）、文藝創作徵選等，分別於台中、高雄與花蓮等地舉辦。

而本來僅能在觀光市場夾縫中生存與浮沉的原住民藝術，似乎有正面被肯定的舞台。這股逆轉，讓許多人感覺到一股希望，如文藝創作徵選類的評審鍾肇政，以〈「敲吧！門將被打開──參觀原住民詩歌朗誦競賽記〉標題為文，微微激動地描述這個歷史轉變。【19】

時任文建會主委郭為藩受訪時強調，山胞文化不是標本，而是不斷成長、擴大與創新的，山胞藝術季的舉辦有其教育意義。【20】他更在《第一屆山胞藝術季文藝創作》序言中指出此藝術季的多元文化意義：

台灣是一個多元的社會，也是多元的文化，由不同的次文化組成大文化，每一個文化都同樣重要。【21】

然而，活動實際執行結果與前述所強調的「創新」與「多元」的期望存有落差，甚至仍延續舊殖民時期的邏輯與方式。於高雄市中正文化中心的開鑼戲與十場歌舞表演──標榜九大族山地傳統歌舞，成為觀光客與攝影人士鏡頭追逐的目標。於台灣省立美術館展出的美術特展作品，不少延續舊殖民時期以來的作品。於花蓮縣美崙田徑場所舉辦的山地傳統技能競賽，內容主要為拔河、負重接力、頂上功夫、射箭、刺球、挑穀、鋸木材、搗米等八項。主辦單位還將保麗龍做的山豬雕像，高高架在箭靶上供山胞比試神射。【22】媒體所強調的詞彙與配置的影像，不外乎熱鬧登場、山地歌舞、盛裝美麗、傳統絕活、立體木雕等。

解嚴後，從強調山胞文化落後的同化政策，轉變為重建原住民傳統文化此具有正當性的扶植政策。然而，在官方所倡導的文化活動，如全國文藝季、文化節、展覽、比賽與觀光活動等，整體來說原住民文化藝術仍被強調、框限在差異傳統邊界內，或者「傳統」為當時政策執行者較可理解的原住民文化。

1995年，人類學學者謝世忠在〈「傳統文化」的操控與管理：國家文化體系下的台灣原住民文化〉一文中，即詳細地整理分析了1992至1995年間，從中央到地方政府所主控推出或補助的原住民文化活動。他指出多數活動或只不過是國族文化節慶的應景劇目，但同時這個既定政策也有可能是原住民反居主位運用政府資源的機會。【23】

雖然，政策有極大的空間，但前提原住民自身須有足夠的掌舵能力，以運用資源，而不是被牽著鼻子走。而除了「保存發揚山胞傳統文化」的傳統操控，原住民還要繼續面對另一個以多元之名，行傳統操控的問題。

二、多元文化新衣與暗藏的一元之眼

1997年，憲法增修條文第十條第九款「國家肯定多元文化，並積極維護發展原住民族語言及文化。」原住民從「五族共和」的大中國文化版圖，成為「四大族群」原住民、福佬、客家、外省族群中的要員之一，一躍成為支撐台灣主體性的重要主角或象徵。

然而，得小心張著「多元」的旗子，仍暗藏「一元」之眼的陷阱。1989年於法國巴黎

龐畢度中心展出的「大地魔法師（Magiciens de La Terre）」，為當代藝術中常被作為探討多元文化或混雜議題的著名展覽。歷史學者麥克維利（Thomas McEvilley）曾以之為例，探討以西方為中心的多元文化觀。這個展覽結合了五十位西方與五十位非西方藝術創作者，企圖展現多元文化。然而，策展人故意不選混雜的作品，例如雖挑選了美國印第安那瓦荷（Navajo）傳統沙畫家，卻排除那些自覺與企圖融合原住民傳統問題與當代藝術廣闊環境的當代那瓦荷藝術家。展覽中每一個傳統都各自被孤立起來，各自關在自己的圈圈中。其後果就是使現在逐漸瓦解的舊疆界，重新被建立或強化起來。【24】

這個展覽雖企圖修正舊殖民時期的異文化觀，並誠懇地表示出對非西方文化的尊重。然而，這個展覽打開了西方藝術的大門，從非西方藝術看到了並非絕對的自己，但對非西方來說，他們似乎只是協助西方開闊自我的多元文化視野，使得展出結果，仍並未跳脫舊殖民時期的異文化面貌。

2000年，位於故宮博物院旁的「原住民文化主題公園」成立。此新增原住民文化景點，被台北市政府標榜為使國家首都台北市朝世界級的多元文化首都之路更邁進一步。【25】從地理位置來看，此公園緊鄰故宮，且面對順益台灣原住民博物館，參觀民眾可欣賞故宮之中華文化，亦可參觀本土代表的原住民文化。但公園內的原住民文化內容，仍不脫過去的傳統再現方式，如傳統盛裝的九族人像石雕。

多元意涵，不僅指多元族群文化，還包括針對單一、絕對價值的反省。然而，看待原住民文化的多元文化觀，仍不脫希望以未混雜漢文化影響的傳統面貌出現。原住民文化仍多是充實漢人多元族群文化的一個展示櫥窗，忽

視或排除了原住民自身與其他文化交融的多元性，亦忽略個人差異；暗示原住民所擁有的文化只是、只有「傳統」的部分，被排除了擁有文化發展的能力、權利與空間。

三、「南島原鄉」語系、歷史與國際座標的意義

2000年代初期，學術研究所提出的極有可能的「南島語系的原鄉」說，成為政治與政策走向的有力理論依據。政府舉辦的原住民文化活動名稱，逐漸為「南島」所置換。2000年首度舉辦的交通部觀光局一縣一特色之一的「台東國際原住民嘉年華會」，於2001年更名為「台東南島文化節」，為全台最具規模的原住民文化活動。

2003年，行政院表示「台灣原住民文化非常珍貴，政府一向非常重視，現正籌備的南島文化園區，準備納入五年五千億新十大建設計畫，朝成為南島語族朝聖地為目標努力。」【26】2004年12月，於史前館舉辦「南島論壇國際研討會」並創辦「南島研究學報」學術性刊物。【27】

然而，除了政策宣示與學術研究，主角原住民的文化與藝術表現，如何成為南島語族的「朝聖地」？具有什麼樣的國際視野與格局？在台灣、國際、南島，引起了什麼樣的關注與迴響？則須回頭檢視以「南島」為名的活動內容。

典型的台東南島文化節，以邀請南島國家藝文團隊著稱。因此，南島文化節所邀請的國內外藝文團隊，其主體自覺、思想深度與藝文品質的高度，應是此活動能否擠身國際並獲得實質國際地位的指標。然而，歷年來的台東南島文化節，除了多了學術教育單位的加持，基本上仍未脫「異國情調」的邏輯。一些國外

團隊的熱舞，甚至仿若回到山地觀光盛行的土著年代，無法反映當代亦缺乏文化質感。2003年，該文化節甚至應景趕搭「韓流」，邀請韓國團體演出一些牽強附會的活動。【28】

標榜國際，卻未見國際觀、思想的碰撞與交流的藝文活動，亦未提供國際比較，以供台灣原住民更爲清楚地辨識自己的位置與條件。常成爲過度重視首長曝光的政治場域。而南島文化節的效益，雖不至於船過水無痕，但更常是公文報表上的績效，或僅是全國藝文圈的花絮，不易引起深刻的議題或反思，以及文化與藝術創作的實在累積。

若將2000年代的南島文化節和約十年前舉辦的「第一屆山胞藝術季」比較，活動策劃的思考模式未有太大的轉變。惟1992年的「第一屆山胞藝術季」具有時代逆轉的鼓舞作用；南島文化節則出現「退化」的危機，甚至又套用「原住民參與」此具有主體意涵的詞彙來爲歌舞秀加持，誤導原漢對於主體的認知。

除了「南島語系」的關係，近代的南島和台灣原住民發生了什麼關係？在實際的藝術文化發展歷程上，有何異同？台灣原住民屬於少數弱勢族群的殖民歷史處境，與一些南島國家原住民屬多數族群的歷史發展，是否可以作爲比較借鏡的參考？在殖民與被殖民關係下其他國家的原住民，還包括美洲、澳洲原住民的藝術又是如何發展？政府在鼓勵南島政策與舉辦文化活動時，自己對那塊區域的藝文生態、歷史與發展，有沒有足夠的認識與了解？

如果台灣的南島民族——原住民無法強壯，如果關於南島的建設與活動無法讓台灣原住民強壯，這個南島原鄉朝聖地將是虛的，自慰用的。

四、原住民藝術的避難所角色

原住民藝術是這個國家的蜜思佛陀、SKII，卸了妝以後，原住民是什麼樣子？

——尤瑪·達陸【29】

現在一天到晚搞跳舞、豐年祭，有什麼用？都是作秀。都精神分裂了，還跳什麼舞！

——哈古【30】

(一) 差異生產勞工

1990年代，國家體系所操控的文化活動與傳統，猶如一個文化再現控制隔離區，不但封鎖了原住民藝術通往普世人性的自由、現代的邊界，更製造了「邊緣裡的中心」的美麗幻象。原住民在國族打造與殖民慾望國度中，恍若想像的中心，滿足殖民觀者的需求，也滿足了原住民自身的欠缺。

進了這個虛幻國度，盛裝載歌載舞表演的原住民彷彿可以享受一些自信幻覺，甚至使原住民認爲「差異」之有利，而自動待在差異的邊界內。而原住民自身則因正面認同的需求，不自覺地淪爲一種「差異」生產勞工，以及國族事業打造的齒輪。

多數官辦文化活動、歡樂節慶、文化節等，引導的不是觀念啓發，而是迎合與附和，逗引、鼓動的多是異國情調的耳目慾望。這十年多下來，大大小小的原住民文化活動，可以激起一時的流行火花，卻少累積、匯集成有影響力的潮流趨勢。在1990年代多元文化背景與文化重建的正當性下，許多文化活動被上綱爲「主體文化傳承」，原有的殖民美學也進一步被強化。

(二) 痛苦指數與文化指標

根據文建會所編2003年《文化統計》，爲積極加入國際舞台，成爲地球村成員，我國主要參考聯合國科教文組織所訂定的文化指標，

以及各國間各種衡量標準，來訂定台灣的文化指標。文化指標主要可分成「文化環境」、「文化活動」、「文化素養」等三個領域來從事國際比較。文化環境包括圖書藏量與出版；文化活動包括參加國際展覽活動、世界閱讀日、國際文化紀念與歷史場所日、國際博物館日以及古蹟日等；文化素養包括知識水平、科技水準與經濟自由度指標、全球主要國家投資環境評比、全球競爭力報告、人權指數等。【31】

而原住民文化在短暫隔離後，一年三百六十五天的日常生活中，原住民生活中的「文化指標」是什麼？有哪些可衡量的「文化環境」、「文化活動」與「文化素養」？英國文化藝術政策學者費約翰指出：「從街道上，閱讀報紙，眼觀耳聞之中，通常比直接閱讀文化政策與藝術方針，更能夠了解一個地方甚至一個國家的文化生活。」【32】

現實生活中聽到、碰到、眼前所見的原住民文化生活是什麼？原住民生活痛苦指數偏高，與一般社會有數倍之差距。原住民的生活、就業及健康狀況調查，包括平均所得低、教育程度低、自有住屋率低、失業率高、平均壽命低等。【33】另外，原住民學生則是以「未來期望」的痛苦感受最高；「未來期望」包括「我總覺得在這個社會出人頭地是相當困難的」、「我實在很擔心將無法順利就業」。【34】

與現實中「原住民生活痛苦指數」、「原住民學生未來期望的痛苦感」對比下，國家操控的文化活動所塑造的健康美麗國度，更顯得虛幻與虛假。在這個虛幻世界中所看的，猶如賣火柴的小女孩，在雪中不斷劃下一根根稍縱即逝的短暫火花，接近死亡時，所看到的不真實的美麗幻象。

(三) 浮誇風與反思滯縮

「肯定性的文化」，它製造了一個美的幻象，是在不自由的現實之上那種可望不可及的自由的氣球。這種想像的生活似乎超越了現實，但實際上卻是在一個虛幻的形式中逃離了現實，他對異化現實的解決方式就是：用藝術構築了一個避難所。 ——馬庫色（Herbert Marcuse）【35】

官吹政捧而「彭風」、天賦本能的想像、原住民自身自卑心態作祟或學養視野不足等因素下，共同作用產生了浮誇風盛行的現象。浮誇風不但形成了喧嘩其外，空洞其中的表皮藝術，更誤導了許多原住民藝術工作者，以為文化就是如此、傳承就是這樣。而浮誇風得以存在，仍在於「原住民」仍存有極大的炒作與想像空間。

這個幻象不僅讓原住民短暫逃離現實，更是滋長盲目自戀與自我膨脹情緒的溫床，削弱了原住民的危機意識與懷疑批判的精神。光環刺眼到影響了原住民對自身作品好壞的評斷、對自己藝術的認知，不容易看到幻象與現實的落差、從家政到設計的跳級痛苦。

英國藝術政策學者費約翰分析雅典文明的高峰時期，藝術的兩大目的——啟發與批評都得到平衡。然而，當國家支持下的藝術往往讚賞過去，陳腔濫調地不斷歌功頌德，甚少提出質疑，藝術於是成為裝飾品，藝術中的制衡淪落成為儀式，呆滯不前。當雅典人停止讓必要的矛盾滋長，國家和藝術便同時萎縮，雅典文明衰落。【36】

這類原住民藝術不但成了如費約翰所形容的「裝飾品」，尤瑪‧達陸所形容的「國家的蜜思佛陀、SKII」，甚至如鴉片般使原住民處於文化昏迷的狀態。然而，就算只是不斷重複的呆滯皮相裝扮，對原住民來說也是一種消耗，甚至耽擱與壓縮了養成時間與機會。

五、小結

從中華文化的一員、台灣多元文化要角到南島原鄉，貫穿原住民文化藝術的主軸與邏輯仍不脫「與我不同」的傳統，卻彰顯了國家的多元文化包容。1990年代，看待原住民的觀念，並未完全脫胎換骨，對文化藝術的隔離並未消失，然而卻在重新更換新衣後，在多元的保護罩下，走的，更理直氣壯。

費約翰分析開發中國家的藝術政策早已指出：「在商業或國家支助的藝術體系之下，新興國家必須另尋生路。否則在該體系下，一國的文化只有在具商業價值或者具文化外交功用時，才被視為有意義。」[37] 原住民藝術的處境不也如此？卸妝後，原住民是什麼樣子？

當政治熱潮及民族激情消褪、當畫餅充飢的迷霧幻象散去後，取代的會不會是疲乏。而這群原來的雨後春筍，會不會多數仍瘦弱，無力扛鋤開墾美感土地？

【註釋】
1. 轉引自劉佩修（1991：123）。
2. 藤井志津枝（2001：152）。
3. 溫吉編譯（1999：669、672）。
4. 胡家瑜（2005：7）。
5. 〈本島蕃人の渡英〉。《台灣時報》，第8號，58。（1910.2.20）
6. 引自1910.2.6（4版）。〈蕃人渡英〉。《漢文台灣日日新報》。另參見1910年日本代表民政長官大島久滿次與日英博覽會餘興部企業集團代表人Juliun Hick所簽訂的合約（台灣總督府警察本署編、陳金田譯，1997b：154-155）。
7. 《理蕃 友》第4年10月號（昭和10年10月1日），1。收錄於台灣總督府警務局理蕃課編（1993b）。
8. 同上註，以及《理蕃の友》第4年11月號（昭和10年11月1日），5、7。

9. 《理蕃の友》第4年11月號（昭和10年11月1日），9-10。
10. 同上註，11-12。
11. 《理蕃の友》第4年12月號（昭和10年12月1日），4-5。《理蕃の友》第5年2月號（昭和11年2月1日），4-6。
12. 教育部「加強維護及發揚民族藝術實施要點」（73.9.19台社字第37038號函）。
13. 《台灣省政府公報73年夏字第20期》，6-7。資料來源：台灣省公報際際網路查詢http://www.tpg.gov.tw/b-info/info-og.htm（2006.11.7參考）。
14. 陳國寧計畫主持（1991：444）。
15. 引自台灣山地文化園區管理處編印（1991）之「園區開幕儀式」。
16. 李欽賢（1996a：88）。
17. 張炎憲編（1992）。「台灣研究研討會」陸續刊載於《台灣風物》雜誌。
18. 整理自陳銘城、鄭純宜主編（1999：82-99）。
19. 鍾肇政（1992）。
20. 蘇爛雅（1992.3.19）。
21. 引自吳振岳、陳碧珠策劃編輯（1993）之序言。
22. 吳中興（1992.4.22）。
23. 謝世忠（1995a：96、99）。
24. McEvilley, Thomas著、徐文瑞譯（1998）。〈後殖民時代的展覽策略〉。《現代美術》，80期，8-140。轉引自李長俊編（1999：95-96）。
25. 引自台北市政府原住民事務委員會網站http://www.taipei.gov.tw/cgi-bin/SM_themePro？page=421594af（2006.8.25參考）
26. 引自「游揆：南島文化園區納入新十大建設計畫，以台灣成為南島語族朝聖地為目標（92.10.23）」資料來源：公務人員終身學習入口網站—專題資訊：http://lifelon-glearn.cpa.gov.tw/policy_detail.php？no=1319（2004.3.31參考）
27. 此學報以南島語族的歷史、社會與文化為旨趣，主要為人類學、考古學與語言學等學術領域。
28. 活動內容見陳杏宇主編（2004：22）。
29. 2005.8.31，尤瑪‧達陸訪談紀錄。
30. 轉引自趙剛（2005：96）。
31. 文建會編（2003：102-117）。
32. 費約翰著、江靜玲譯（1995：148）。
33. 根據行政院原住民族委員會綜合「台灣原住民生活狀況調查報告1998」、「台灣原住民生活狀況調查報告1999」、「原住民健康情形之研究2000」。整理自詹火生、楊銀美（2002）。
34. 「在學青少年生活痛苦指標調查研究」包括教育、家庭、休閒、法治、生態環境（包括交通問題）、兩性關係、未來期望等七個面向。引自黃芳銘、劉和然（2000）。
35. 轉引自楊小濱（1995：31）。
36. 費約翰著、江靜玲譯（1995：10）。
37. 同上註，131。

03 重塑祖靈的榮耀：
去殖民與去「污名」的文化想像與心理處境

1980年代後期，原住民社會運動喚起主體自覺，緊接而來，橫在眼前的巨大問題是重建文化，以及自我表達的困難。1990年代，當主流社會正不斷地厚實、實驗、衝撞藝術時，身歷了日據時代以來，近百年殖民同化統治而虛弱不已的原住民，才正開始疑惑與焦慮，我是誰？我們的藝術是什麼？能找回的藝術又有哪些？

「重建傳統」，成了刻不容緩且全面性的基礎工作；「尋根」，則是最能星火燎原的信念；藝術，成為一種牽連著部落、族群，承載傳統文化與主體的宏大社會命題，背負了民族精神與族群榮耀。

傳統，不是原住民文化生命的終點，它應該被理解為是一個更艱難、更耗時的工作的基礎與開始。然而，尋找根源的養分，卻演變成對「祖先的榮耀」不可自拔的依戀與陷溺，透過差異符號區隔原漢，狹隘地找回殖民前的自己。

長久以來，原住民藝術被監禁在一個殖民美學牢籠裡。解嚴後，原住民社會運動喚醒被逼退至社會邊緣與底層、畏縮在角落的原住民，起身奮力衝撞歧視高牆。但在重新認識自己的過程中，許多原住民藝術工作者又豎立另一道高牆，一個因意識形態、貧弱與缺乏自信而豎起的藝術安全隔離防線。

第3-1章 失根的符號：困陷在二元對峙的認同僵局

第1節 自我的淨化與奴化：原漢二元對峙下的「泛原住民藝術」

為了建立民族自尊，
有人訴諸想像中的過去，
有人卻是要抹滅過去的卑屈。
——哈羅德・伊薩克（Harold R. Isaacs）[1]

一、符號與表徵：彰顯主體與自我標誌的過渡期強心劑

那時，我已經體會到自己很「貧窮」，但還搞不懂自己為什麼「貧窮」；兩年後，我離開貧窮的部落進入繁華的都市謀生，我果然很「努力」，卻改變不了「貧窮」的命運，甚至那可怕的「恥辱」感竟緊緊跟著我走完整個1970年代。
——莫那能 [2]

這是1994年，排灣族運動詩人莫那能在〈被射倒的紅番〉一文中，道出貧窮命運與恥

辱感與他形影不離的處境。然而，這種原住民
共同的集體記憶與經驗，不僅緊緊跟著他走完
1970年代，甚至延續至今。

　　長久以來，深深烙印在原住民身上的社
會標記——「蕃仔」，標示了懶惰、酗酒、男
性出賣勞力與女性出賣身體等負面印象，許多
偏見仍一直延續至今。「污名化」對原住民心
裡產生的影響，包括羞恥感、自卑感、邊緣
感、劣等感等自我否定，重創了原住民的自信
與人格尊嚴。

　　許多原住民甚至不敢、也不願承認自己
的身分；或把自己變得更像漢人以在權力結構
下生存，如刻意學習「字正腔圓」的國語發
音。而沒有辦法改變腔調、口音者，則以其他
身分掩飾，如1962年出生的阿美族藝術創作者
拉黑子‧達立夫，在三十幾歲時佯稱自己為香
港人。當他好不容易躋身主流社會，脫離社會
底層生活時，更背負了不敢承認自己，甚至也
不敢承認親人與朋友的雙重折磨。如他追憶：

在台北求職及工作過程中，因當時整個大環境
排斥原住民，因此努力讓自己像個漢人。會極
力掩飾自己的原住民身分及學歷，如說父親是
外省人，母親為客家人，或說自己是香港人。
若被發現，就自動辭職。父母親想從花蓮來台
北探望，或工地原住民朋友想找我時，都會極
力躲藏，深怕自己的身分曝光。回花蓮時，則
被族人指責，因此回到部落時常喝得大醉，覺
得族人不了解自己的心情。【3】

　　這些和本人有幾分神似的保護色，雖成
了日後有自信的自己自我解嘲的話題，但卻是
原住民一整個族群自我否定的悲涼縮影。正如
20世紀的殖民主義批判者法農（Frantz
Fanon），所刻畫的那帶著白面具的黑人處境。

　　百年來殖民結果，造成了一整個族群自
我鄙視的精神疾病。1990年代，原住民一整個
族群仍未完全從舊殖民的陰影走出，多依然拖
著污名烙印的身體，或身上仍潛伏著程度不一
的自卑病毒。殖民創傷這個慢性病，才剛要醫
治。建立自信，正是1990年代，這一整個族群
的時代情緒。重建正面的自己，成為理所當
然、刻不容緩的急迫工作。

　　然而，重建自信，並不容易。如何讓一
個本來不願承認自己，現在卻急迫尋找自己的
人，在這個社會中建立自信？學歷嗎？對於那
些已經錯過教育的中生代，以及整體教育立足
點不平等的原住民來說，是很艱難的學習過
程。工作能力與經濟能力？這些現代社會的
「個人能力與自我實踐」，都不可能在短時間
內，撐起原住民一整個族群的正面認同的爆炸
性需求。

　　1990年代在文化重建初始之際，如何讓
虛弱的身體剛起步時，能有個助行器，是急迫
的、必須的。藝術，更確切地說，符號與表
徵，在原住民藝術剛開始起步時，猶如這個助
行器。它像是一個線索、觸媒，是誘發原住民
展開自我認識，進而深入尋找文化核心與精神
的起點。

　　符號與表徵，猶如彰顯主體的強心劑，
在急需正面認同的前提下，具有凝聚族群、重
建尊嚴的象徵意涵，的確具立竿見影的效果。
然而，這畢竟只是暫時解除症狀，卻非根本
解；或只是在過渡期暫時充飢，卻非成為健
康、甚至頂尖卓越的精神食糧。從觸發文化意
識，到提升藝術，還有一段艱辛的長路要走。

　　然而，在藝術表現方面，歷經十年後，
許多原住民仍在原地迴轉，未從這個符號表徵
的起點踏出穩健的步伐，向下深根，向上開枝
散葉。反而困陷在原漢二元對峙的認同僵局

裡，並面臨了自我奴化的危機。

二、泛原住民認同與泛原住民藝術

在殖民統治下，原住民因共同的歷史處境，逐漸意識到「我們」是相對於殖民者的一個特殊類別，並逐漸形成一種共同體。如孫大川所說：

「泛原住民意識」初期的動員引力，不是建立在飽滿的「我是誰」的主體自信和自我認識上，而是依附在一個共同的負面歷史經驗，以及對照漢人的不義，折射映現出來的一個籠統的「我們」的意識。【4】

1994年於中華民國憲法增修條款中，「原住民」一詞取代共同的污名標記，成為國家承認的正式稱呼，並成為集體原住民的自我主張，承載了原住民主體自覺的重要意義。孫大川已提出：「泛原住民意識的完成，乃是回歸部落的準備。」他並以「原舞者」為例：「原舞者以嚴謹的田野訓練為基礎，深入把握原住民各族群祭典樂舞的精髓，並嘗試作舞台的展演。他們跨族群的樂舞動作，其實就是『泛原住民意識』的象徵。」【5】

然而，「泛原住民意識」並未完全將原住民藝術帶回部落深根，積極地探索傳統藝術根源，亦尚未開展成國際視野，反而產生了一個強調必須與漢文化有所不同的「泛原住民藝術」。

從1990年代展覽、比賽作品觀察與筆者訪談，許多原住民常出現「我是原住民，所以要做原住民藝術」的創作意識。歸納原住民自身認知的「原住民性」包括：原始、復古與圖騰觀念，如木雕與陶壺有意識地要呈現「古」、「黑」、「拙」、「樸」等，內容上則刻意強調與主流社會漢文化的差異文化，如不能刻一個看書的人，不能穿現代服飾。整體形象則普遍表現出一種健康、強壯以及具有優良傳統的原住民。

而在必須有圖騰或符號，才是所謂的原住民藝術的認知下，有些原住民藝術創作者，會以自己所屬族群缺少圖騰、符號，需要找到可以依恃、清楚辨識自我的依據，而採用排灣、魯凱族的圖案符號來創作。

或採用其它世界少數族群的形式，如江韶瑩擔任順益台灣原住民博物館於1994年所舉辦的「台灣原住民木雕創作獎」評審時，所觀察到為「標識」原住民族的「身分」，除借用排灣、雅美的基本構成風格外，還借了漢畫像磚的圖式、馬雅印加文化的巨石雕刻、非洲黑人人物的突出立雕、大洋洲的面具、印地安的動物像處理手法、中國西南少數民族的木雕層次、巴里島的重複曲線等重組而成。【6】

這段分析值得詳細引述，在於可以讓我們細膩地了解，原住民與漢人或西方區隔的認同方式。雖清楚知道自己非排灣族或其他世界少數族群，但只要能和漢族或西方有所區隔就比較心安了，背後藏的是原住民追尋認同的焦慮。但原住民自身所借用的形式，是否亦是刻板化且容易擷取的符號，其結果不也落入另一種獵奇？

三、自我淨化與自我奴化的危機

現今原住民幾乎都有多重認同意識，如部落、某族及原住民族，並會因應不同情形而有不同的認同聲明。【7】在去殖民與追尋主體的過程中，族群邊界亦會隨機地被原住民自身所強化，或與其他世界少數族群交流或結盟。

雖然，許多原住民藝術工作者仍有清楚的自我部落意識，但當面對殖民者/漢人時，

原住民藝術猶如敏感的刺蝟，本能地馬上縮起身體，張起武裝防禦的「民族特色」硬刺。而這個「民族特色」，則是經由排除「非原住民」或者「除漢」、「排漢」來驗明正身，劃下自以為涇渭分明的界線，來獲取「純正」的自我，以獲得心安的文化保障。這個「純正」是一個相對的概念，是依附在原漢差異的關係，才能彰顯其存在的意義。

殖民「污名化」結果，造成一整個族群自我否定的精神疾病；「自我淨化」，正是這一整個族群的時代情緒。而這個壓抑的情緒迫切地以尋找殖民前想像的自我與榮耀的方式宣洩出來，甚至刻意抹滅、迴避外來影響。如1960年代早期，法農分析反殖民統治的知識份子的心理與認同需求：

洋溢著一股熱情，熱切地追尋在殖民前就已存在的民族文化。他們想要整個避開使其身陷其中、有滅頂之虞的西方文化，並希望可以從煙遠的輝煌歷史中，召喚出可以讓此刻脫離苦海的法門。【8】

殖民前的傳統，象徵未受殖民污染、傷害的優良文化。也因為這樣的心理因素，原住民藝術在殖民與獨立之際，在藝術表現上排除了原住民的當下與現實，以及過去的殖民創傷經驗與記憶，一股腦地栽進「自我淨化」。

刻意抬頭挺胸、刻意突顯傳統的差異視覺符號，彷彿別上榮譽勳章，乍看強壯美麗，背後藏的卻是長久不癒的殖民傷口。

雖然，「原住民」一詞承載了原住民主體自覺、集體自我認同的意義。但現實中普遍的原住民，自我認同仍是比較低落的。在文化再現場域中，原住民以差異符號來突顯自己的中心，甚至，沉溺於過去的榮耀想像，以作為

一種憑藉而不可自拔。原住民藝術還沒來得及從過渡期的強心劑提昇為「精神食糧」時，卻已淪為「精神鴉片」。

這類謹守原漢族群界線的泛原住民藝術，與舊殖民山地觀光時期的「好像是，又好像什麼都不是」的泛山地藝術，依循的皆是依附在原漢的差異關係上，心情卻完全不同。

國家、權力和資源持有者希望看到原住民與己的差異，滿足自身的異國慾望；相對地，原住民亦希望透過差異被國家、權力，以及資源持有者的眼睛看見，並從殖民者眼中看見優秀的自己，甚至逐漸演變成以差異符號保障創作的能見度。但同時也有無奈的滿足觀者的需求，以確保自身的基本生存與生計問題。如拉黑子‧達立夫：

原住民藝術工作者刻意創製所謂的原住民藝術，是因為怕別人不知道這是所謂的原住民藝術。【9】

然而，泛原住民藝術用來確立主體的差異符號，反又殊途同歸落入了殖民觀看邏輯，助長、加深了殖民視覺霸權。原住民藝術並未因此從殖民想像中解放出來，並建立真實的自我，而是將自己封鎖在「異國」的隔離防線內。自身為「異己」的形象，甚至內化於原住民藝術的價值觀中。

第2節　無邊的茫然：走向鎖國的「泛原住民藝術」

一、涵化與自主融合的面向

然而，一旦敵人離開，這種二元對峙的藝術不就失去界定「純正」的依據？而為了能夠在殖民者中被看見，是另一種消耗，泛原住

民藝術把時間與精力虛耗在二元對峙上，影響了以「加法」實際地擴展自己。

這種以「消去法」獲得一個不能沾染漢元素的泛原住民藝術，卻也淪為承載傳統，不能隨意越界的載體；同時造成了對現代的封鎖，無法反映時代，也無法回歸普世人性，成了一種封閉的藝術現象與原住民藝術圈。

文化不是一個界線分明的實體，原住民藝術不可避免的已和外來文化或現代發生關係。在部落社會，與外界接觸的交易、涵化或融合，發生在日常生活中的穿著，如排灣族服飾的漢服形制、卑南族女性外裙以刺繡搭配日本花布，太魯閣族、泰雅族大嵙崁群喜歡使用的桃紅、寶藍化學染料配色等，並未有為標舉原住民，而不能有漢文化色彩的意識形態。殖民者所帶來的文化，也可能成為有力量的原住民，擴展自己的另一種可能。

法農所分析比較第三世界本土藝術工作者在獨立前後的藝術表現，和台灣原住民藝術有著類似的經驗：

在獨立之前，本土畫家並沒有意識到民族問題。他們從事高價值、非表徵的藝術作品，或是專攻、擅長於靜物畫。然而，獨立後，許多藝術工作者焦慮地切望回應他的同胞，則被限制在表徵。這種藝術失去了內在的律動。這種藝術召喚的不是生命，而是死亡。【10】

然而，前述藝術景象、高價值藝術的前提是具備抵抗力與堅強的在地力量。當時的他們知道自己是誰，不需要刻意強調認同與表徵。然而，經過愈來愈深化的殖民統治，原住

泰雅族南澳群織品（野桐工坊 林為道攝，上圖）
泰雅族大嵙崁群織品（野桐工坊 林為道攝，下圖）

尤瑪·達陸 以化學染料寶藍色設計之抱枕 2006（盧梅芬攝）

民也愈來愈缺乏堅強的在地力量，須同時具備的開放性與自主力也愈來愈弱。

過去，剛開始接觸的「外來」，成爲一種有趣的碰撞與融合。歷經百年殖民，原來的「外來」，已成爲原住民生活中的大部分，甚至主要部分，而現今他們剛開始一點一滴重建的「傳統」，反成爲原住民極爲陌生的「外來」。

二、缺席的內心戲

你永遠無法靠展開鮮爲人知的文化珍寶，
就能讓殖民者感到慚愧與羞愧。 ——法農【11】

或許，美國的種族關係要改善，就必須給美洲原住民或黑人一個機會，傾訴他們被劫掠、被奴役的苦難。
——德斯蒙德·屠圖（Desmond Mpilo Tutu）【12】

然而，展現一個純淨美麗自我、還原住民神聖傳統面貌，就能洗刷污名，還我清白？療癒創傷？除了涵化或自主融合的文化面向，另一個不能避之不處理的是殖民與被殖民者的關係。

這個社會不斷地彰顯原住民傳統榮耀，原住民一上台，幾乎就要很美、歡樂及很有文化的樣子，卻掩蓋了仍不斷在原住民各角落上演著的「內心戲」。如忽略了殖民歷史、心理尚未克服的殖民創傷，以及文化追尋與重建過程中的處境，如心有餘而力不足的苦悶、焦慮與不安。

1996年，台北市政府率先將介壽路更名爲凱達格蘭大道，將總統府前廣場改名爲凱達格蘭廣場。此後，一些地方政府陸續跟進，以表達對原住民的尊重。這類「尊重政策」，有其階段性象徵意義，但同時需警覺是否只突顯

了漢人胸襟、巧卸傷痕，而未弄清楚與理解爲什麼出現傷痕。

用心分析那些不買「異國」帳的人吧！如果他們看到「內心戲」，一定會有所觸動。只是，他們缺少機會，透過好的、感動人的藝術，了解這一個族群的時代情緒與心事。

三、無力走出的困境

自我若是軟弱無力，再多的自由又有何用？
——賀佛爾（Eric Hoffer）【13】

1990年代後期，拉黑子·達立夫提出：「部落翻譯西方，不是西方翻譯部落。」【14】這個「原住民語法」，已經指出了必須去除殖民者的「慾望蕃界」，以及原住民自身加諸於己的「安全隔離界線」。而「部落翻譯西方」不是沒有自我、倉促拼湊起來的僞裝；而是有自信的開放，自覺、自主的萃取與提煉，再吸收、融合屬於自己的樣子。

彷彿可以輕易地下一個本自認爲有力的結論了，這種原漢二元對峙無異畫地爲牢。所謂的安全，不是來自銅牆鐵壁的保護，而是原住民每個個體的強壯；特色力量，不能僅來自差異，還必須備有卓越與在地力量；民族意識的力量，不是狹隘的民族主義，而是以民族意識爲基礎的傳統美學素養，以及向外開放的國際視野與格局。

早有原住民知識份子提出，尋根，不能淪爲我族中心主義。然而，試圖以召喚沒有被殖民污染的文化來達到「自我淨化」的方式，背後卻隱藏了一個「無力走出」的深層悲哀與無奈。橫在眼前的現實問題是，大多數的原住民藝術工作者缺乏足夠的能力、條件與資源深化傳統，更遑論萃取傳統精華再反芻轉化爲具

時代精神的作品。

原住民藝術寧可躲在差異表徵的安全隔離防線內，這毋寧是因為欠缺可行的替代方式，並非全然是對傳統的依戀。「自我淨化」本只是原住民尋求正面認同的其中一條路，或是過渡期，但對於許多虛弱的原住民來說，卻成為唯一的路，甚至是一條死巷。

1929年，英國文學家維金尼亞‧吳爾芙（Virginia Woolf，1882-1941）在《自己的房間》一書中切身地做了一個結論，女性若是想寫作，要有錢和自己的房間，用以象徵女性經濟與思考獨立。在書中她並舉例：「我們可以誇耀民主政治，但是實際上一個英國的窮孩子，像希臘奴隸的孩子一般，不曾獲得機運，享受心智上的自由，而偉大的作品卻是那種自由的產品」、「心智上的自由得靠物質方面的東西，而詩得靠心智上的自由。」[15]

所謂的「心智的自由」，不容易是貧弱者所能擁有。在殖民想像下，原住民文化藝術被抽離、隔離在差異傳統邊界內；在去殖民的文化想像下，原住民將自己鎖在安全的隔離防線內，若要走出，又恐面臨無邊的茫然，進退維谷。

四、虛張聲勢的困獸：狹隘的民族主義

一個人愈是沒有值得自誇之處，
就會愈容易誇耀自己的國家、宗教、種族、或自己所參與的神聖偉業。
　　　　　——賀佛爾（Eric Hoffer）[16]

激情尤其是無能者的武器。
　　　　　——法農（Frantz Fanon）[17]

狹隘的民族主義常伴隨著貧弱而來，一些體質虛弱的原住民藝術工作者，狹隘地固守與捍衛所謂的典型原住民藝術。類似的情形如李渝評論民族主義影響中國山水畫的畫風，包括宋、元之間的文人畫派，明、清之間的遺民畫家，兩種風格發展上的高點，都和漢民族的反抗異族統治有關。[18]

將藝術與民族存續的命運緊緊扣連在一起的創作思維，使民族大愛與救亡意識不斷地被召喚出來。復興傳統文化，彷彿又回到了那個「中華民國頌」、「梅花、梅花、滿天下」的時代，只不過主角從「龍的傳人」置換成「百步蛇的傳人」或「祖靈的子孫」。

有時這種集體力量，在原住民藝術尋求主體過程中，是一種重要的政治武器，在文化運作上是一種政治正確的保護色。但其所捍衛的單一版本發展成一股主要流向，竟也成了一種判決的標尺，成為一股偏執的藝術勢力與壓力。

這股壓力和殖民想像結合成一股無形的共犯，產生了對其他不具原住民藝術符號的作品的質疑與排他。最為具體鮮明的代表性例子，為在1990年代中期，阿美族藝術創作者拉黑子‧達立夫自覺融合個人、部落與時代精神的作品，因看不出、也看不到和所謂的原住民藝術的關係，而不被慣於既定原住民藝術形象的原/漢所認同，甚至被質疑「你做的不是原住民藝術」。

這種藝術的救亡意識，亦壓抑與窒礙了個人創造性與個人情感，或避開思索內在所欲表達的我究竟為何？更貼近現實的自我為何？甚至成為1990年代後期新一輩原住民藝術創作者的包袱。

五、失根的符號：同質化的「泛原住民藝術」

1990年代原住民文化重建下的泛原住民

藝術,原來的開放,變成一種自閉。尋根溯源,是要看到這條生命長河曾經流過哪些風景,或經歷過什麼樣的苦難。

　　鎖國,以及看似可以如此輕易的穿越來到傳統與榮耀的年代,其中一個因素是「史盲」——許多原住民不夠了解,曾經,自己的藝術歷史面容。因此,在文化尋根的過程中,忽略了原住民文化藝術變遷的各種可能與限制。也因為「無史」,無法呼喚歷史、揭發歷史,更遑論挑戰歷史,進而開創未來。

　　當「泛原住民藝術」發展為台灣原住民藝術的主要流向,視原住民藝術為文化傳承的說法與做法,愈來愈大同小異,成了一種集體化思考與藝術表現。作品愈來愈單一,部落之間的藝術特色差異愈來愈模糊,亦看不到細膩的傳統生活樣貌,產生了同質化的問題。然而,「泛原住民藝術」同質化的危機,卻被台灣多元文化的一環所掩蓋。

　　「泛原住民藝術」所標榜的傳統,常和傳統民族藝術混淆。「泛原住民藝術」大張旗鼓的高喊傳統榮耀,但其描述傳統的口吻,是很模糊的。逐漸遠離了清楚的文化與藝術根源,遠離了多元豐美。

　　為什麼會遠離?有一個自己不自覺或說不出口的原因,在於許多原住民藝術工作者對自己的認識有限,原住民藝術仍缺乏一個穩固強大的傳統在支撐著。尤瑪·達陸觀察許多浮濫的織品指出,正因為對自己所處的文化環境不敏感、體會地不夠深刻,不了解自己的根有多深、有多廣。[19] 正因為缺乏強有力的認同依據,只好拿別人的符號來認同、拿別人的元素來轉換,困陷於原漢二元對峙的泛原住民藝術,多成了失根的符號。

【註釋】
1. 引自Harold R. Isaacs著、鄧伯宸譯(2004:186)。
2. 引自莫那能口述、盧思岳採訪整理(1994)。〈被射倒的紅番〉。引自楊澤主編(1994:72)。
3. 2000年3月,拉黑子訪談紀錄。
4. 孫大川(2000:151)。
5. 同上註,151、148。
6. 江韶瑩(1994:102)。
7. 張茂桂(2002:175-176)。
8. 原刊於Fanon, 1967:168,轉引自Schech, S. & Haggis, J.、沈台訓譯(2003:182)。
9. 2000年,拉黑子訪談紀錄。
10. Fanon,1963:225.
11. Fanon, Frantz. 1963: 223.
12. 引自Desmond Mpilo Tutu 著、江洪譯(2005:312)。
13. 引自Eric Hoffer著、梁永安譯(2004:44)。
14. 1999年,拉黑子訪談紀錄。
15. Virginia Woolf著、張秀亞譯(2000:180-181)。
16. 引自Eric Hoffer著、梁永安譯(2004:44)。
17. 引自Frantz Fanon)著、陳瑞樺譯(2005:66)。
18. 李渝(2001:6)。
19. 2005年,尤瑪·達陸訪談紀錄。

第3-2章 在虛幻與現實之間：台灣原住民雕刻中的原住民形象

舊殖民時期，原住民木雕是受殖民影響既深且久的代表性藝術類別，當時的古董與商業市場，主宰原住民木雕的生存動力與藝術表現。1990年代原住民文化重建期，木雕則是台灣原住民藝術發展中一枝獨秀的藝術類別。從民族風格、「泛原住民」到個人風格，原住民彼此互為採借形式、學習、比較、批評、反思與走出，以及價值、觀念與視野等世代推移的過程中，各類木雕與創作者發生了密切關係，產生了交集，並具有歷史與風格脈絡可循。族群風格與師承的界線打開了，族群分類逐漸無法充分反映新的藝術現象。

1990年代木雕發展過程中，出現了兩股極為顯著、普遍與強勁的主要流向，分別是排灣族祖靈的再興與「泛排灣」現象，以及表現殖民前的傳統的「泛原住民木雕」。前者多為了以圖紋符號表現泛原住民認同，而後者本為追求的理想原住民形象，卻多成為虛幻的榮耀。這兩類藝術表現，有正面認同的需求，但卻逐漸脫離現實。

值得注意的是，這兩股主要流向，卻也是兩股「形式倒流」，在舊殖民同化時期已是極為顯著的現象，故亦有殖民眼中的「異己」形象內化為原住民慣性認知的隱憂。然而，這類原住民木雕創作者，多被賦予鮮明的文化傳承者的角色，以及籠統含混地以木雕創作等於文化傳承的概念，作為這個時代的木雕定位，久之已視為當然。

面對此正面肯定，本章試圖爬梳原住民木雕的歷史脈絡，比較殖民前、舊殖民同化時期，以及文化殖民與文化重建期交織的1990年代，探討此兩股形式倒流所反映的去殖民的文

人形立體雕刻 日據時期 28×9.8×6.6cm 圖片來源：宮川次郎（1930：12，左圖）
微笑表情、雙手叉腰的立體裸體木偶（台灣大學人類學系藏品，右圖）

化想像陷阱與心理處境。重新分析木雕所具有的文化重建概念，以及其主體內涵，試圖從這個主要流向中，辨識其中的主體性與創造力。

第1節　從祖靈到人世：排灣、魯凱族立體寫實雕刻中的原住民形象

一、日據時期立體寫實雕刻

（一）從圖案化到寫實、從象徵到敘述、從平面到立體

台灣原住民族中，排灣、魯凱族的傳統木雕盛名，已普遍為人所熟知。傳統雕刻題材主要有祖先人像、人頭紋、百步蛇紋、鹿紋等具有特定意涵的象徵符號。人像雕刻的形式特徵，主要為淺浮雕、對稱、平衡、雙手手肘彎曲，前臂向上彎舉置於胸前、雙腳直立、不具特殊動作與表情等。在傳統宗教信仰與社會組織規範下，形式不易驟然改變。

但排灣、魯凱族木雕在日據時期，歷經了一次極為顯著的風格轉變，從平面浮雕的祖先立柱走了出來，成為獨立的立體雕刻。關於這個轉變的比較標準，主要為走向「寫實」與「立體」。

在宮川次郎於1930年出版的《台灣の原始藝術》，即提及上述現象。比較歸納該書所介紹的立體木偶，形式包括傳統圖案化、介於傳統圖案化與寫實之間、偏寫實等三類。這些作品同時存在，反映了當時排灣族雕刻形式從傳統圖案化到寫實的過渡、轉變情形。另外，對寫實、立體等新形式的掌握仍不夠純熟、穩定，如肢體仍顯僵硬，人體比例拿捏不夠準確等，亦可推測立體寫實雕刻才剛發展。陳奇祿在其於1961年初版的《台灣排灣群諸族木雕標本圖錄》一書中，亦推斷寫實與立體形式的作品為較晚近之發展。【1】

從《台灣排灣群諸族木雕標本圖錄》所

阿馬灣（アマワン）工藝指導所生產之立體人偶　圖片來源：鈴木秀夫（1935：154）

蒐載的三十一件木偶尺寸資料，可看出另一個共同特徵，這類木偶尺寸高度多介於20到50公分之間的小型雕刻。【2】木偶的雙腳寬厚或以台座形式取代雙腳，為使木雕不易傾倒。類似作品亦可從1935（昭和10）年出版的《台灣蕃界展望》一書中，所刊高雄州「阿馬灣（　アマワン）工藝指導所」木工部照片中見到。【3】木工部已開始量產小型立體人像雕刻，進入商業市場體系。有些作品雖仍具傳統形式，卻已非傳統脈絡下的產物，如採用來義傳統人像形式的立偶。

雖然這些木偶的肢體多仍僵硬，但原高舉於胸前的雙臂開始放下，有了不同的活動姿態：原本站立的姿勢，或坐、蹲；原本不具表情的五官，或微笑、或開口笑。在題材內容上，則是從象徵到敘述，從抽象的祖靈信仰來到反映生活的情節與故事。有一些作品，也開始反映現實變遷，如配槍的日本警察、騎車等。排灣、魯凱族木雕人像，逐漸從祖靈來到人世，反映了在日據時期，排灣族的傳統社會制度、信仰逐漸鬆動。

（二）創意與創作慾概念的出現

在這個風格轉變過程中，除了轉變此中性用語，以及寫實與立體的形式描述外，另一個值得探討的議題是創意概念的出現。在《台灣の原始藝術》中，宮川次郎描述兩件作品為打破傳統形式、具有新創意，分別是該書編號26一個人偶坐騎在動物上，以及編號33坐著分別抽煙斗與抱子的男女兩尊人偶。【4】與上述男女人偶類似的作品，亦出現在《台灣排灣群

騎單車狀立體木偶 日據時期 21.2X19.6X4.7cm（台灣大學人類學系藏品，上圖）
人像坐騎木偶 圖片來源：宮川次郎（1930：11，右上圖）
男女人偶 圖片來源：宮川次郎（1930：14，右下圖）

狩獵群像立體木偶　日據時期　23.4X53.6X3.6cm（何政廣提供）

諸族木雕標本圖錄》，這件木偶坐在凳子上，背與膝上各有一個小孩。【5】這兩件作品的風格極為相似，可能出自於同一人之手。

　　在陳奇祿所蒐載的三十一件木偶中，肢體最靈活、對身體比例較能掌握的作品，為採自排灣族佳興部落的立體雕刻。其中一件狩獵群像為四個裸體人像合力制服獵物的情景，他們或站、或跪、或蹲、或拉，雕刻師傳神地刻畫出人物各自施力的肢體表情。【6】一件騎單車（或摩托車）狀、代表單車兩輪的蜷蛇雕法與形式，亦常見於佳興部落。這件作品被陳奇祿形容為：「可謂異想天開饒有趣味的作品，頗具超現實派的怪誕風格。」【7】這兩件作品風格相同，可能出自同一人之手。

　　在綜合比較後，陳奇祿提出木偶的製作動機與蘭嶼達悟族捏製陶偶相同，很可能都是因創作慾而製作的。【8】關於創作慾雖輕描淡寫地點到，卻是一個重要的線索，可供我們進一步探索當時的創作表現，是否是一種彌足珍貴但卻微弱短暫的族群生命力？而此類作品也頗能反映當時的原住民現實。惟此概念並未從一個有力的角度探討或不被注意，《台灣排灣群諸族木雕標本圖錄》一書為後人所注意的焦點，主要被當作認識排灣、魯凱傳統木雕的基礎與指南。

二、魯凱好茶村力大古的立體人像雕刻

　　光復後，在同化殖民以及現代物品逐漸取代傳統的背景下，傳統社會脈絡中的排灣、魯凱族木雕更加式微。尤其是裸體祖先像，因被視為迷信而被燒毀的景象，成了現今排灣、魯凱族人的集體記憶。經歷了一場「藝術戒嚴」後，在異國情調的需求下，木雕則以另外一種形貌在商業市場中發展，並在形式上逐漸成熟、穩固，甚至面臨形式化的問題。

　　進入市場後，排灣、魯凱族人所製作的木雕逐漸被「原始雕刻」、「山地雕刻」等名稱所取代。滿足殖民慾望、異國情調等概念，成為認識或評論這個時期木雕表現的主要歸類。然而，在這段期間，不乏具有重要美學或歷史意義的作品，有些雕刻師鮮明的個人形象開始浮現，或因作品風格獨特而脫穎而出。

　　1991年，許功明即為文指出日據至光復初的蒐藏品中，卻也不乏精品。因即使在日人統治下，他們製作的人格、思想、信仰都未遠離其部落社會的文化傳統。她並以力大古為例，其生平的代表性作品，是這個時期的最佳佐證。【9】目前力大古（Lidaku Mabaliu，漢

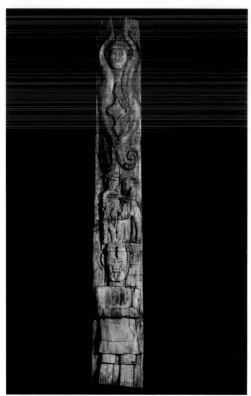

力大古 立柱木雕 1979-1981 34×17.5×247cm（國立台灣
史前文化博物館藏品）

名蔡旺，1902-1990）生平較爲清晰的輪廓，
爲許功明於1984年夏天，訪問時年約八十二歲
的力大古的訪談紀錄。在這篇訪談紀錄中，值
得注意的一個問題，爲力大古自身所津津樂道
的打鐵生涯勝過於木雕。戰後，力大古才從鐵
匠生涯與興趣轉向木雕。力大古口述紀錄如
下：

打鐵工作供不應求，使我的家庭更為富裕。但
自光復以來，平地工業生產的工具種類增多，
物美價廉。所以，向鐵匠訂購工具的人也就日
漸減少。反而，木雕這方面的工作卻大受歡
迎，我的興趣因此跟著轉向雕刻了！【10】

以建築角度研究雕刻的許勝發指出：

「終戰後，因部落內較古老的雕刻品爲外人所
蒐購，許多頭目家屋需要新的雕刻來重新安
置，力大古的興趣才逐漸轉向雕刻創作。」【11】
若以1945年終戰爲基點，當時力大古已約四十
三歲了，其作品不具職業性，有強烈的素人風
格，或和他的雕刻生涯屆中年之齡才開始有所
關聯。

　　力大古轉向雕刻，同時有內部需求與外
部需求。他的木雕作品有祖先立柱，也有小型
立體人像雕刻。1979至1981年間，力大古近
八十歲所作的立柱浮雕作品，是力大古後期的
代表作。從這件作品可看出力大古人像雕刻的
典型特徵：眼線與鼻子輪廓相連的雕法、沒有
瞳孔只有眼窩的雙眼、服飾無刻意強調裝飾性
與民族性，人物看起來很憨厚。

　　1991年《雄獅美術》雜誌所策劃的「新
原始藝術特輯」，則以大幅版面刊登力大古七
件立體人像作品。作品題材主要表現親情與生
活；在形式上則受制於圓木形狀，人像肢體無
法展開。力大古的人像雕刻無刻意表現認同需
求的民族性裝飾以及與殖民者有所不同的差異
民族性，亦不刻意取悅，或在於未受政治與市
場牽制。

　　歷經日據與國民政府時代，至今個人形
象與作品鮮明的力大古，被介紹、詮釋的面向
主要是魯凱族傳統雕刻師。然而，他已不是在
具穩固的貴族、祖先信仰脈絡下養成的雕刻
師。他的作品能夠脫穎而出，其中的個人風格
因素，與時代變遷的關係，如商業體系、自我
情感表現，亦不可忽視。

三、傳統生活的強調：佳興部落沈秋大的人像雕刻

　　在商業市場中發展的木雕，以排灣族泰
武鄉佳興村最爲突出。純熟的立體雕刻作品，

亦多來自佳興村。從陳奇祿所收載的三十一件木偶整理出多件作品採自佳興村，族人內需使用的家屋寫實祖先柱，亦主要來自於佳興村。【12】

佳興村的立體寫實木雕發展，能夠脫穎而出，有其基礎條件與脈絡。約百年前，1900（明治33）年，人類學者鳥居龍藏比喻Puntei社（佳興部落）爲排灣族最有名的「美術中心」與「雕刻中心」，此地蕃人的美術天份，在全台蕃人中首屈一指。【13】1901年，鳥居龍藏再度描述該社善於雕刻的景象：

Puntei社的蕃人善於雕刻。諸位如果到他們的部落，就可以一目了然——無論是屋簷、柱子或者是個人的菸草盒、刀鞘，都刻有人形、蛇紋或鹿紋，手工非常巧妙，Puntei社的蕃人尤其懂得神妙的雕刻術。【14】

1924（大正13）年，森丑之助亦指出佳興社是排灣族各蕃社中雕刻工藝最發達的蕃社。佳興社有最熟練的雕刻師，製作出來的雕刻品最精美。自用的器具幾乎全部是精巧的雕刻品。【15】

1929（昭和4）年設立的高雄州「阿馬灣社（アマワン）工藝指導所」，和佳興部落的木雕發展可能有所關聯。【16】該村的口傳歷史流傳日據時期有計畫地要將佳興村塑造爲木雕村。【17】其中最爲津津樂道的爲產品的檢測方式：由日人以棍子敲打雕刻品，凡倒下的便是不合格作品。【18】未倒下的作品，包括現今該村著名雕刻師沈秋大，以及高枝珍與孫權等人的作品。【19】依據高富村的口述，佳興部落歷經日治到國民政府較爲清楚的雕刻世代，包括沈秋大、高枝珍、孫權、Lanbau與Ligul（賴福隆）等；也因爲佳興村雕刻人才多，於是引

起生意人的注意。【20】

在既有的雕刻傳統基礎、日據時代工藝產業發展，以及市場蒐藏等因素下，使得佳興村立體木雕發展得以持續，更逐漸發展出師承與家傳的雕刻事業，如沈秋大與沈萬順父子、高枝珍與高富村父子、賴福隆與賴合順父子等。也因爲能夠持續，使得雕刻技術與形式發展的極爲純熟，更成爲日後不少山地雕刻仿效的對象。

追溯佳興村立體寫實雕刻發展史的輪廓，於日據時期出生的雕刻師沈秋大（約1914-?），是目前一個較爲清晰的起點，有較爲清楚的脈絡可循，資料也較爲可信。沈秋大具有排灣族傳統貴族身份，幼時受父親雕刻影響。1996年，清華大學藝術中心主任洪麗珠提

沈秋大與大型人像雕刻（沈文伶提供）

沈秋大與大型人像雕刻、人像座椅（沈文伶提供）

沈秋大　人像座椅　年代不詳　58×97cm（國立台灣史前文化博物館藏品，左圖）
沈秋大　木雕屏風　年代不詳　57×40.5×158cm（國立台灣史前文化博物館藏品，右圖）

高富村 桌面 約1990年代初期 舊車輪（魏楸揚攝，左圖）
高富村 蛇人 約1990年代初期（魏楸揚攝，右圖）

高富村 排灣族夫婦 2001 烏心石 22×18×77cm/22×18×76cm（高富村提供，左圖）
高富村 原始人 2000 烏心石 35×15×50cm（魏楸揚攝，右圖）

高富村　跳舞　約1990年代初期（魏楸揚攝，上圖）
沈萬順　鼻笛　1995　雕塑　牛樟　46×24×29cm（高雄市立美術館藏品，下圖）

及日據時代沈秋大曾在高雄學過木雕，回到部落後嘗試走出屬於排灣族自己的立體雕刻風格。【21】

　　這段話透露了沈秋大可能已意識到部落與外在世界、傳統與自我間的關係，以及創新意識的出現。然而這段木雕養成期缺乏深入的研究文獻。戰後，沈秋大在市場上的發展極具代表性並較為人所熟知，依據高業榮於1980年的文章指出，佳興村沈秋大、高枝珍二十年裡經常接受商家的訂單，作品表現也受到商家的要求與影響。【22】這裡所指二十年，推測指1960至1980年代。

　　沈秋大的人像雕刻形式已非常固定，能夠掌握人像比例與肢體動作，已不再是受制於技巧與圓木形狀的僵直生硬木偶。人像雕刻有與人等高的大型直立人像，亦有小型的人物群像。其中大型直立人像在觀光名勝區和工藝店的門前都能見到。【23】

另一個重要、有趣的轉變，為在佳興村發展極為成熟的木雕家具，包括人像座椅、充滿圖紋的桌面與屏風等。這類家具也為排灣族人內需使用，並和人物小群像同是在蒐藏市場中銷路較好的作品。位於東部的袁志寬、林益千、初光復也都曾做過山地家具謀生，但亦有形成有別於沈秋大風格的作品。排灣族的雕刻從象徵到敘述，在沈秋大的屏風作品中最能表現。他將不易腐爛的樹幹分為四到五層的故事層，每一層有不同的故事情節，以類似連環圖畫的方式，一幕接著一幕，充滿整個木雕面。

沈秋大對該村木雕藝術表現深具影響力，佳興村戰後出生的著名雕刻師沈萬順（1950-）與高富村（約1951-），作品風格主要延續父執輩家傳雕刻與沈秋大，逐漸形成以沈秋大為核心的佳興風格系統，高富村則另外發展出純熟的石雕作品。在他們的成長過程中，歷經過部落生活的劇烈轉變，他們的作品所保有的原鄉經驗或記憶中的原鄉，是值得重視的地方。

然而，在歷史未爬梳的更細膩以及作品不斷被他人重複仿製等因素下，沈秋大的作品逐漸被認知為一種「傳統」，如相關展覽僅強調沈秋大為傳統雕刻家而忽略了於現代社會中的發展變遷。

四、民族性的強調：賴福隆與賴合順的人像雕刻

原籍佳興部落後入贅來義成為牧師的賴合順（1938-），作品風格則有所不同。賴合順的作品有一些是仿製傳統，但主要受到其父賴福龍的影響。

賴福隆的作品特色，在尺寸上可達200多公分的雙面人像，是很強烈的視覺印象。沈秋大主要以群像來敘述傳統生活或場景，人物裝

飾並不過於強調細節，而是表現出幾個重要特徵；賴福隆的作品則有另一種極為強烈的企圖，強調民族性，鉅細靡遺地刻出身體可見的符號，如傳統服飾特徵、羽毛、百步蛇、人頭紋等。

若和傳統祖先像、日據時期剛發展的立體人像雕刻或力大古的人像雕刻比較，並未如此表達自己。這些民族性符號與飾品所表現出的傳統，或許是一種自我發展出的風格、或反映了作者對於傳統的認同渴望，亦可能混合了市場需求。洪麗珠指出賴合順於1960年代左右自軍中退伍後，開始專心協助父親賴福龍雕刻，之後在三地門的古董商工作約十年，生產所需的木雕品，又在南投九族文化村與龍谷遊樂區工作一段時間。【24】

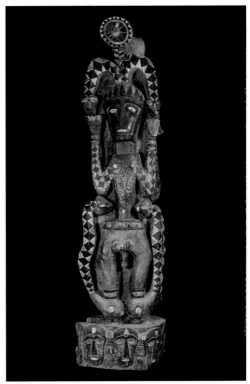

賴福隆　雙面人像　約1966　木雕　60X50X208cm（國立台灣史前文化博物館藏品）

賴福隆　人像木雕　約1966　木
雕（國立台灣史前文化博物館
藏品，左上圖）
賴合順　排灣勇士　1984　烏心
石　55×55×215cm（賴合順提
供，中上圖）
賴合順　排灣母親　1982　樟木
70×38×188 cm（賴合順提
供，右上圖）

陳炯輝　以排灣圖紋雕刻之作品
年代不詳（國立台灣史前文化
博物館藏品，左圖）

但在1980年代，賴合順創作了民族性較淡，表現趣味的作品，似乎比以前自由多了。如1982年所創作的〈排灣母親〉，作品正面的母親像仍是過去強調民族性的表現方式，包括百步蛇、太陽頭飾、符號化的乳房、項鍊，以及強化菱形圖紋的裙擺，作品背後則是三個大小不一，攀爬在母親身上的孩子，露出頑皮的笑容。

五、小結

當排灣、魯凱族木雕從傳統祖先像到逐漸世俗化之際，題材表現增多，但從此木雕題材、形式並未就此開闊。排灣、魯凱族雕刻師，在既有社會組織逐漸改變，殖民影響與市場需求逐漸成形之際，曾受過部落涵養的雕刻師，較不會刻意表現認同，反而愈進入市場，差異民族性的表現愈來愈明顯，表達與觀看自己的方式有別於以往，久之，甚至已視為當然。

1990年代強調原住民主體與文化重建的時代，許多木雕卻沒有沈秋大、力大古等人來得自由或有新意。原住民文化在現實環境中被破壞，在殖民想像中被隔離在傳統與族性的邊界內，在去殖的文化想像中被框限在狹隘的原住民性，反使得木雕表現更難以伸展。

第2節 祖靈的再興與泛排灣現象的形成

一、排灣、魯凱族人的復興仿製

1990年代，排灣、魯凱族雕刻出現了一股極為普遍的形式倒流，回頭挖掘、模仿傳統圖案化的形式。他們跳過沈秋大、力大古所處時期的木雕變貌，以及日據時期的立體寫實雕刻變遷，回到「祖靈」。形式與題材回到了祖先像，卻回不了那個曾經擁有貴族制度與祖

信仰的時空脈絡。這個時期的傳統仿製，在文化重建脈絡下，有了不同的意義，使之得以存在。

這個藝術重建，在形式上是倒退復古的，但卻承載了主體意識與重新認識自己的時代意義。在歷經了以漢人為中心、原漢二元視角下「好像是、又好像什麼都不是」的藝術突變以及庸俗化時代，否定與揚棄自己的時代，現在，他們必須重新認識自己的藝術形式，並透過形式，進入文化內涵的認識。

這股形式倒流，能夠更為準確的復古與普遍展開，除了自我挖掘，亦受到研究取向與知識強化與傳播的影響。陳奇祿於1961年出版的《台灣排灣群諸族木雕標本圖錄》，結合博物館標本與田野調查，是最早且有系統整合與比較排灣、魯凱族木雕形式與脈絡的圖錄。【25】同時期，並未出現與其相當的其他藝術類別的圖錄。這本書詳盡地描繪與紀錄木雕的尺寸、形式與圖紋，書中佔有重要位置的插圖，和照片不盡相同，更能清晰地表現出特徵與細節，並導引對細節的注意。這本詳細的圖像紀錄，開始引導觀察，不但成為日後研究該族以及比較原住民雕刻變遷的基礎資料、蒐藏界不可或缺的學術指南，亦成為原漢仿製該族雕刻的範本。【26】

如1991年《雄獅美術》雜誌策劃的「新原始藝術特輯」中，因重建石板屋而受訪的魯凱族文化工作者卡拉瓦回答採訪者所提出「你如何構思雕刻的圖案」的問題：「我從劉其偉、陳奇祿書中看到許多本族傳說的圖案，我就拿這些圖案照著雕。」【27】1990年代，排灣族雕刻師高富村亦接受屏東縣立文化中心之委託，製作《台灣排灣群諸族木雕標本圖錄》中的木雕。【28】排灣、魯凱族人透過研究或文獻資料「精準」的找回過去的藝術形式，亦成為

排灣族木雕形式倒流或脫離現實的因素之一。

二、泛排灣木雕現象及其形成因素

任海在解讀非洲藝術的話語研究中指出：「正由於注重雕刻，整個有關非洲藝術的話語自然就集中在西非地區。」【29】這句話反映了主流社會的藝術價值，也正由於注重雕刻，整個有關台灣原住民藝術的話語自然就集中在排灣、魯凱族。

木雕被視為排灣、魯凱族極為突出的藝術種類，本有其傳統社會文化脈絡。然而，當木雕成為台灣原住民藝術中最為顯著的媒材，甚至在藝術表現上逐漸形成一種普遍的「泛排灣」現象，排灣、魯凱族木雕成為一種強勢風格，或者說排灣、魯凱符號成為「優勢圖騰」，背後實有一股強大的主觀力量、藝術偏好，以及認同需求，支配原住民藝術發展的比重與藝術表現取向。

「泛排灣木雕」在市場極為普遍，不分原漢，都曾仿製，如因採用排灣符號圖紋雕刻而著名的漢人雕刻師陳炯輝。阿美族木雕創作者林益千與達鳳也曾因商業因素仿排灣族木雕，達鳳則於1989年進入花蓮木雕工廠仿製排灣木雕，如他陳述：

在工廠時代做的東西比較形式化，都是由設計好的人畫好圖，我們照著刻，打出雛形就好了。這方面的作品大概都是以排灣的木雕較多，商業性比較濃。【30】

（一）原住民木雕比賽的形塑與操控力

「泛排灣木雕」除了舊殖民時期受到商業市場的影響外，另外一個極大的操縱力為1990年代陸續舉辦的原住民木雕比賽。第一個受矚目的原住民木雕比賽，為1994年開館的順益台

灣原住民博物館，所舉辦的全國性「台灣原住民木雕創作獎」。主辦單位所訂定的參賽辦法標準，提供統一規格的木雕板，如評審江韶瑩分析：「此一規格、尺寸、比例的『暗示』性很強，有相當程度的直覺反應它比較適合於排灣族的祖先立像柱雕刻……。」【31】

這種「暗示性」，亦出現在1997年由屏東縣立文化中心所舉辦的「第一屆原住民木雕比賽」。該比賽雖不以排灣族群的創作者為限，但比賽標準共分橫樑與立柱類、器物類，以及立體人偶與動物類等三大類型，基本上仍依循傳統排灣、魯凱族的木雕類型與形制。【32】1998年，屏東縣政府舉辦第二屆木雕比賽，宗旨雖為「提倡原住民木雕藝術創作的保存與再生」，但對於沒有木雕傳統的原住民來說，排灣木雕多成為他們模仿的對象。其中，青少年組得獎者花蓮太巴塱國小阿美族學生作品，全數為浮雕，內容雖為阿美族神話傳說，形式卻極為類似排灣族。【33】

2003年，屏東縣原住民木雕獎，除保留「立體類」與「平面類」，另取消器物類改設「現代藝術」類。【34】雖然，「現代藝術」類展現了木雕比賽的新企圖，然而，細究作品，卻不容易判別「立體類」與「現代藝術類」的差別。2005年，台北縣政府原住民行政局亦舉辦「雕琢原夢：原住民族木雕比賽」，仍延續2003年屏東縣木雕獎的分類方式與宗旨。

諸如此類的比賽宗旨，不外乎保存與創新。以創新為目的的比賽，本是希望發掘潛藏卻不為人之的創造力或人才，但歷年來，木雕比賽卻成為一種塑造過程。為了建立一個可以評比的標準，在參賽類別與規格的規範上，導引往傳統排灣形式創作，而題材亦反覆出現祖靈、圖騰、豐年祭等刻板基調。這也許不是主辦單位所意識的操控力，往往大過於比賽所預

定的創新目的。

原住民木雕比賽亦反映了各縣市文化中心地方特色館的定位與成立,對原住民文化藝術發展取向的顯著影響。以原住民文化為特色定位的特色館,包括屏東縣立文化中心的「排灣族雕刻館」以及台東縣立文化中心的「山地文物陳列館」,都成為該地方政府的施政重點。而這些縣府單位則有以此地方特色,建立成全國性或國際性文化活動的企圖。如台東縣政府因台東有高達六族的原住民而舉辦「南島文化」節。屏東縣立文化中心因特色館「排灣族雕刻藝術館」的定位,創設了官辦第一屆全國性的「原住民木雕藝術獎」,並成為年度常態性比賽,雖然,實際參賽者仍以排灣族群為多。

(二) 認同需求

1990年代,在必須有圖騰或符號,才是所謂原住民藝術的刻板與慣性認知下,排灣、魯凱傳統木雕與圖紋符號已成為一種脫離原有母文化獨立出來的形式,成為用以彰顯整體原住民文化或他族藉以做為泛原住民認同的標誌。

除了創作者的採借或仿製,許多政府機關或政治場域,亦強化排灣、魯凱木雕與圖紋符號為整個原住民的代表。另外,原住民地區之中、小學所開設的木雕班亦多教授類排灣形式的雕刻;這類課程的文化與認同意義,大於美術教學的創意與美感意義。

而這個藝術現象亦跟著政策「社區總體營造」、「城鄉新風貌」的腳步,蔓延至非排灣族原住民社區的造街景觀美化,以標示此地為原住民部落。拉黑子・達立夫則認為這種以排灣符號造街的方式,是一種「盜版」。【35】早在山地觀光區的仿排灣木雕,已是常見現象,然而非排灣族的原住民採借被認可,則多

是因為可與漢文化區隔的泛原住民認同因素。

除了木雕的「泛排灣」現象,原住民歌舞則出現了「泛阿美」現象。江冠明在〈現代原住民歌舞比賽的迷思〉一文中,觀察到由教育部所主辦的「全國原住民傳統歌舞比賽」中,原住民歌舞阿美化的現象,並點出隱藏的文化危機。【36】阿美族舞蹈在原住民歌舞的優勢,就如排灣、魯凱族成為原住民造型藝術的優勢,多受到殖民眼光的「青睞」。

三、小結

「祖靈的再興」,具有傳統藝術重新打樁的階段意義。然而,當這個啟蒙階段一直沒有順利過渡到下一個階段,不斷仿製傳統的雕刻,也就逐漸失去了原初的力量,成了一種慣性的自我抄襲。而「泛排灣」現象,則被框限在殘存浮濫的圖紋符號中,忽略了材料、質感、造型、線條、色彩,以及更細膩的圖紋等,背後存在的是藝術偏食與同質化的問題。原來的強化,成了一種窄化。

而無論是受殖民影響的牽制而不斷旋轉,或因認同需求而不斷採借的「泛排灣」雕刻,一路下來,也因缺乏喘息的機會,在喧鬧與讚美中無法平靜下來思考,並產生了停滯的疲態。如拉黑子・達立夫提出的警語:

常常看到排灣族雕刻那麼多,有時我看只有一件。不是說這樣的作品不好,而是他被限制了。【37】

徒具形式,是快要走入末代的症候,也難以刻出自己當下的時代面貌。而開始反省泛排灣雕刻並讓原住民雕刻再創新局的,反而是非排灣族的哈古、林益千、拉黑子等人。1991年,哈古被放在整個原住民木雕評比;1980年

代中期，林益千自覺要跳脫市場仿排灣族雕刻並朝向個人風格；1990年代中期，拉黑子‧達立夫的作品，則是對於泛排灣與泛原住民木雕的一種反動。而這幾位的出現，則預告了強調主體的「原住民雕刻」，逐漸成為一種對話、獨立的媒材。

第3節　在虛幻榮耀與現實之間

一、寫實中的現實精神：哈古作品中的現代意義

1991年，在《雄獅美術》所企劃的「新原始藝術特輯」報導中，卑南族木雕創作者哈古（1943-）的作品被視為具有明顯的現代雕刻風格。當時哈古作品的現代面貌與意義為何？該雜誌報導如下：

他的作品一律都是立體，具有相當明顯的現代雕刻風格，相對於原始雕刻藝術多做平面或側面的浮雕或圖案雕刻，……。【38】

他的作品可貴之處是已脫離傳統原住民木雕的圖騰形式，加以注入現代族人日常生活的姿影百態。【39】

相對於平面浮雕的立體，有別於傳統圖騰形式、注入現代族人日常生活百態，為哈古作品被認為具有「現代性」的顯著特點。然而，若以立體與日常生活題材為原住民現代雕刻的標準，原住民木雕藝術的現代性，似乎早於日據時代就已發生，惟此現代性並非出自於一種自覺從舊時代過渡至新時代的主張與企圖。

在「新原始藝術」特輯中，哈古作品的現代性，所藉以比較的標準，包括平面浮雕、圖騰形式等，主要指向排灣、魯凱群傳統木雕。然而，哈古作品的現代意義，已不僅是和排灣族雕刻比較，更要放在「泛山地雕刻」脈絡下評比與分析。「泛山地雕刻」在形式上不一定全是浮雕，或是圖騰形式，它主要的邏輯在於脫離現實的異國想像。除了形式立體與題材為現代生活，哈古作品在原住民藝術脈絡中的現代意義，主要為現實精神。

哈古作品中的人物，有神話故事中的人，如〈傳說〉中生殖器可如套繩般纏繞身體好幾圈的卑南族男子；日常生活的人，尤其專注於刻畫小人物最尋常的情緒：如〈不要這樣看我嘛！〉的覷覷、〈男孩小便〉比賽小便射遠的頑皮與趣味、〈我不忘讀書〉長輩教導的專注以及孩子的認真模樣、〈解憂〉中高齡八十的母親，以最舒適的蹲踞姿勢，以煙和檳榔打發時間的悠閒等；也有表現生命歷程的系列作品，如〈新生〉、〈弄孫〉、〈成長〉等。他將原住民從祖靈、圖騰與榮耀形象情節以及異己形象中脫離出來，成為一個個有臉有性情的小人物。

哈古的作品亦反映了卑南族漢化已久的農村生活景象，例如〈憶童年〉中回憶兒時騎在牛背上放牛遊玩的景象，還有〈滿載〉、〈歸途〉與〈牛販〉等。水牛，是哈古持續表現的題材，透過作品自然而然地刻畫這個在他生命中極為鮮明的生活經驗與記憶：看到這些作品，彷彿來到一個農村。但這種自然反映與流露，卻不是長久以來原住民的刻板認知所一時能理解的。如東海大學社會系教授趙剛在其所作《頭目哈古》中，對於初遇哈古的水牛作品的疑問與反省：

那時，我並不知道卑南族是分布在台東平原的農業部落，還有些奇怪，為什麼這個人要雕刻

一些漢人的農家景象？怎麼還有牛車？這些質疑，當然反映的是我關於原住民基本知識的貧乏。【40】

哈古是卑南族頭目，還有很大一部分的生活經驗是個農夫。當看到哈古的神話故事作品，會感覺到他是一個原住民創作者；當看到他的水牛作品，會感覺到他是一位鄉土創作者。哈古的作品不傾向刻意呈現所謂的差異，反而比較是一種地方風味與人的情感的刻畫。美術的興趣、頭目的使命、農夫的生涯、老者的關愛、原住民的幽默，都自然反映在他的作品裡——一個交織著卑南族文化、台灣農村景象的人生風景。

二、脫離現實的寫實：泛原住民木雕的去殖民文化想像

然而，《雄獅美術》為原住民藝術所打開的現代討論空間，哈古作品中的現代意義與時代精神，還未被充分討論、還未被深刻所理解、還未有足夠的時間發酵，旋即1990年代國家所操控的國族打造工程，又將原住民藝術網入一個脫離現實的傳統邊界內。

在國家體系下的原住民文化活動、研習課程、木雕比賽，以及原住民自身文化重建與認同需求下，速成地出現一股原住民立體寫實木雕風潮。這些木雕人物多充斥著一種榮耀的腔調，或是盛裝，尊貴的面貌；或是打獵，英勇的姿態；或是老者，智慧的象徵。這類題材，反覆出現，感受到的重點不再是人物個性，而是抽象的人所構築成的一種民族榮耀。

他們雖身處於1990年代與2000年代，但是心在殖民前、未受殖民影響的「美好年代」，以及依附在與漢文化有所不同的「泛原住民認同」與差異表現。他們所關心的，顯然

哈古 傳說 約1990年代中期 木雕（盧梅芬攝，上圖）
哈古 Tememaku的老人 1992 雕塑 樟木 61X39.5X46cm
（高雄市立美術館藏品，下圖）

哈古 憶童年 1999 木雕 90×30×57cm（徐明正攝，上圖）
拉黑子·達立夫 祖父 1997（顏霖沼攝，拉黑子·達立夫提
供，下圖）

不是現實，而是一種可以被殖民者與自己辨識的差異與榮耀。看似脫離現實，卻也是另一種現實反映，反映了現實中的原住民努力拼湊維持自尊，以滿足內心深層的正面認同的急迫需求。在現實中失意，寄情於想像中的榮耀，但也反映了某種走不出去的困境。

這股台灣原住民文化重建初期的原住民藝術主要樣貌，在形式上是倒退的，不脫山地觀光時期的「泛山地雕刻」，甚至和日據時期花蓮港廳「ブヤガソ工藝指導所」產出的木雕人像無太大不同。該指導所發展出以傳統生活樣貌為主的立體寫實人像雕刻。從工作室架上陳列的琳瑯滿目的人像作品，以及純熟的雕刻技巧，推測當時木雕產業已具計畫與規模的發展。

然而，這股倒流，卻又曾經是紮實的主流。在這一窩蜂的泛原住民木雕中，更多是缺乏反思的依循「慣例」。這類木雕愈來愈模糊，愈來愈讓人「視若無睹」，反而失去了輪廓。所謂的榮耀也愈來愈虛幻，成了一種空洞的八股形式。

1991年，哈古的木雕衝擊了主流美術界的視覺，然而原住民自身卻未充分抓到哈古作品的時代意義。多數效法者，只學到寫實軀殼，卻忽略了現實血肉。「寫實」，這個曾經在1990年代初期有力的藝術語言，很快地失去效用。這類作品卻潛藏著一個危機，標舉為現代的立體與寫實，輕易地被一些木雕獎做為現代與否的標準，混淆原住民藝術的現代意義。

1996年，拉黑子的非寫實作品被評為「你做的不是原住民藝術」，甚至被譏為是寫實功力不足的障眼法。為了挑戰當時流於形式的寫實作品與「泛原住民木雕」，因此嘗試原住民寫實人像雕刻。

拉黑子的寫實人像，企圖走出一種自我

花蓮港廳プヤガン工藝指導所　圖片來源：鈴木秀夫（1935：155，上圖）

的藝術表現；亦不是虛幻的榮耀，而是爲了在港口歷史人物中尋找共鳴，以及傳統價值典範。期許自己學習先人的精神，他創作了多件紀念部落勇士與智者的作品，包括傳說中的勇士、從陶甕孕育出的智者、自己家族的勇士。其面貌多是從口傳中想像，這類作品保留部分漂流木的自然部分以表現勇士的頭冠，僅在臉部以寫實雕法強化堅毅的眼神與嘴形，以及阿美族的臉型輪廓與五官特徵。

三、缺席的社會現實：處境中的原住民

哈古作品中的現實精神，基本上仍屬正面，缺乏社會現實。而多數木雕的榮耀形象，彷彿一個想像世界的大跳躍，回到殖民前的傳統，避開了對原住民影響至深的殖民傷痛，亦無法從作品中感受到他們對於現實環境的感受。

1994年，拉黑子即創作了〈現代集會所〉這件具有社會批判性質的作品。作品集合了傳統集會所、教堂、十字架，以及教會爲吸引族人上教堂所贈予的衣服與牛奶，批判部落原有信仰逐漸被西方宗教取代。由於自己的父母親也分別信奉基督教與天主教，當時回到部落尋根的他感受到一種挫折，並在心中打了一個大問號，憂慮傳統文化以及部落的未來。達鳳的〈難產〉，則以子宮與糾結的臍帶，傳達傳統文化於現代社會過渡與轉化的困難。

然而，當時在泛原住民木雕這個主要流向中，這類木雕並未受到重視，這類木雕亦未持續發展。一直到2000年代，始有更多創作者開始處理殖民者與自己的關係，如2004年達鳳創作的一系列作品，其中〈背離〉則傳達過去以陶甕造酒的珍貴以及於重要時刻分享的傳統價值，而現代社會中價格低且容易購得的米

拉黑子．達立夫 現
代集會所 1993 樟
木 52.5×43.7×
146cm（高雄市立
美術館藏品，左上
圖）
拉黑子．達立夫 現
代集會所系列 1993
（拉黑子．達立夫提
供，中上圖）
達鳳 難產 1999 樟
木 19×27×80cm
（串門攝影史乾佑
攝，右上圖）

伐楚古 政客 1995（盧梅芬攝，左下圖）
達鳳 背離 2004 烏心石 30×195×86cm（串門攝影史乾佑攝，右下圖）

酒，則成了現今原住民逃避苦悶的方式。

　　作品的反抗性格一直極為鮮明的排灣族創作者伐楚古（1961-），早於1990年代中期創作〈政客〉，批判原住民的政客。1999年創作的〈殘垣〉，表現的是少見的處境中的原住民。作者以層層堆砌的牆垣象徵代代相傳的文化，但如今卻成了一堵傾頹的殘垣，並以一個不安的老人──「叔公」退縮蹲踞於牆角，表現出難以言喻的不安。作品反映的是他從都會回到家鄉時的心情：

因為家鄉發生了很多事情，我想要和我的族人

一起生活，可能我不能做什麼改變，但是我想去感受他們的生活。從生活中思考我要表達些什麼東西。1999年開始雕刻，我找不到自己，刻了一件叔公蹲著的姿態，抓到自己的感覺，真實的呈現出來。刻我自己、我的歷程、自己的經驗。【41】

2001年，師承林益千的烏滾（布農族，1975-）所創作的〈迷失的青年〉，亦是少見反映處境的題材。作品中的青年身穿汗衫與短褲，手上刁了一根菸、一手拿著酒杯，嘴裡雖然徜徉在吞雲吐霧的快感中，眼神卻很茫然。烏滾表示這件作品只是想具體呈現時下部落裡很多年輕人，終日喝酒、抽菸，一臉茫然無所適從的感覺而已。【42】

這件作品是許多原住民青年的縮影，同時也反映了創作者身為同儕的焦慮。然而，〈迷失的青年〉卻不若他參照一張老照片中的布農族人形象而作的巨型木雕〈中央山脈的守護者〉來得受重視，多少反映了原住民藝術似乎總得表現出差異傳統，始稱得上是原住民藝術，也才得以上的了表現場域，獲得被閱讀與被介紹的機會。而像〈迷失的青年〉這類表現社會現實，或者說非表現傳統的作品，會自動被過濾，甚至也不被創作者自己所重視。

然而，回應時代，自然反映現實的作品，反而落在一些「不起眼」的作品上，甚至落在表現潦倒、不榮耀、醜陋的一面。例如，早於1992年，安力‧給怒的油畫作品〈工人〉，表現原住民成為底層勞工的現實景象，但這個系列的作品，並未如表現傳統題材的作品，較容易獲得被閱讀的機會。而這些作品之所以不太引起反應，還包括這類作品不夠多、

伐楚古　殘桓　1999（布農文教基金會提供，上圖）
烏滾　迷失的青年　2001（林建成攝，下圖）

安力．給怒 工人 1992 油畫 71×86cm（安力．給怒提供）　　林益千 八部合音 年代不詳（盧梅芬攝）

創作觀點與表現力不夠深刻到足以撼動既有的
價值與雕刻取向，進而受到普遍肯定。

第4節 個人風格的浮現與身體美學的實驗

　　1990年代，原住民木雕飄忽不定地在虛
幻與現實之間游離。雖然有創作者已沾到現實
塵土、摸到血肉生活，但仍有一種雙腳難以踏
實的浮動感。就整體時空來看，這個時期的原
住民藝術，普遍處於以藝術振興民族文化與自
尊的階段，對於藝術形式與創新較無心或無力
深入。他們對於文化、精神、圖騰的認識與掌
握，勝過藝術表現的掌握與評析。

　　然而，當原住民立體寫實雕刻，脫離現
實而面臨形式化的問題時，原住民木雕逐漸出
現了強調表現力的作品，包括在內容上有一個
更精確的切入觀點或主題，在形式上開始更關
注風格，並有更多的實驗、企圖與主張。自我
定位逐漸從雕刻師，轉變爲創作者與藝術家。

其中，幾位阿美族藝術創作者所累積表現的
「舞者」此較具藝術性的主題，強調阿美族男
性歌舞時的身體美學形式與男子年齡組織的關
係，極爲突出。

一、「未完成」的風格：林益千

　　林益千的作品題材包括各族傳統，因此
讓人覺得他在題材表現上不夠鮮明，但他作品
的藝術形式卻讓人印象深刻，這使得他的作品
在主題傳統的作品中，能夠脫穎而出。在題材
上，他希望表現的不是各族的外在特色，而是
內涵與精神。爲了這個目的，常以整組連作敘
述一個完整的情節。在形式略爲誇張，則是林
益千極爲明確的創作意識：

我覺得排灣族的雕刻很有味道，但大部分都是
浮雕或家具工藝；我認爲藝術性的木雕，應該
以圓雕形式比較有感動力。我也比較重視作品
的精神內容，要看起來有味道，那就要誇張一

林益千 八部合音 2002（王偉昶攝、布農族文教基金會提供，上圖）
林益千 人像 年代不詳（傅君攝，中左圖）
林益千 群像 年代不詳（傅君攝，中右圖）
從這件作品可見林益千雕刻頭巾的特色（傅君攝，下圖）

從這幾件作品可見林益千雕刻頭巾的特色（傅君攝，左、右圖）

林益千 硬硬春之戀系列群像 約2002（范志明攝）

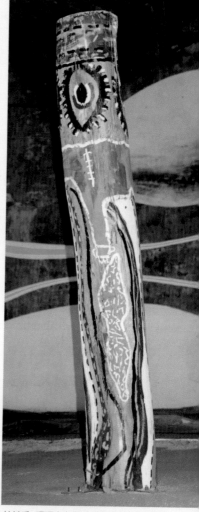

林益千 硬硬春之戀系列男女像 約2002（傅君攝）

林益千 硬硬春之戀系列因病而無力雕刻
約2002（盧梅芬攝）

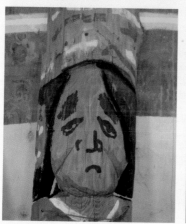

林益千 硬硬春之戀系列局部 約2002
（盧梅芬攝，左四圖）

點，不能寫實，這樣比較有力量！【43】

林益千在自我風格趨向純熟前，歷經了約二十年的自修期，也見證了原住民木雕的變遷發展，並在其中自覺掙脫。他也曾從朱銘的「太極系列」尋找靈感，並逐漸發展出一種「未完成」的刀法。第一個特色是工具，他擅以電鋸表現塊面、俐落與厚重粗獷並存的質感。不追求修飾卻又不流於粗糙，反給人一種不拘小節、大而化之的豪邁與隨興感，也因此常有作品如其人的形容。

林益千所強調的「誇張一點」，特別表現在他的家鄉馬蘭部落傳統服飾的頭巾，並反覆試練。後期作品，以都蘭部落爲故事背景的「硬硬春之戀」系列，是集大成的代表性系列作品。作品一貫的作風包括：連作、強調姿

態、塊面刀法、刻意誇大的頭巾、簡化的線條，並以彩繪帶出都蘭阿美族服飾與色彩特色。早於1990年，他在文藝季地方美展——台東縣美術家聯展中的作品〈春〉，就可看出現今風格的端倪。

這種「未完成」，是有意識、有能力達到的留白，而非無法控制的空洞。能夠自覺創作出「未完成」的風格，基礎之一是他曾經走過「完整」的訓練，這包括深厚與純熟的技法。然而，2003年，五十歲正待發揮的年紀，林益千因肺線癌過世。而他持續不斷的創作歷程，以及相對於許多原住民藝術創作者來說較爲完備與成熟的作品，則因缺乏完整的記錄與整理，是難以彌補的歷史缺頁。

二、舞者：提煉舞者的身體美學形式

出生於花蓮太巴塱部落的阿美族木雕創作者達鳳（1967-），是較早投入木雕創作的代表性中生代創作者之一。1990年代中期，他自覺原住民木雕形式化問題，並以自身最熟悉的經驗，以連舞形式表現太巴塱部落男子年齡組織的關係以及歌舞時的身體美學形式。

達鳳的舞者沒有刻意的差異符號，而是強調肢體與精神。結實渾厚的身軀與雙腳，反映了勞動的身體；緊握的雙拳，傳達出舞者盡全力的使力感；揚起的頭飾，相對感受到另一種輕盈；昂起的下巴，是一種充滿自信的身體；大步邁開的雙腿，是一種自在的盡情感。緊緊牽手，是原住民舞蹈的特色、是阿美族男子年齡階層的互動關係，也是舞者互相協調舞步與默契的方式。

達鳳的人像雕刻簡化與強化奇美部落與太巴塱部落的頭飾，和林益千強化馬蘭阿美族頭飾的形式雖不同，但精神卻頗爲類似。另外，受原住民表演團體原舞者影響所創作的

林益千 硬硬春之戀系列局部 約2002（盧梅芬攝）

達鳳 早期作品 原舞者 1996 樟木 12×30×25cm（達鳳提供，左上圖）
達鳳 提攜 2000 樟木 33×22×38cm（達鳳提供，左下圖）
達鳳 與母親共舞 1999 牛樟 40×60×170cm（串門攝影史乾佑攝，右圖）

〈原舞者〉作品，可看出作者的細膩表現，舞者，也就是同一階層的男子以小拇指勾小拇指的牽手方式歌舞。除了歌舞時不易出汗，這種牽手歌舞方式和漢人是很不一樣的接觸與溝通經驗——以極小的接觸點，維繫一整個圓的連結。看似易斷，同時考驗舞者的專注，是默契的傳達但同時不受其他舞者的牽制。

出身於花蓮港口部落的拉黑子・達立夫，褪去傳統服飾的符號，僅以簡約流暢的線條，抽象與略為誇大的造型，表現舞者的肢體表情，如1994年創作的〈舞者〉。1995年創作的〈颱風舞〉，則是表現團結的男子年齡組織一致的步伐與節奏，所形成的集體力道，如颱風般的強勁。

拉黑子．達立夫 舞者 1994（拉黑子．達立夫提供，上圖）
拉黑子．達立夫 颱風舞 1995 63×95cm（拉黑子．達立夫
提供，下圖）

1996至1997年間，拉黑子開始著重表現人物的表情，如〈臉譜——有趣的嘴唇〉想要表現好友的嘴部表情。2000年，拉黑子獲美國洛克斐勒基金會亞洲文化協會台灣獎助計畫，該基金會來台考察獲獎創作者作品，給予這件作品極高的藝術評價。他也嘗試表現部落的穿耳文化與傳說人物，如〈族人臉譜〉表現以花朵或其它飾品裝飾耳朵吸引異性，因此耳垂愈來愈大的男子。

1997年創作的〈互相敬酒〉，包括〈敬酒舞〉與〈回敬舞〉兩件作品，是為了證明也會雕刻寫實作品的時期所創作。〈敬酒舞〉主角即拉黑子本人，表現當時屬青年八大年齡組織的第六個階層先鋒組（mala-ka-caway，33-35歲），於豐年祭時舉杯向最高階青年之父（mama-no-kapah）敬酒的姿態；〈回敬舞〉是青年之父回敬酒。【44】這郡作品著重兩者相互敬酒呼應時，腰部的頓力及敬酒時手部的力道，同時反映了當時作者嚮往成為青年之父的心情。

除了男性舞者的身體與年齡組織間的關係，拉黑子早於1990年代初期，即嘗試表現阿美族女性的身體。1998年的「末始系列」如〈孕育者〉、〈Atumu的女兒〉，強調傳統分工女性製陶煮食的孕育者角色，並以陶甕弧形象徵母系社會下阿美族女性。

2002年史前館公共藝術作品〈起跳的頓力—舞者〉，則是完整呈現阿美族男子的人生軌道——八大年齡組織的舞姿，並強調阿美族人如何透過肢體說話與傳遞訊息的方式。這組連作的第一件作品為港口部落的精神領袖、拉黑子的精神導師——勒加瑪庫（Lekar Makor）頭目。駝背靜立的老者，與其他舞者成為強烈的對比。當這位步履蹣跚的老者出現於祭場時，那最微弱的身軀，頓時使在場所有身強力壯的青年圍成的祭場，凝聚著一股肅穆之氣；而面貌平靜、不太說話的他，只要一揮手臂，青年們隨即團結齊一起跳，凝結的氛圍頓時爆發釋放成一股震撼人心的能量。這是老者由內而發的身體美學形式。

作品的中心則是以三件木雕緊密纏繞的

男子八大年齡組織形成八大列，圍繞部落長者「飆」舞（顏霖沼攝）

拉黑子．達立夫 臉譜之與屋主的對話 1993 樟木 49×129cm（鄭桂英攝，左圖）
拉黑子．達立夫 臉譜之有趣的嘴唇 1996（鄭桂英攝，中圖）
拉黑子．達立夫 老者臉譜 1996 樟木（鄭桂英攝，右圖）

結構，象徵三大年齡階層如爐灶的三角關係，是維繫八大年齡階層團結與穩固的力量。創作這組作品時，拉黑子已由當年的先鋒組（mala-ka-caway，33-35歲），歷經分配組（ci-mila-tcay，36-38歲），成為青年之父（mama-no-kapah，39-41歲），領導部落青年。

2005年，他則開始詮釋以自我文化為中心的位置觀此抽象概念。有地理環境的位置，山坡、海邊、海洋、秀姑巒溪、珊瑚岩等交織而成的生存環境；有靈與儀式的位置，強調必須尊重不同空間與位置的生命；有男子年齡組織各階段的生命歷程與樂舞位置。

師承拉黑子的都蘭阿美族藝術創作者希

拉黑子．達立夫 回敬舞 1997 雕塑 樟木 36×26×38.5cm（高雄市立美術館藏品，左上圖）
拉黑子．達立夫 敬酒舞 1997（顏霖沼攝，右上圖）
拉黑子．達立夫於港口部落Illisin（豐年祭）中敬酒（顏霖沼攝，下圖）

拉黑子．達立夫 末始系列之〈Dafae 的女兒〉1998 櫸木 187×60×30cm（串門攝影史乾佑攝，左上圖）
拉黑子．達立夫 末始系列之〈孕舞〉1998 樟木 203×63×42cm（串門攝影史乾佑攝，右上圖）
拉黑子．達立夫 起跳的頓力-舞者之三大年齡階層 2002 漂流木 280×150×260cm（顏霖沼攝，左下圖）
拉黑子．達立夫 站立 2005（串門攝影史乾佑攝，右下圖）

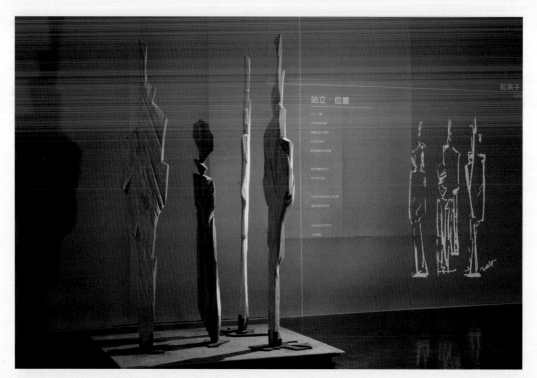

拉黑子．達立夫 站立 位置 2006（串門攝影史乾佑攝，上圖）
拉黑子．達立夫 位置 2006（串門攝影史乾佑攝，下圖）

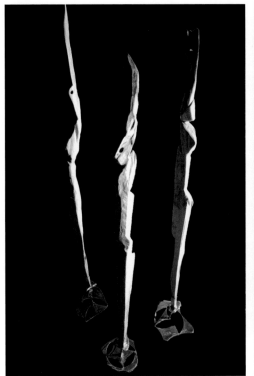
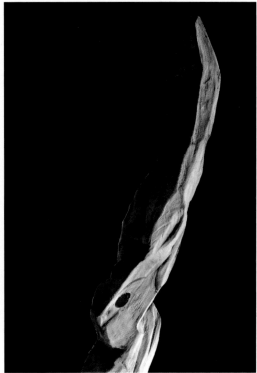

拉黑子．達立夫 位置局部 2006（串門攝影史乾佑攝，左、右圖）

巨‧蘇飛（1966-），1995年即於台東縣立文化中心展出「阿美族的舞者」。除了表現都蘭部落青年專屬著名的「mikolakol（護衛舞）」，也表現其他阿美族部落的典型舞姿，如奇美部落的老鷹之舞。他的舞者特色多是表現單腳起跳的身體美。2000年，希巨‧蘇飛「沙勞（Salaw）巨人與小水鬼──都蘭部落的傳說」，則以寫實方式表現仍流傳於部落與海洋文化相關的水鬼傳說，對於阿美族與海洋文化的關係，在題材上有了更細膩的其他表現。

林益千曾感嘆：「一般漢人對阿美族的印象，都覺得阿美族除了唱歌、跳舞及下海捕魚之外，似乎沒有什麼文化。」【45】然而，這幾位阿美族創作者卻是從阿美族被刻板化最嚴重的地方，延伸與表現更細膩的文化特色。他們的舞者，已不是站在花蓮太魯閣入口處與觀光客合影的活廣告──身穿紅色傳統服飾的阿美族女性；或在花蓮市街上，招攬觀光客故作婀娜姿態的阿美紅衣姑娘人形招牌；亦不是泛阿美化舞蹈中的舞者。

另一個有機會從刻板化的地方重新深化細膩特色的則是「歌者」。拉黑子於1997年創作的〈起音〉、〈傳唱〉，強調的是布農族人歌唱時的臉部表情。1996年，亞特蘭大奧運使用德國Enigma樂團的「Return To-Innocence」為宣導片主題曲，這首歌因擷取「老人飲酒歌」的原音，引爆原住民音樂著作權的爭議，並使阿美族郭英男成為媒體與事件的焦點。為紀念郭英男及部落長者的歌聲，約於2005年，伊命（1966-）開始創作「原唱者系列」。

三、小結

這幾位創作者具有不同的自覺眼光與企

希巨．蘇飛　羽毛　2003（盧梅芬攝，左圖）
希巨．蘇飛　都蘭護衛舞　2003（盧梅芬攝，右圖）

圖是極為明顯的，他們不刻同時代最常見，甚至是佔據政治、市場的英勇打獵，而是脫去符號、脫去花蓮阿美族歌舞豐年祭的刻板、浮面印象，把題材鎖定在自己最肥沃的經驗，並以各自獨特的敏銳度與藝術形式表現。

　　相對於多數阿美族部落，他們的部落仍保有較為深厚的傳統文化與嚴謹的社會組織，這點他們是幸運的。但他們的作品能夠脫穎而出，還包括投注長時間探索與實踐，所具備的人文素養。而在泛原住民藝術與形象同質化的危機下，他們的作品是落實多元文化的重要代表。

　　這幾位創作者自覺對前時期作品形式化的反動與反省，有一個共通點——將眼光轉移至由內而外的身體與精神。將身體姿態定格，並反覆實驗這個典型與概念。這類作品，如果繼續發展下去，或有機會在美學上產生形式上的突破與風格的建立，如朱銘的「太極系列」。太極是我們生活中所熟悉的武術、養生，背後有著長遠的歷史與深厚的文化，而非阿美族人如何感受到阿美族人的身體？這幾位身為現代社會中的藝術創作者，已思考如何透過藝術，傳達這個阿美族人極為熟悉，但是對他族是既特殊又陌生的生命經驗、美感與文化內涵。

　　但在1990年代末期至2000年代初期主流社會開始比較重視原住民當代藝術或純藝術的發展時，這類於1980年代末期至1990年代中期間發展出來的身體美學觀念與藝術形式尚未受到深入與普遍的注意與重視。這也反映了當代原住民藝術雖剛發展十年，但這十年間的藝術史仍有待建立。

伊命 原唱者系列 2005 紅櫸木（串門攝影史乾佑攝）

【註釋】

1. 陳奇祿（1996：146）。
2. 各項測量同上註，145，該書表14：「本圖錄所收排灣群諸族木偶的各項測量」。
3. 鈴木秀夫編（1935：154）。
4. 宮川次郎（1930：14、15）。
5. 此件作品只有陳奇祿的手繪圖，為台中張氏所藏（陳奇祿，1996：153）。
6. 宮本延人採集，並於1932（昭和7）年入藏台北帝大，現為台大人類學系藏品（陳奇祿，1996：156）。
7. 陳奇祿（1996：155）。
8. 同上註，155。
9. 許功明（1991b：155）。
10. 引自許功明（1991a：43）。
11. 許勝發（2005.5.24）。
12. 陳奇祿（1996：29）。
13. 〈台灣通信（12）〉刊載於《東京人類學會雜誌》第15卷168號，1900年3月20日。引自鳥居龍藏原著、楊南郡譯註（1996：312、313）。
14. 〈台灣蕃地探險談〉刊載於《地理雜誌》第13輯第146至148卷，1901年。引自同上註，329。
15. 〈生蕃行腳〉刊載於《台灣時報》，1924年。引自森丑之助原著、楊南郡譯註（2000：243、254）。

16. 日據時代「阿馬灣」，排灣名為「卡查查蘭（Kazazalan）」，現稱萬安村，行政區屬屏東縣泰武鄉。屏東縣原住民族入口網站泰武鄉社區部落：http://web.pthg.gov.te/abriginal/tribe/tri_e06.htm（2006.8.20參考）。泰武鄉包括萬安、佳興、平和、佳平、武潭、泰武等六村。就現有資料，無法確認此工藝指導所是否設於「卡查查蘭」，但可能位於排灣族或接近排灣族居地。
17. 這段口述歷史在相關報導與研究中被提及：江海（1999：52）、洪麗珠（2003：18）、林建成（2002：100）、簡芳菲（2002：68）。
18. 〈雕刻大師沈秋大〉，泰武鄉社教館網站 http://www.tncsec.gov.tw（2006.9.8參考）中，指出日本人常在當時的武潭村，召集雕刻師陳列個人作品，加以收購。
19. 林建成（2002：100）。
20. 引自林榮欽（1993：71）。
21. 洪麗珠（1996）。
22. 高業榮（1980：175）。
23. 同上註，175。
24. 洪麗珠（1996）。
25. 該書於1956年開始編寫，1957至1958年，於屏東、台東地區的排灣族群居地展開實際調查。書中的木雕主要為台大人類學系、收藏家、台灣省立博物館、日本天理參考館等藏品。
26. 蒐藏家施翠峰（1997：147-148）指出，陳奇祿這本圖文並茂的著作，對於當時蒐藏家來說貢獻良多。遲陳奇祿一、二年，施翠峰也開始田野調查與紀錄，後來並影響了徐瀛洲、林添如等蒐藏者。
27. 引自劉佩修（1991：127）。
28. 林雲龍、林哲廷（1993：31）。
29. 引自任海（1993：110）。
30. 轉引自林柏年採訪、郭乃玲記錄（1996：109）。
31. 江韶瑩（1994：102）。
32. 比賽標準參見方建明（1997：49）。
33. 得獎作品參見蔡東源編（1998）
34. 「屏東縣92年度「原住民木雕獎」簡章」：http://pawan.tacocity.com.tw/PIUMA/muda/muda.htm.（2004.4.7參考）。
35. 2005年，拉黑子訪談紀錄。
36. 2001年11月8日於台南師範學院舉辦「全國各級學校民俗體育錦標賽」，競賽類別為「舞龍」、「舞獅」、「踢毽子」、「扯鈴」、「跳繩」與「原住民歌舞」等六項（江冠明，2001：84）。
37. 轉引自林宜妙等編（1999：32）。
38. 朱苓尹（1991：115）。
39. 同上註，116。
40. 引自趙剛（2005：11）。
41. 2000年「第一屆台灣原住民現代藝術座談會」。財團法人布農文教基金會主辦。
42. 林建成（2002：107）。
43. 轉引自蘇振明（2000a：120-121）。
44. Mama，父或長者之意：Kapah，青年之意。青年之父負責管理與領導青年，推動部落公共事務。
45. 轉引自林柏年採訪、郭乃玲記錄（1996：105）。

第3-3章 脫離現實的純正：「人類學」表現成為一種審美詞彙

台灣原住民的傳統文化，是人類學的主要研究對象，人類學也成了原住民知識產業的主要產地與學術權威。1998年，劇場工作者王墨林以「人類學的立體化」來評論原住民最具代表性的表演藝術團體「原舞者」。【1】2000年代初期，拉黑子‧達立夫憂慮的指出：「原住民藝術的答案在人類學學者身上，不是在原住民。」【2】他提出原住民藝術主要由人類學詮釋，而使得藝術觀念與表現受到人類學的影響。2004年，美國底特律藝術學院之美洲印地安藝術博物館研究員及副館長潘尼（David W. Penney），則以「自動的民族誌（auto-ethnography）」，形容20世紀中期前，印地安人描繪自畫像與傳統儀式的平面繪畫作品。【3】

人類學與民族誌這個本具有明確意義的專門學科，脫離了原有的脈絡，被挪用來描述透過詳細紀錄、考證與保存，具有傳統差異知識與文化，卻脫離現實的藝術表現形式；或被賦予負面意涵，意味著「無史」、「無時間性」。

上述例子或直接、或間接受到人類學影響，但「人類學的立體化」與「自動的民族誌」，並不一定指人類學的介入，還包括泛指一種尋找差異傳統的普遍眼光。「人類學的立體化」與「自動的民族誌」，不僅界定了一種藝術形式，還牽涉到一種觀看的方式。

此文的目的並不是要探討人類學是什麼或應該是什麼，而是在美學這個面向，人類學為什麼會成為一種審美詞彙？被理解成什麼樣的面貌？這個「人類學」藝術形式的具體面貌

與特徵又是什麼？帶來了什麼影響？

第1節 文化保存與活化石：人類學博物館的時代意義與時代省思

一、從人類學家的標本室到以人類學為核心的博物館：「脈絡」與文化資產保存的時代意義

日據時期的日籍學者，搭著殖民政權的列車，將人類學學科接駁至台灣。一些學者登高入林，進入被視為蠻荒之地的蕃地，展開具有生命危險與艱辛的田野工作，針對和我們（日人、漢人）很不一樣的蕃人，展開科學性調查研究與計畫性蒐藏。人類學學者也試圖揭開日人心中「比猛獸更恐怖的生蕃」的神秘面紗。【4】人類學亦是當時認識台灣原住民的主要管道，例如1920年，台灣雕塑家黃土水為創作〈蕃童〉，至台灣總督府博物館蒐集蕃人形象資料，受到森丑之助的協助。【5】1935年，顏水龍第一次蘭嶼之行，先至台北帝大土俗人種學研究室蒐集相關資料。【6】

1980年代中期前，原住民文物主要保存於以人類學為主的學術單位、研究機構與博物館，如國立台灣大學人類學系附屬標本室，中央研究院民族學研究所標本室，以及台灣省立博物館人類學組，並以人類學的蒐藏角度稱之為「人類學標本」。

1978年，行政院院長蔣經國宣布推動繼十項建設後的十二項建設，以提高國民生活水準。十二項建設中的文化建設重點，為計畫五年內設置各縣市的文化中心；以及綜合性的文化建設，包括音樂廳、國家劇院、博物館與美術館等。【7】1980年代至1990年代初期，國家展開了文化政策新頁，亦是台灣博物館事業有計畫且具規模興起的時期。

十二項建設下的國立自然科學博物館，

其中的南島民族展示廳，於1993年開放。1987年，由中央研究院民族學研究所主持規劃的台灣山地文化園區落成開幕。成立於1956年，原主要供學術之用的中央研究院「民族學研究所標本室」，於1988年改制為兼具蒐集、保存、研究與展示功能的中央研究院民族學研究所附屬博物館。民間所創設的「九族文化村」，於1986年開幕。九族文化村以建築、歌舞、表演傳統祭典儀式等為主，日本建築學者千千岩助太郎提供原住民建築資料、蒐藏家徐瀛洲指導田野調查，人類學學者陳奇祿蒞臨現場指導等。【8】初創立的九族文化村，是一個對原住民文化具有基本考證的民間遊樂區。

1985年，國家政策推動「台灣省加強文化建設重要措施」；1987年，文建會提出「建立文化中心特色計畫」，在充實地方文物陳列室，宣揚鄉土文化，以發揮地方特色的宗旨下，各縣市文化中心相繼興建地方特色館。【9】與原住民有關的特色館，除了於1990年成立的台中縣文化中心編織工藝館，由藝術背景出身的顏水龍規劃外，原住民地區縣市文化中心特色館，主要為人類學規劃。包括1988年，台東縣立文化中心正式開館啟用的「山地文化陳列室」，於1987年委託國立台灣大學人類學系尹建中教授規劃；【10】屏東縣立文化中心「台灣排灣族雕刻館」，乃由時任台灣省立博物館人類學組組長阮昌銳與屏東師範學院高業榮教授主持規劃。【11】

1980年代台灣博物館事業起飛時期，亦是人類學成為社會型博物館機構核心學科的奠基時期，有其現實條件。人類學與具有穩定國家資源的文化機構結合，形成一股兼具國家與學術權威，資源與思想操控力的網路結構。從人類學家的標本室到社會大眾的博物館，這個奠基時期具有文化資產保存與社會教育的正面

價值；從扭曲的觀光秀場到廟堂，則具有「導正」與強調「脈絡」的時代意義。

脈絡，雖不是人類學學科的專利，但人類學特別強調脈絡，有其「脈絡」可循。人類學強調脈絡的時代，正是看待原住民最缺乏脈絡的時代；人類學強調族群沒有智愚之差的時代，正是殖民/外來者以自己的標準判斷民族優劣的時代；人類學強調心平氣和地看待原住民文化，正是最刻板化、甚至扭曲原住民的時代；人類學致力搶救保存瀕臨絕滅的族群文化，正是原住民文化被揚棄的時代。這是人類學對於原住民，也是對殖民者極為重要的時代價值。

二、無史、無時間性

然而，一路走到1990年代，隨著原來的被研究客體——原住民主體意識的浮現，原住民對人類學以及人類學博物館開始提出期待式的評論。1990年，孫大川即指出人類學的學術研究取向或關懷，對其他人觀看原住民的態度所帶來的影響：

> 人類學者的關懷態度為一般人製造了一個陷阱，使許多人或官員習慣於從標本或觀光（活標本）的角度看待原住民問題。……忽略了徘徊於黃昏中那群人之真實處境。【12】

孫大川所指「忽略了徘徊於黃昏中那群人之真實處境」，更是指忽略了現代社會中原住民最為普遍的現實困境。人類學的重要價值「脈絡」，似乎或是否脫離了原住民現實生活的脈絡？人類學的關懷為什麼會和想獲致的目的，產生差距？

雖然，孫大川所指為一種普遍現象，但並非沒有人類學者關注原住民的社會現實變

遷，探出頭來探視芸芸眾生。例如，1985年正值博物館事業起步時期，許木柱即在《思與言》策劃專號並為文〈從琉璃珠到違章建築：台灣土著族群的傳統文化與現代適應〉。【13】從珍貴華美具珍藏性的「琉璃珠」，到象徵貧弱無依的臨時性「違章建築」，帶出了從傳統到現代、從部落到都市的鮮明對比意象與現實處境。但有著國家政治體質的博物館，卻不易碰觸原住民社會的敏感與現實議題，而是以真善美的傳統文化或正面議題為主。

除此，傳統人類學博物館傾向蒐藏看起來像「傳統」的東西，這個傳統是相對於現代而言。【14】2000年，國立美洲印地安博物館（National Museum of American Indian）展出「Who stole the tee pee？」特展，「tee pee」指印地安帳棚，題旨傳統為何、如何消失？策劃此展覽時，策展人員本希望從藏品找出反映原住民文化變遷的線索，卻發現難以從既有藏品看出印地安人所經歷的社會、政治、文化與個人轉變；而大部分含有轉變訊息的物件或藝術品，顯然缺乏蒐藏。【15】

後來該展覽改以當代藝術創作呈現。透過當代美國印地安藝術家的作品，反映美國印地安文化在20世紀所歷經的主要外來影響與轉變，包括「保留地」、「寄宿學校」、「觀光」與「自我」等四個部分。其中一組以尋常的家庭照組成的平面作品，可從對比極為強烈的穿著，如鹿皮與珠飾製成的服飾到西裝服飾，看見原住民文化變遷的軌跡。

另一個問題則是看起來像「傳統」的文物標本，內含變遷的訊息，並未以有力的角度切入，被詮釋與再現出來。原住民文物的蒐藏與再現方式，多未標示時間年代，缺乏歷史敏感度。

三、脫離現實的脈絡：排灣族立體寫實木雕的例子

日據末期，在國家政權、外來文化與市場經濟等因素影響下，排灣、魯凱族木雕產生了極為顯著的風格轉變，逐漸朝寫實與立體發展。然而，筆者在探討這類木雕如何被再現的過程中，歸納出兩個普遍現象：

一是對於排灣族立體或寫實雕刻的介紹方式，強調與加深印象的主要是傳統排灣族脈絡、文物或族群藝術分類。容易讓人以為此類作品是傳統脈絡下的產物，或年代久遠的傳統文物。

二是題旨內容雖主要說明雕刻與傳統社會文化脈絡的關係，但不一定選擇較為典型的傳統雕刻，反而選擇具有現代性與個人性的作品來搭配說明文字，似乎隱含這類木雕較具特色與吸引力而被展出。

（一）中央研究院民族學研究所博物館出版品

1988年，中研院民族所出版的《人類學家的博物館：中央研究院民族學研究所博物館》一書中，所介紹的「台灣土著民族高山諸族的傳統文化」單元，題旨內容主要介紹各族的傳統社會文化。

其中排灣族傳統文化介紹部分，選介一件風格寫實的木雕板。【16】這件木雕人像身著傳統服飾，刻者特別強調服飾圖紋等民族特色，已非裸體的傳統祖先像；右手環抱陶壺於胸前，左手握住腰際上的佩刀，已非傳統不具動態的對稱形式。但未有一行字介紹關於這件木雕板的基本變遷訊息，如製作時間、地點與製作脈絡等，僅標示為「排灣族木雕板」。

（二）地方特色館──「台東縣立文化中心山地文物陳列室」

1988年，「台東縣立文化中心山地文物

陳列室」正式開館啓用，出版品所介紹的「木雕座椅」圖版僅有標題「排灣族木雕座椅」，沒有其他說明文字。由於此單元主要介紹排灣族傳統文化，包括排灣族的地理分布與行政區域分布、分群、社會組織、生計、儀式、婚姻制度等，易讓人以爲此作品爲傳統脈絡下的產物。【17】

在1997年出版的《台東縣立文化中心典藏原住民文物選輯》中，原來的「排灣族木雕座椅」改稱爲「餐桌組」，圖版的中英文說明文字如下：

族中象徵著祖靈的形象，只要是在頭目或貴族的家系中，就會無時無刻的出現在眼前。
Pictures of ancestors are always prevalent in the homes of aristocrats and tribal leaders. 【18】

這段解說文字語焉不詳，或許是因翻譯問題，但明顯可看出強調的面向爲祖靈信仰、貴族制度。另外，展示方式刻意加入一身著傳統排灣族服飾的男子模型坐在椅子上，似乎暗示此桌椅爲古人所用。然而，「餐桌椅」的概念，其功能與傳統木雕的用途截然不同。【19】

（三）代表性雕刻師的展覽

2000年3月，於國父紀念館展出的「排灣族傳統之美木雕個展」，爲沈秋大之子沈萬順個人作品展，作品內容主要有木雕桌椅、立體人像與屏風等。然而，從展題到展示說明，重點主要爲族群與傳統的範疇，如介紹沈秋大的作品爲最具代表性的排灣族傳統雕刻作品，而被廣爲典藏。

（四）國立台灣史前文化博物館的展示與出版

2001年，在國立台灣史前文化博物館出版的開館特刊「台灣南島民族典藏品述要」單

排灣族木雕板　圖片來源：中央研究院民族學研究所提供

元中，共選出六件木雕典藏品，除一件爲達悟族圖紋雕刻板，另五件全爲排灣族木雕。又這五件，其中三件爲立體寫實雕刻，其餘二件爲浮雕。

該單元題旨爲「本館典藏文物的目的，即是透過研究與展示，增進大眾對於原住民傳統文化以及文化創新發展過程的認識。」選出的木雕雖以非傳統形式比例較高，但簡介未說明傳統與創新內容，僅標示族群，以及外貌的描述。如賴福隆立體木雕的介紹：【20】

雙面木像 排灣族 屏東縣來義古樓
由一整塊木段雕刻而成的浮雕立體雙面立柱雕像。【21】

這段藏品簡介值得引述，在於它所提供的訊息，描述作品的詞彙，仍延續傳統形式，包括「浮雕」、「立柱」等。然而，從這件作品的頂端與底座可以看出已非傳統建築中的立柱功能，而是一件獨立作品。另外，這件藏品採集地標示為「屏東縣來義古樓」，但這件作品的作者賴福隆為屏東泰武鄉佳興部落人，作品的師承脈絡、藝術形式變遷與歷史意義等訊息，可能被遺漏。【22】

這件木雕亦曾展示於史前館常設展廳的排灣族「家屋」單元，以作為傳統與現代的二元對比。【23】此單元展示重點為介紹「雕刻與階層體系」的關係，展示板說明文字「排灣族的雕刻相當具有特色。家屋簷桁、立柱上雕刻的百步蛇、人像圖紋，係依據神話傳說而來，做為特殊身份者的地位象徵。」而作為對比的現代木雕，展場上則缺乏說明文字。

（五）行政院原住民族委員會文化園區管理局網站

在行政院原民會文化園區管理局網站的工藝網頁下「石工藝」與「木雕」介紹篇幅中，分別放了石板雕刻桌面，以及佳興風格的立體人像木雕。前者圖說為排灣族石板雕刻，後者則無標示。石工藝與木雕的說明文字，未提及變遷，而是著重傳統社會脈絡的說明：

在排灣族、魯凱族的社會裡，能很容易的見到那些帶著濃厚原始色彩的雕刻，高大的家屋立柱，雕刻著男女祖先身像；大塊的石板上浮雕著祖先英雄像及頭像，往往一個甚至於數個並列一起。【24】

從研究機構、博物館、文物館、展覽以及原住民單位等例子歸納分析，從1980年代後期至今，超過十年，再現立體木雕的方式，似乎不是偶發。這類展示釋放的訊息，不斷重複、強化、加深記憶，皆影響了觀者的認知。雖並非沒有人類學者於研究報告中探討研究排灣、魯凱族木雕的變遷，上述問題，或在於有些單位專業、嚴謹度不足；或在於看待原住民木雕不假思索的一種慣性眼光；或在於強調的重點仍是傳統部分，現代部分則是配角以作為對比功能。

另外，這類木雕在博物館的標本清單資料上，多只有排灣族的血緣證明，並稱之排灣族文物或排灣族木雕，看不出製作者的背景、政治經濟的影響等歷史變遷。原住民在接觸外來政權、文化變遷、進入現代社會的種種影響下，僅標示族別或採集地，已無法充分呈現作品背後的複雜脈絡。

一直到2000年代，看待這類木雕的方式有些轉變。例如，2001年，國立自然科學博物館研究人員王嵩山所著《當代台灣原住民的藝術》中，包括沈秋大、賴合順的作品被放在「當代原住民藝術的幾個趨勢」單元中討論，作品標示出作者。【25】2004年，於苗栗三義木雕博物館展出的「木雕藝術創作采風展作品集：當代原住民藝術展」中，沈萬順、高富村與賴合順等的作品，有了作者、作品名稱、作品年代，以及作品內容的介紹。人類學博物館從業人員，逐漸以個人與時間的角度切入討論，族群藝術研究的界線，似乎因應時代變遷逐漸打開。美術領域亦開始注意到這些觀光時期存續的隱形雕刻師。

四、停擺的生命時鐘？

1938年，在南非外海捕獲了被認為從地球上滅絕消逝達六千五百萬年之久的腔棘魚。腔棘魚好像從曾經失落的世界，在一個完全不同的時空背景中活過來了，並未隨著時間的流

逝，有多大的改變。近年來詮釋活化石，是指物種顯然保持有極為原始的型態面貌，同時在其悠長的演化歷史中，曾經註記著極為遲滯而緩慢的演化速率。【26】

如果，有一天，某支探險隊進入深山，發現了原住民或原住民聚落，言行舉止與生活樣貌和百年前日據時代人類學者剛「發現」的原住民，未有太大的改變。這個發現，或可比喻為「活化石」。然而，日據時代人類學者逐漸揭開的原住民面貌，早已不復存在。但時間的意義，在傳統博物館中常成為一種「永恆的當下」，或原住民被塑造成一種純正的原住民。

1990年代中期前的學術動態，基本上延續人類學傳統物質文化研究，如內政部專題委託研究計畫報告書「台灣原住民物質文化系列」：包括陳奇祿等《台灣山胞物質文化：傳統手工藝之研究（雅美、布農二族）》（1994）、呂理政等《台灣山胞物質文化：傳統手工技藝之研究（排灣、魯凱族二族）》（1994）。1990年代中後期，人類學的原住民物質文化研究，開始強調變遷，如謝世忠等著《卑南族的物質生活：傳統與現代要素的整合過程研究》（1995）、胡家瑜所著《賽夏族的物質文化：傳統與變遷》（1996）、許功明與黃貴潮合著《阿美族的物質文化：變遷與持續之研究》（1998）、王嵩山等著《物、社會生活、人：泰雅人的物質文化之研究》（1999）。【27】

強調「變遷」一詞，與強調「脈絡」一詞，都有著類似的時代因素。強調「脈絡」的1980年代，正是山地觀光扭曲原住民文化的時代：開始強調「變遷」的1990年代，似乎是相對於之前的「不變」。惟博物館展示中的變遷，多仍處於傳統、現代二元對比架構下，缺乏更細膩的歷史與血肉生命。

2000年代，因原學科因應時代所做的反省以及更多學科的加入，博物館已更自覺處理原住民變遷的問題與現象。然而，傳統博物館要扭轉原來「死的」、「過去的」等刻板印象，活絡成熟老大到逐漸僵化的組織母體，讓社會大眾看見博物館中原住民再現的新生命與活力，仍需要一個結構性的力量達到臨界點，才有可能翻轉過來。

第2節　人類學的立體化：原舞者的時代意義與美學省思

一、主體、嚴謹與質感：原舞者的時代意義

1991年成立的原住民表演團體「原舞者」，於1992年獲選為文建會「國際扶植團隊」，1993年於紐約林肯中心戶外藝術節演出，獲致《紐約時報》評論的讚揚。1994年，由泰雅族作家瓦歷斯‧諾幹負責的「台灣原住民人文研究中心」（前身為《獵人文化》雜誌）歸納1993年報紙原住民報導，預測1994年台灣原住民可能的發展趨勢，將「原舞者」視為可能成為台灣原住民最有影響力的文化團體。【28】

原舞者在當時受到許多討論與重視，原舞者當時觸動到了什麼？具有什麼樣的時代意義？十年後它對原住民帶來什麼樣的影響。

1995年，在孫大川〈夾縫中的族群建構──原住民意識與台灣族群問題的互動〉一文中，以「從自我標幟與泛原住民意識的升起」以及「以主體來回答我們到底是誰？」的面向來評價原舞者的時代意義。【29】「主體之姿」，以及進入自我認識與認同的一個重要起點，正是那個歷史轉折的時代所強調的。

原舞者不僅脫穎而出，受到原漢精英的肯定，更產生了一股鼓舞人心的氛圍。跟著原

舞者一路走來，藝術總監懷劭‧努法司以及曾任團長的斯乃泱的心路歷程，反映了原住民對於正面認同的需求：

當我愈投入、愈沉浸在這些歌謠之中，我已忘掉那些掙扎，也不再害怕承認我是原住民。【30】　　　　　　　　　　　——懷劭

從非常排斥原住民，到喜歡下部落與族人及老人家在一起；從對自己母族——卑南族完全陌生，到真正體驗卑南族的文化，更深入原住民世界；從羞於承認自己是原住民，到認同肯定自己是卑南族，對自己的族群有自信……，這一切都是參與原舞者後的體認。【31】——斯乃泱

原舞者崛起的1990年代，正是本土多元文化背景下國家重視原住民，以及原住民自身開始重建文化、渴望正面認同的年代。不再害怕、不再羞於承認自己，自我實現、肯定與認同，深刻感受到「原舞者」在當時對原住民心理的必要與需要。而原舞者成員學習他族歌舞，比他族年輕人還會唱自己的歌、了解自己的文化，也觸發更多的原住民勇於尋找自己。原舞者可說是1990年代，重振民族自信心、文化尊嚴與榮譽感的典型代表。

他們透過表演藝術界的專業協助，注重嚴格的歌舞訓練、服飾的質感以及舞台設計等，將原住民歌舞推上了某程度的藝術精緻度。這個在專業舞團與舞者身上，被視為理所當然的專業工作，對於來自各行各業，甚至中等學歷以下、社經地位較低，殖民傷痕尚未療癒的團員來說，他們的努力與堅持，更讓人覺得不容易。

原舞者當時感動人心的力量，還包括找回傳統的能力——深入部落、嚴謹的田野調查，對部落、原住民傳統文化的尊重與學習。在山地歌舞長期綜藝化、庸俗化，以及漢原二元視角下「好像是、又好像什麼都不是」的藝術歷史脈絡中，原舞者扮演了「導正」的重要意義。這個「導正」的時代意義與脈絡，如1987年落成開幕的「台灣山地文化園區」，在學術單位中研院民族所主持規劃下，強調「文化資產」的觀念，具有導正商業市場中被扭曲的原住民文化的價值。這點從原舞者多次引用國外重要報紙或《村聲報（The Village Voice）》小眾媒體評論，為引薦自己的重要宣傳亦可看出：

舞蹈表現簡樸充滿敬意，一思不苟，絲毫沒有秀場式的花俏與牽強。（《村聲報》）【32】

呈現文化的嚴謹，成為原舞者鮮明的定位，當時的靈魂人物，人類學學者胡台麗有著關鍵的影響。1990年代，是原住民以主體之姿重建文化的時代，同時也是千頭萬緒不知如何找回自己的時代。胡台麗帶著入世精神與人文關懷，走出所謂的門禁森嚴的象牙塔，以自己所學學科方式，專業能力所及，協助原舞者團員找自己。她親自協助原舞者深入部落田野調查，並獲得許多原住民的認同。

原舞者是一個受到藝文菁英、以及許多原住民，包括原住民菁英所推崇的表演團體，再加上人類學專業以及在西方所獲得的聲響，使這個團體所具有的權威性，更為鞏固而不易動搖。但是在1994年，當評論幾乎一面倒地肯定原舞者的同時，胡台麗即提出了反省之聲。在〈從田野到舞台：「原舞者」的學習與演出歷程〉一文中，除了記下她與原舞者結緣以來的所見所感，同時表示原舞者的發展不是沒有隱憂，也不是原住民歌舞文化團體必須仿效的模式。【33】

二、差異傳統與社會現實

　　原舞者成立十年後，2000年代初期，對原舞者有了不一樣的觀察與分析向度——主要從美學與文化再現的角度切入，重新檢視主體，或探討文化殖民的問題。為文者有劇場工作者王墨林與戲劇學者鍾明德；而以行動表現者，則有前原舞者團員之一，阿美族阿道·巴辣夫的劇場實驗。

　　1990年代，最直接撼動權威的觀點，或者說警語，為1998年王墨林點出的「人類學的立體化」，包括原舞者仍不脫打造新國族想像的工具，且原舞者的美學表現用了比較多的「人類學」觀點在下結論。而王所指的「人類學」意義，為「異國情調」的同義詞，擔心民俗舞蹈成了都市人獵奇的對象。【34】然而，當時王所提出的新觀點，並未進入原住民的討論圈引起廣泛的注意。

奧威尼：「原住民為什麼一直在為你們跳舞？因為非讓你們認識我們，所以，不得不用這個方法（指原舞者的傳統歌舞）。」
王墨林：「我永遠沒辦法認識你們！我看了你們一百場的歌舞，我也不可能認識你們。」

　　這是2002年，魯凱族作家奧威尼·卡露斯和王墨林於「升火祭場搭盧岸」劇場研習營中的對話與爭論。【35】對話一直無法交集，在於歐威尼關注的面向，為原舞者可以讓社會大眾認識原住民的優質傳統文化，而非扭曲的山地歌舞。而王墨林關注的面向，則是在長久以來標榜傳統的山地歌舞市場，以及原住民文化重建期幾乎以傳統為歌舞內容的脈絡下，期待透過表演藝術，呈現原住民被忽略的社會現實。

　　2003年，王墨林仍繼續提醒原住民自身

建構的認同論述，有可能如原舞者愈來愈陷入以人類學的術語來表達自己，同時進一步提出原住民劇場的可能性——處理原住民自己與殖民者的關係：

以原舞者歷年來的表演一直未處理自己與「他者」的關係，而一直圍繞在所謂「傳統」歌舞的再現與傳播來看，這似乎也容易把原住民變成非原住民對其文化幻想的一部分，況且這個再現的過程，更否決了原住民創造對於自身所處之當代社會的敘述。【36】

　　這一點似乎亦如孫大川於1991年所提出的憂慮：「人類學的關懷態度，忽略了原住民的真實處境？」【37】原舞者是否落入另一種異己想像？或這是原住民重建正面認同的必經之路？然而，反觀把漢人的傳統祭儀「複製」搬上舞台，似乎沒有。

　　僅是傳統歌舞再現，不僅漢人不易認識現實中的原住民，更無法理解原住民為什麼會變成今天的原住民；漢人也無法認識自己，如果漢人不認識自己以及前人的行徑，如何奢談真正的尊重。

　　原舞者具有「導正」山地觀光與建立正面認同的重要意義。但其一再再現傳統儀式歌舞的方式，卻仍逃脫不了被殖民文化的宿命——「無史」。原舞者於1990年代重要的時代意義，在2000年代成了原舞者的時代困境之一。

三、歌舞儀式與身體美學

　　2000年3月，戲劇學者鍾明德觀賞完原舞者的《祭》演出後，分析演出內容包括兩個部分：一是塞夏族矮靈祭歌舞、儀式及幻燈片說明；二是阿美族太巴塱部落的歌舞、祭儀片段。他的觀後評論與感受如下：【38】

舞者們在大約一小時裡，的確做了相當不錯的展演：他們很認真，做過田野，有人類學的素養加持，……。

文化人類學家在pasta'ai研究上的許多貢獻，可以在舞者的呈現中看出來。但是，她不是位劇場專家或藝術家，而和舞團合作的一些學者專家，墨守成規有餘，要談上「開創」或「創作」就難了。

看舞者們精湛賣力的演出，我無法感覺多少「生命力」。演出都在突顯歌舞、祭儀的程式和意義。

「生命力」，很抽象。鍾明德未明確討論「生命力」是什麼，但卻反指出什麼不是生命力，如「歌舞、祭儀的程式和意義」。而又有多少人對儀式的細節、知識、意義與流程有興趣？

王墨林於1998年即以標題「有生命的傳統舞蹈」，從美學角度探討「生命力」——原住民歌舞中的身體美學，包括動作的力度、機敏、優雅的純熟地步，以及一種即興，自由旋律的恍惚情境。【39】原住民老人的身體美學形式，是公認的生命力與價值。1996年，原住民文學研究者魏貽君認為原舞者有別於原住民知識菁英操練的文詞書寫、言語的喚醒的存在價值，在於「對非菁英的、老人的身體實踐（bodily practices）的重新體認及展演」，以及「將原住民族身體文法向主流社會滲透」。【40】

然而，原舞者所想呈現的身體美學，和其原來想獲致的目的與關懷，也就是老人身體，是有落差的。1998年，王墨林即指出身體取得了一定的主導權，而不是專家強調的形式

保存。九族文化村表演的山地歌舞，就像在原舞者《牽INA的手》中的年輕舞者，不只放縱地唱，更放縱地跳，刻意形塑出原住民身體原始與自然的健康圖像。而他最擔心的是，如果一直著重在儀式的過程意義等，有一天，原住民將發現漢人幫他們保留下來了舞蹈，卻把他們的身體流放了。【41】

綜合上述，「人類學的立體化」，意指紀錄保存、程式意義、差異再現，背後隱含的問題包括缺乏身體美學與歷史、現實關照。不同的評論與關照角度，不等於否定原舞者在不同時代脈絡下的價值與意義。尤其原舞者是原住民最具代表性與影響力的舞團，更需從不同角度提供思考分析。

從關注焦點與取向的轉變，亦反映了原舞者的轉型問題，當「原舞者」在表演舞台上成了一個專職表演團體，它面對的不僅是呈現傳統知識內容與文化特色，還包括如美學表現與現實情感的考驗。從原舞者申請國家文藝基金會補助，是放在文化資產調查研究類、藝術創作類，還是橫跨兩個領域，亦反映了原舞者正面對從文化保存、教育推廣，到藝術創作的轉型。

四、劇場實驗

處理原住民自己與殖民者的關係，這個部分在阿道‧巴辣夫的劇場實驗中，有了初步的嘗試。阿道為1991年加入原舞者的創始成員，原舞者時期是阿道自我認同、田野基礎訓練，以及對表演藝術產生興趣的啟蒙階段。1998年，因差事劇團認識菲律賓當地少數民族所組成的kaliwat劇團，並合作演出《土地之歌》。受到差事劇團團長鍾喬所倡導的「民眾劇場」影響，開始思考戲劇與部落之間的關係，以及如何透過戲劇反映原住民的社會政治

問題。

1999年，阿道與王墨林一同赴日，參與行為藝術的表演。阿道單槍匹馬演出《我的儀式》，是聚焦原住民身體美學的一個重要嘗試。同年，成立「阿桑劇團」，與布農文教基金會文化部負責人依斯坦達霍松安·那布合作演出《把森林交給了解它的人》，這是第一次嘗試呈現社會現實中的原住民戲劇。2000年，於台北文化局詩人節之「原住民詩歌之夜」，演出《Illisin（年祭）的頭一天》，阿道以個人的生命經驗，結合吟唱、歌舞、頌讚與獨白，描述過去不少阿美族人參與北迴鐵路的修築而不幸喪生，而在年祭的第一天，同年齡階層到喪家致哀，唱出哀思之歌的故事。

由於和現代劇場的學習交流經驗與觀念啟發，再加上自身反省原住民祭儀、歌舞「舞台化」後的瓶頸，2001年阿道創立了「漠古大唉（makutaay）劇場」。「漠古大唉」阿美族語為渾沌，有原始、原初狀態的意涵，隱含了該團開創原住民現代戲劇之路，從原點出發的角色。

2002年，與都蘭山劇團合作，與近百的都蘭部落族人，演出《Icuwai Ku Lalan？路在哪裡？》。【42】族人來自各行各業，皆非職業演員。企圖以戲劇帶動社區參與以及凝聚文化認同，是原住民戲劇結合社區居民的新嘗試。「Icuwai Ku Lalan？」阿美族語意為路在哪裡，這句具有都蘭男子年齡階層的傳承、指引青年成長之路意涵的話，被轉換為對於文化快速改變，原有人生之路逐漸模糊，而部落何去何從的問號。

2004年在台東劇團所舉辦的第二屆後山戲劇節中，阿道推出獨自編導的《大洪水》，取材自阿美族神話故事，結合原住民當代處境的議題，以兩條故事線交叉呈現阿美族人在過去與當代，所面臨的不同的生存問題。整齣戲的核心精神點出該神話故事隱含的「問題與出路」的關係，透過神話的隱喻，期望原住民更積極思考如何面對與反省當下問題。

一路走來，可看見阿道從傳統歌舞轉型為現代劇場的企圖，雖然美學表現仍不夠成熟、演員的演出仍顯生疏，但每一次勇敢的跨出與實驗，都是扭轉原住民刻板印象，並一步一步累積與形塑自我的機會。

五、小結

然而，原舞者並非未思圖轉型。懷劭·努法司於《大洪水》演出結束後，鼓勵阿道的劇場發展，另也直言目前原舞者要發展為戲劇的困難，在於成員的專長多為歌舞，缺乏編導、劇本人才。位於紐約由印地安人所組成的「Chuka Lokoli劇場」，其團員認為可以訓練自己的演技，但劇場表現自己最大的問題與困難之一是「寫」，沒有會寫劇本的人才。【43】

這個現實問題，讓我們再回頭思考原舞者是如何活下來的？從瀕臨瓦解到絕處逢生，團員的堅持、作家吳錦發與王家祥組成「原舞者文化界後援會」募款與熱心協助、杯水車薪的政府補助、一個選擇入世精神的人類學者胡台麗、一個藝術行政陳錦誠，硬是撐出了一條存續之路。

1990年代，原舞者的生命力，表現在他們在有限的條件與資源下，撐起一個專業原住民舞團。原舞者成立時的社會情況與現實條件，存在著讓現在人所無法想像的困難。無論是傳統知識、舞台與行政專業等，都必須尋求各方面專業的協助。十年後，「原舞者」要蛻變，跳脫「人類學的立體化」，除了觀念的革新，仍需回到處理現實與實踐的現實問題。

第3節 自動的民族誌：美國印地安與台灣原住民藝術中的純正、差異民族性

一、美國印地安繪畫的純正與榮耀

2004年，美國印地安藝術研究學者潘尼（David W. Penney），將比較文學學者普拉特（Mary Louise Pratt）所提出的「自動的民族誌（auto-ethnography）」觀點，應用於美國原住民平面繪畫的分析。「自動的民族誌」意指印地安人再現自己的方式，不自覺落入殖民者再現異己的邏輯與模式。【44】

19世紀，僅少數印地安人知道使用西方繪畫媒材，具代表性者為文森（Zacharie Vincent，1815-1896）。1870至1880年代間，文森畫筆下的自己，身上總戴有銀飾、珠飾、貝殼珠飾，手裡拿著煙斗與戰斧，頭戴有象徵榮耀的羽毛以及銀製品裝飾成的頭飾，與現實生活中身穿有些破爛的現代服飾相較，有著強烈的反差與突兀感。這些飾品所撐出的傳統盛裝面貌，反映了文森對於傳統與榮耀的印地安人的認同渴望，同時也混雜了這種認同將即將進入歷史的懷舊與感傷。【45】

1910年代後，水彩畫成為印地安繪畫主要表現方式，繪畫主題多為舞者、歌舞與儀式。卡伯提（Fred Kabotie，1900-1986，Hopi）以及馬提內茲（Crescencio Martinez，1879-1918，San Ildefonso），是這個時期的代表性畫家。卡伯提約十五歲時，被送至新墨西哥州聖塔非學校（Santa Fe School）學習水彩畫；而馬提內茲曾受雇於人類學學者兼新墨西哥州博物館（Museum of New Maxico）館長惠特（Edgar Lee Hewett），協助考古挖掘工作以及以繪畫紀錄儀式舞蹈，受到人類學者鼓勵與研究目的的影響。【46】

卡伯提於1919年創作的〈Mixed Kachina Dance〉以及馬提內茲於1916創作的代表性作品〈水牛舞者（Buffalo Dancers）〉，皆以一片空白遼闊的背景襯托出舞者，強調舞者莊嚴的動作，巨細靡遺地繪出身體可見的符號，如服飾、頭飾等。畫家們隱沒所有背景訊息，包括時間、地點、事件，取而代之的是一個「無時間性」的典型儀式。

1920至1930年代的代表性畫家，為五位一起於奧克拉荷馬受藝術訓練的奇歐瓦族青年，被稱為「奇歐瓦五（Kiowa Five）」。作品仍延續1910年代的風格與創作意識，缺乏歷史與時間意識。【47】2000年，於國立歷史博物館展出的「大地之歌：美國奧克拉荷馬印地安藝術創作展」，其中幾件作品即為1920至1930年代的作品。

1930年代，印地安藝術的觀光經濟價值受到重視，這類繪畫更受到國家鼓勵而發展，政府資助的聖塔非印地安學校，即以鼓勵這類繪畫的發展而著名。【48】這類已極為尋常普遍的印地安繪畫，不僅形式、媒材上受到歐美的影響；更深遠的影響是印地安人正以不同於以往的眼光觀看、再現與認同自己，這種繪畫表現正是歐美觀看與形塑印地安文化的方式。

一直持續到1960年代，歷經了約半個世紀，美國印地安藝術才開始產生顯著的轉變，出現了幾位特殊、具革新意圖的原住民藝術家。如受到國際肯定的美國印地安藝術先趨喬治·莫里森（George Morrison, 1919-2000）與亞倫·豪瑟（Allan Houser, 1914-1994），皆以創作實力打破了原住民藝術的既定刻板認知，改寫原住民藝術的定義，並為接續的世代舖設了一條更為寬廣的藝術實驗道路。

喬治·莫里森生長於明尼蘇達州一個人煙罕至的小部落。1946年，二十七歲的莫里森

至紐約追隨、主修抽象表現主義（Cutting-edge Abstract Expressionism）。【49】1940至1950年代，在美國要成為一位藝術家並不容易，當時雖正值藝術格外有創造力的時期，但就連最前衛的現代主義、抽象藝術亦頗受爭議。在此時代背景下，莫里森欲以個人實力在當時美國藝術發展的前端學習與競爭是不容易的。後來，他發展出以水平線條著稱的風格，他被定位為美國藝術家，同時也是印地安藝術家，更被介紹為一位抽象表現主義者。【50】

兼具畫家與雕刻家身份的豪瑟，早期在聖塔非工作室學習寫實但內容脫離現實的淡彩畫，歷經一段長時間與多產的創作階段後，1940年代，他自覺超脫工作室風格，改走雕塑路線，並開始汲取20世紀現代主義藝術養分，尤其注意亨利·摩爾（Henry Moore）、布朗庫西（Brancusi）等藝術家的作品。作品題材仍以傳統印地安形象為主，但逐漸鍛鍊出自我風格。【51】

上述兩位的作品是內涵與形式俱美的代表，另外美國印地安現代藝術的偏峰之一，則是善於批判而著名的Fritz Scholder（1937-）。1960年代後期，他創作一系列表現真實、甚至醜陋的印地安人的作品，其作品擅於以視覺元素，如冰淇淋、啤酒等表現白人文明產物進入傳統印地安文化所產生的現實矛盾，而非一再地歌詠過去，試圖喚起原住民對自己現實的存在感。

二、台灣原住民藝術從靜止的時間到時間感的表現

從泛山地藝術時期一直到1990年代，整體來說許多原住民立體人像雕刻穿上強調民族性的服飾與符號，類似印地安人文森的自畫像；而平面的木雕板浮雕，多傾向「解說性雕刻」，詳細介紹儀式與文化活動，作品中人物身著傳統服飾，少見傳統服飾與現代服飾混搭的普遍現象，類似20世紀中期前描繪傳統儀式與歌舞的印地安繪畫。

這種「脫離現實的純正」的藝術表現，和殖民國家力量尚未進入的傳統雕刻比較，族人並不需要如此刻意觀看與表現自己。這個轉變，混合了殖民異己想像與自身正面認同需求等因素。在和20世紀中期前的印地安繪畫的對照之下，或許更能體會原住民藝術要落實於現實，是一段艱辛的過程。

但有些創作者則呈現更為複雜的心理狀態、轉變與生命經驗。魯凱族素人藝術家杜文喜的平面繪畫作品，多以傳統盛裝人物為主角並佔滿畫面，構圖單純。然而，作品吸引目光的部分則是詳細描繪的傳統服飾形制、圖紋、配飾等圖像所強調的民族性與差異文化，以及畫作上加滿裝飾性的菱形紋圖框，可以想見作者投注相當的時間來處理資料細節。

如1980年代後期創作的〈Pa Sa Gau〉與〈A Ra Se〉，分別是以妻子與自己的名字命名的自畫像，兩位都盛裝出現在畫面上；1995年創作的〈魯凱意象〉，則以圖紋、百步蛇、精美雕刻、羽毛等服飾工藝與打獵表現其對傳統與魯凱勇士的認同；一張主題標示為「順益台灣原住民博物館」的平面繪畫，主要描繪傳統歌舞儀式、神話與習俗等。這類作品的共通點，皆以背景留白方式突顯差異民族性，作品具有強烈的文化解說意圖與文化紀錄性質。

相對於平面繪畫的傳統面貌，立體雕塑則反映出比較多個人獨特的生命經驗，如其堂哥得了痛風而扭曲的手，其中多件以腳為主題的作品表現了作者打獵時的受傷經驗或勞累腫脹。【52】而飛機作品則是追憶二十多年前，因響應榮工處徵召，隨團赴東南亞的搭機經驗。

杜文喜　魯凱意象
1995　綜合媒材、彩繪
木板　245.5×64cm
（高雄市立美術館藏
品，左上圖）

杜文喜　A Ra Se　1987
綜合媒材、布料　183×
90cm（高雄市立美術
館藏品，中上圖）

杜文喜　Pa Sa Gau
1986　綜合媒材　布料
180×90cm（高雄市立
美術館藏品，右上圖）

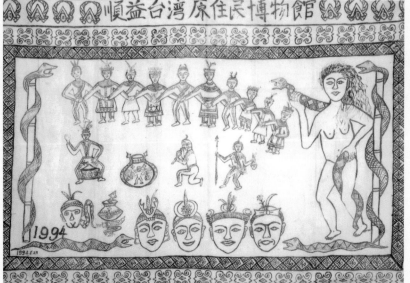

杜文喜　題目不詳（順
益台灣原住民博物館）
1994　（靜宜大學藝術
中心與謝佩霓、杜文喜
繼承人授權，左圖）

杜文喜　毅力　1974　雕塑　Di Ngi La　木　26×15×47cm
（高雄市立美術館藏品）

杜文喜　一腳擎天　1987　雕塑　石材　6.5×11.5×10cm（高雄市立
美術館藏品）

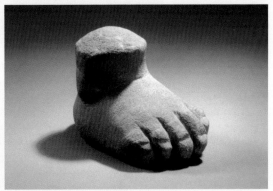

杜文喜　傷‧疲乏　1985　雕塑　公石　16×10×11.5cm（高雄市立
美術館藏品）

撒古流‧巴瓦瓦隆　文化與子孫 1980年代作品（撒古流‧
巴瓦瓦隆提供）

杜文喜　以飛機題材創作　年代不詳（靜宜大學藝術中心與謝佩
霓、杜文喜繼承人授權）

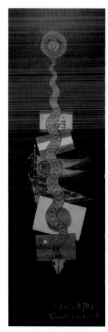

撒古流．巴瓦瓦隆　百步蛇的老朋友　1993（撒古流．巴瓦瓦隆提供，左圖）
撒古流．巴瓦瓦隆　點煙　1997　油畫　64×50cm（撒古流．巴瓦瓦隆提供，右圖）

裝，包括以羽毛、貝殼與獸齒裝飾的頭飾、琉璃珠耳飾、細膩雕塑的煙斗，以及詳細刻出服飾上的圖紋等。撒古流心中理想的排灣族人，卻也是正在消失的排灣族人，反映了當時他對文化消失的焦慮與重建傳統的使命。若和日據時期剛發展的立體人像雕刻或受過部落涵養的力大古比較，他們的作品反而比較沒有刻意表現民族榮耀，卻愈顯焦慮的心情。

　　但撒古流關注的面向並未停滯於傳統榮耀，從階段性的傳統塑像逐漸轉向傳達傳統與現代的文斷層與傳承，如1980年代的陶塑作品〈文化與子孫〉；或不同國家政權的進入，如〈百步蛇的老朋友〉畫面為百步蛇從陶壺穿過高祖父所處的荷蘭與西班牙時期、曾祖父所處的明鄭與清朝、祖父經歷的日治時期，以及父親與撒古流經歷的中華民國政府時期。1996年的〈點煙〉則是描繪1970年代，部落老人第一次接觸燈的反應——將燈視為與火有同樣功能，以燈點煙的景象。

【53】另外一些作品則透露出他所信仰的西方宗教，或一般常民生活經驗。

　　初看杜文喜的作品，除了質樸感外，彷彿進入了「異想世界」——一個混合了既熟悉的生活經驗卻又遙遠的異國情調，所產生的強烈反差，如異國感十足的百步蛇與科技感十足的飛機。然而，正是這種混合，反映了原住民的現實生活與文化變遷。

　　1960年出生的撒古流，高職二年級時，因具有漢語與排灣語雙語能力，被介紹擔任人類學者蔣斌的翻譯與助理，從事排灣族田野調查工作。1980年代撒古流致力於傳統藝術重建，尤其著重田野調查、考證與紀錄，並將訪談觀察一點一滴地紀錄在他的手扎裡。手扎中的手繪稿，詳細的圖解說明，令人印象深刻。

　　從文史調查到藝術創作，考證與紀錄的性格也表現在他於1980年代創作的陶塑人像〈我的舊公〉，細膩地刻出具有民族特色的盛

第4節　差異傳統的定格與放大：顏水龍山胞畫像與民族誌影像中的原住民比較

一、顏水龍筆下的傳統、健美山地姑娘

　　顏水龍是繼日籍畫家鹽月桃甫，第二位持續且大量以原住民為題材作畫而著名的畫家。他們同樣對原住民文化有濃厚的興趣與關懷，並呈現一種理想化的原住民。但鹽月多數

作品傾向表達一種伊甸園情境，類似高更心中那與世無爭的大溪地；顏水龍則是悉心細膩地描繪傳統盛裝，突顯原住民的文化特徵，可看出考究基礎。

顏水龍實地走訪台灣蕃人居地，始於1935（昭和10）年，爲期約一個月的蘭嶼之行。時年三十二歲的他，亦是最早與蘭嶼接觸的台籍第一代西洋畫家。他以蘭嶼女性爲題材的〈紅頭嶼の娘〉，於當年第九屆台展展出，作品焦點爲斜坐地上、姿態婀娜的達悟族少女，以及頭飾、耳飾、項鍊與手環等裝飾品，並以海洋與蘭嶼獨木舟等模糊單純的背景襯托前景。

1936年，以魯凱族女性爲題材的作品〈大南社の娘〉，於第十屆台展展出。這件作品僅畫出主角上半身，以草葉編成的頭環以及琉璃珠頸鍊，格外突出，畫面背景則是單純的遠山與天空。日後顏水龍以原住民女性爲題材的畫作，主要不脫此種突顯民族工藝的表現方式，如約1950年所繪的〈山地女孩〉、1958年的〈排灣少女〉。

光復初期，顏水龍投注心力於漢人工藝產業，以原住民爲題材的畫作較爲零星，但他仍持續關注原住民工藝的現實問題。約同時期，以原住民題材創作系列作品的有木刻版畫家陳其茂，包括〈織女〉（1955）、〈舂米〉（1956）、〈汲水女〉（1955）、〈觀月舞〉（1956）、〈母女〉（1955）等，皆以穿著傳統服飾的婦女爲主角。然而，這幾件1950年代中期的作品，並非如美術史學者蕭瓊瑞所分析：「記錄了另一個生活於政治干擾之外的台灣族群。」【54】反而，這時正是國民政府推動山地平地化，原住民文化被破壞與快速變遷的時期。

顏水龍以「山地姑娘」爲主題的人像畫中，以1978年創作的側面像〈盛裝的山地姑娘〉最具代表性，在台灣藝術史中常被提出介紹。關於這幅畫的評析多聚焦於受到西畫老師藤島武二（1867-1943）的裝飾風格影響，並和藤島武二於1926年的作品〈芳蕙〉比較。【55】藤島武二創作的同類風格作品，還有1924年的〈東洋風姿〉以及1927年的〈鉸剪眉〉。這類作

顏水龍 紅頭嶼の娘 1935 油畫 第9屆台展入選（藝術家出版社提供，左圖）
顏水龍 山地姑娘 1950 畫布．油彩 32×33cm 許鴻源收藏（藝術家出版社提供，右圖）

藤島武二 芳蕙 1926（左圖）
顏水龍 盛裝的山地姑娘 1978 油畫 60.5×50cm（藝術家出版社提供，右圖）

品的共同特色爲「裝飾」，而這點也成了評析顏水龍山胞婦女肖像畫的主要用語。

　　這幾件作品構圖單純，畫中主角半身側面雖佔滿了畫面，但主導畫面的力量，反而是巨細靡遺的圖紋、裝飾品所構成的華麗、高貴的異國文化感，以及令人目不暇給的百合花、耳飾、銀飾、圖紋、百步蛇紋、貝飾、琉璃珠等各種精巧的民族工藝。不同處在於，藤島武二所繪爲典雅細緻的漢人仕女，表現出一種漢文化古典傳統美；顏水龍的「山地姑娘」則是濃眉大眼、寬大的鼻頭、厚實的嘴唇以及褐色皮膚等特徵。

　　顏水龍晚年以原住民爲題材的創作，則是以心中的原住民原型與典型，再重新選擇、組織畫面；或是在造訪部落時，山胞們樂於穿出最好的服飾讓他攝影、繪像。【56】顏水龍晚年所繪的山胞畫像已非現實中的山胞，而是一種「共同傳統」，或著重人物氣質，如尊貴與祥和的營造，是一個美化的原住民。【57】而這點則成爲正面評價這類畫作的美學特色。畫中人物，沒有個別名字，他們共通的名字是「山地姑娘」。

　　顏水龍不厭其煩的仔細描繪傳統盛裝，反映了顏水龍對原住民傳統工藝的喜愛與關注；透過畫作，紀錄細節，具有文化保存的時代意義。但如1980年代末期與1990年代初期，於九族文化村描繪儀式風俗的畫作，如巫術與人頭的畫面，讓人看不出時間，容易誤導以爲原住民文化是活化石。

　　在顏水龍以原住民爲題材的諸多畫作中，少數反映現實的畫作，反而未被著述者所特別提出討論，如顏水龍爲身穿常服的原住民孩童留下的速寫。而這類褪去差異傳統外衣的畫作，在藝術史中並不起眼，除了這類畫作不多外，也反映了藝術史觀看原住民的尋找差異的眼光。

顏水龍　巫術　1990 油
畫　194×130cm（藝術
家出版社提供，上圖）

顏水龍　霧台的山地小
孩　1970 紙、鉛筆、
水彩（藝術家出版社提
供，右圖）

二、民族誌影像中迷人的「鄒族男子」

日據時期民族誌影像中的蕃人姿勢，或者說拍攝蕃人的基本模式，主要採正面或九十度側面照，又偏好攝取腰部以上身體，充滿版面，儘可能使身體特徵與服飾等資料，能清楚地被展示與讀取。

這類影像與顏水龍山胞畫像的代表作〈盛裝的山地姑娘〉非常相似；亦類似拍證件照，臉部必須佔畫面足夠的比例，顯現清晰的五官特徵以清楚可辨。民族誌照片，在攝影不發達的年代，成了彌足珍貴的文化紀錄與保存。後來在人手一機的時代下，攝影成了滿足異國想像的粗暴方式，照片中的原住民個個歌舞奔放、盛裝美麗，即快樂又健康。

每種影像，都是一種觀看方式，都有其拍攝目的。透過這些照片，也反過來讓我們了解拍攝者的觀看方式。民族誌影像拍攝人物的目的與企圖，並不是要辨識這個人的喜、怒、哀、樂等情緒，氣質與性格，當時的環境氛圍，而是抓取能夠清楚辨識的差異知識、文化特性，也就是曾被提出的所謂的「標本」概念。

這類影像後來被用來代表被攝者所屬之族群，或被當作展示主角文物的背景。例如在各人類學博物館的簡介中，被放在介紹所屬族群的主要位置，說明文字則概括簡介該族群的社會組織、生計方式、性別分工與文化特色等。對於該蕃人影像的描述，僅以某族「男子」與「女子」輕描淡寫帶過。人類學報告中的原住民，主要為男女性別之分，並把這些有名有臉的人物，轉移為一種抽象知識系統。

這種展示方式，有其時代與階段性意義。從日據時期一直延用至1990年代，近一百年的光陰，其中一些照片仍被重複使用，這麼多的蕃人照片，看過之後容易被遺忘，只有一個籠統的傳統印象。但卻有一些照片在「不知不覺」中不斷被注意，不斷被選用，甚至成為該族的代表性影像，著名者如「鄒族男子」。

這張盛裝的「鄒族男子」影像，在1935年鈴木秀夫編著的《台灣蕃界展望》中，特別被放大滿版，圖說標示為「台南州特富野某頭目」，並僅強調他那以帝雉、山雞、雄鷹的尾羽製成的頭飾此民族文化特色。【58】1935（昭和10）年6月1日，《理蕃之友》第四年六月號推介《台灣蕃界展望》一書時，這張照片被挑選出作為該期的蕃人影像欣賞。【59】1988年，在《人類學家的博物館：中央研究院民族學研究所博物館》一書，介紹鄒族的社會文化與物質文化單元中，這是唯一被選用的鄒族人像影像。【60】

這張照片亦被選用於書籍與海報等最重要的封面，包括：1995年於順益台灣原住民博物館展出，由鄒族人浦忠成、汪明輝共同策劃、山海雜誌社編輯之「Hupa Hosa Kuba鄒族的生活世界」特展專輯封面；2001年，由林道生所編著的《原住民神話、故事全集(1)》，內含泰雅族、賽夏族、布農族、鄒族、魯凱族、排灣族、卑南族、阿美族與雅美族等神話故事，封面則獨選這位「鄒族男子」；2007年2月，嘉義縣阿里山鄉特富野部落，鄒族「Mayasbi」祭典之宣傳海報，也是以這位男子影像為主角。

從日據時代至2000年代，從書籍、報紙、刊物、展覽到活動海報，這張照片不斷被選用與強化，是民族誌影像中的一個「例外」。這位「鄒族男子」已成為鄒族的代表性人物與經典照片，很難被忽略，為什麼？特別帥氣挺拔、英姿勃勃？他到底是誰？這個讓人印象深刻的「鄒族男子」，會不會是該族極為重要的人物，當時的他幾歲？具有許多的想像空間。但從現有的資訊或知識，仍只能知道是

台南州特富野某男子 圖片來源：鈴木秀夫編（1935：50，左圖）
2007年鄒族「Mayasbi」祭典之宣傳海報（張至善攝於2007，右圖）

個「鄒族男子」。

這張照片的拍照方式，有別於正面與90度側面的「立正站好」姿勢，稍微側身，很有精神地將粗壯的手臂交叉置於胸前；有別於眼神呆滯茫然地臣服於攝影鏡頭，他眼神炯炯有神地凝視前方，似乎帶有某種自信。他身著傳統盛裝，該被介紹的文化特徵都穿在身上了，並透過身體展示出來；但難掩的自信，卻從他的眼神與肢體透露出來。

有趣的是，這位「鄒族男子」能在眾多的民族誌照片中，吸引目光、持續使用，或許不在於民族誌影像的本來目的——標本式的展示知識與文化特徵，或許反而是因為這張照片似乎符合殖民者，或者說，我們看自己的方式。

三、小結

文化藝術評論家約翰‧伯格（John Berger）在《觀看的方式》一書中，分析男性觀看女性的方式，女性主要是用來取悅男人。他反向思考，如果讀者對他的觀點有疑義，可以試試下面的實驗：從該書選出一張傳統的裸體畫像，把圖像中的女人置換成男人，然後注意觀察這樣的置換會造成多大衝擊——不是對影像的衝擊，而是對觀看者既定成見的衝擊。[61]

也許，我們也可以試著把顏水龍的山地姑娘改成漢人姑娘、把原住民木雕中的傳統人物改成漢人傳統人物，把原舞者所呈現的儀式改成漢人宗教儀式，把民族誌影像中的蕃人改成漢人。想像一下，會不會有如女性裸體置換成男性的衝擊？

無論是原舞者的傳統祭儀與歌舞、撒古流理想中的傳統排灣族人、平面雕刻中的傳統文化儀式紀錄，以及顏水龍筆下的山胞畫像，

這類作品的基礎，必須有基本或嚴謹的考證或研究，作品具有濃厚知識取向，以及文化保存的階段性意義。他們對傳統文化的關懷當然無庸置疑，這亦是展開認識原住民文化的起點與基礎，但是當這種藝術表現持續到2000年代並成為一種普遍現象，不免讓人擔憂，不僅作品未反映出時代的變動，原住民藝術仍未自覺到自己以一種別於以往的觀看方式，在看自己。

【註釋】

1. 王墨林企劃、編導之《TSOU・伊底帕斯》，分別於1997、1998年先後於北京、台北兩地公演。
2. 2005年，拉黑子訪談紀錄。
3. Penney（2004：190-194）
4. 「比猛獸更恐怖的生番」出自黃土水（1922）。〈出生於台灣〉。《東洋》。轉引自顏娟英（2001：127）。
5. 陳昭明譯（1993：367）。原文刊自（1920.10.18）。〈從「蕃童」的製作到入選「帝展」——黃土水的奮鬥與其創作〉。《台灣日日新報》。
6. www.aerc.nhcue.edu.tw/8-0/twart-jp/html/ca795a.htm（2006.3.20參考）。
7. 台灣空中文藝術學苑〈第72集其他篇文化政策與思潮（2）土與多元化的文化建設〉http://www.tpec.org.tw/air-art/learn/learn021103.htm（2006.1.17參考）。
8. 姚德雄（1990：16-18）。
9. 同註7。
10. 陳嫚寧計畫主持（1991：266、460）。
11. 台閩地區公私立博物館巡禮 http://park.org/Taiwan/Culture/museum/twnmsu/sec088.htm（2007.3.11參考）。
12. 孫大川（1991：119-120）。
13. 許木柱（1985：113-120）。
14. Clifford，2002: 231.
15. Nahwooksy and Hill ed.2000：14.
16. 呂理政主編（1988：30-39）。
17. 林勝賢執編（未標示：36-44）。
18. 李泉裕總編（1997：59）。
19. 筆者於2007年參觀該展示，已未放置著傳統排灣族服飾的男子模型。
20. 此件作品圖版詳見本書3-2章第1節賴福隆作品介紹。
21. 黃國恩、林頌恩編（2001：89）。
22. 依據森丑之助於1924年（大正13年）於《台灣時報》發表的〈生蕃行腳〉一文指出，古樓社頭目的祖先，是從Puntei社（今屏東縣泰武鄉佳興村）分出的，已經歷了五、六代。因為和佳興社有密切的關係，古樓社擁有優秀的自用工藝品，都是熟練於雕刻的佳興社作品（森丑

之助原著、楊南郡譯註，2000：242、243）。古樓與佳興部落木雕的關係，需進一步探討。
23. 此件木雕因該展歷火災影響而置換為木雕屏風。
24. 引自行政院原住民族委員會文化園區管理局網站 http://www.tacp.gov.tw/INTRO/CUL/art.htm（2006.4.27參考）。
25. 王嵩山（2001：116-117）。
26. 程延年（1997.12.15）。
27. 與徐雨村、曹秋琴、郭美芳、楊翎、廖紫均合著。
28. 瓦歷斯・諾幹（1994：13）。
29. 孫大川（2000：148）。
30. 引自林靜宜編（2001：53）。
31. 同上註。
32. 轉引自同上註，101。
33. 胡台麗（1994：45）。
34. 整理自王墨林（1998：99-100）。
35. 史前館2002年「微弱的力與美特展」系列活動，由漠古大唉劇場策劃，史前館共同主辦。
36. 王墨林（2003：79-80）。
37. 孫大川（1991：119-120）。
38. 以下三段評論引自鍾明德（2001：337）。
39. 王墨林（1998：100）。
40. 魏貽君（2003：129）。
41. 王墨林（1998：100-101）。
42. 此場演出為國立台灣史前文化博物館「微弱的力與美：當代台灣原住民創作的文化展現」特展活動之一。
43. Elizabeth Theobald，1994:161.
44. 轉引自Penney，2004: 193.
45. 同上註42，190-192。另參見Sturtevant，1986:40.
46. Penney，2004: 196.
47. Penney，2004: 196.
48. 同上註，198。
49. 抽象表現主義於起源於美國，盛行於1940年代中期至1950年代（羅伯特・艾得金著、黃麗絹譯，1996：36）。
50. Penny, 2004:203-204. Lowe, 2004.
51. Penny, 2004:200. Lowe, 2004.
52. 參見陳秀薇等執編（2006：128-132）。
53. 謝佩霓（2002：15）。另徐文瑞（2001：51）指出杜文喜的作品自傳意味很濃，如飛機是他服役空軍的記憶等。
54. 蕭瓊瑞（1997：94-95）。
55. 參見莊伯和（1979：9）、莊伯和（2005：8）、涂瑛娥（1998：96-97）。
56. 莊素娥（1992：30）指出，顏水龍近年來有不少山胞畫像都是依據他早年收集、拍照的舊稿、照片所畫成的。
57. 莊素娥（1992：30）指出，顏水龍畫原住民並不著重於寫實，而是用概念式的記錄方式，去呈現他們大大的眼、黑黑的皮膚及厚厚的唇，所以許多原住民畫相貌都差不多。他所要表現的是原住民的共同傳統，樸實、善良、健康、勤奮。類似的觀點參見涂瑛娥（1998：94）。
58. 鈴木秀夫編輯（1935：35）。
59. 昭和10年6月1日。《理蕃の友》，3。
60. 呂理政主編（1988：24）。
61. 約翰・伯格著、吳莉君譯（2005：79）。

4 穿透隔離界線：
台灣原住民藝術的「現代性」探索

「現代」一詞，含義雖然因時而異，卻是一再用於表達一個新紀元的自覺意識，把當今的時代和遠古的過去連結起來，視自己為從舊時代過渡到新時代的結果。

——尤根・哈伯瑪斯（Jürgen Habermas）[1]

1990年代後期，陸續出現原住民「當代」藝術與「現代」藝術的字眼。探討原住民現代藝術時，不免先聲明和西方世界的現代藝術有所不同。但有何不同？尚未有更多面向的深入討論。

西方藝術的現代主義包含不同派別，雖然不同派別也有彼此互不相容，甚至偶有對立的情況，但他們都有一個共同點，是對自然主義與學院派的反動，傾向實驗以及有關藝術本質的探究。[2] 由此觀之，這是一個具有藝術史脈絡的藝術運動或潮流。原住民現代藝術的「現代性」，亦非憑空出現、想像與界定，必須了解和之前藝術的關係與社會歷史脈絡；和傳統的有機連結、對話是什麼？為傳統的土壤引進什麼樣的新耕法？「從舊時代過渡到新時代」的思想覺醒維度是什麼？

然而，「從舊時代過渡到新時代」，多是籠統而空泛地被套用在簡化的傳統與現代、傳統與創新界分的公式中。這種二元比較方式，因未得到更深入的延伸討論，而導致了議題的疲乏。有些木雕比賽僅以形式的改變，或只是改良，如將傳統符號轉印在現代生活器物上，或僅以純藝術分類，來作為「現代」與否的標準。這種速成的「現代」意義，就如以為放個符號，即可等於文化傳承。「現代」意涵，還未充分討論，已面臨浮濫。

台灣原住民的藝術表現主要歷經三個階段，惟此分期為一權宜之計，需避免以此分期，忽略其他的細膩面貌：一是1990年代前同化殖民時期的「泛山地藝術」；二是1990年代交雜的文化殖民所操控的傳統、傳統藝術重建以及去殖民想像下尋找殖民前的榮耀的「泛原住民藝術」；三是1990年代後期至今，剛發展、勇於呈現文化混雜面貌的現代藝術，其自覺反動意義主要表現在幾個重要面向：

一、自覺漢原二元視角下「好像是，又好像什麼都不是」的美學突變與庸俗化，更多創作者投入民族藝術根源的重建與轉化。

二、「原住民性」內涵的轉變：從「泛山地藝術」、去殖民想像下的「泛原住民藝術」，到反轉刻板印象的「原住民性」的建構。

三、藝術回歸人性，同時關注普世價值與差異特色。

四、從部落與族群認同、泛原住民認同到逐漸浮現的個人經驗與風格，從自我出發回應時代。

如果要將這個時期的新藝術趨向，具體說出特色，而非先急著定義它，在於這個自覺意識到的「從舊時代過渡到新時代」的反省或突破，不僅是母族與自我、習俗與自發、傳統與創新、世界與在地之間的問題，更是一場殖民與獨立的美學戰爭。

因殖民影響以及自身安全所構築的隔離防線、差異邊界，開始鬆動、出現缺口。即使，只不過是個小小的缺口，卻讓凝結的時間開始繼續流動，成為一條緩緩地流經一個又一個生命風景的河流；讓防堵與壓抑已久的情緒洪水開始疏通。雖然，流動與疏通的速度仍緩慢，但原住民藝術的定義也在這個過程裡一點一滴地慢慢被改寫與創造。

第4-1章 從文化消失到藝術呆滯：原住民現代藝術的發展取向與藝術生態

1990年代前，國家政策與資源下的原住民藝術，主要為「傳統文化」、「文化資產」等概念，觀光地區、商業市場與政府機構等有限空間，是原住民藝術殘存或求生存之處。許多原住民木雕藝術工作者，在市場兼顧餬口的學徒與代工時期，習得基本雕刻技術，再走入藝術創作，例如達鳳、阿水、林益千等，與主流藝術在官辦美展、藝廊與美術館等的發展生態不同。

1990年代，台灣原住民藝術開始強調與建立自身的主體性，是原住民藝術發展轉折處的一個重要分期，原住民藝術主要有三股脈動交疊前進：一是族群傳統藝術復振，二是政策下的文化、藝術產業，三是強調個人風格的純藝術創作。

1990年代的文化活動與產業，主要為國家政策所主導，國家操控下的藝術表現主脈，主要為傳統取向，且多將其劃分為工藝類別。當政府的原住民藝術支出與政策以及學術語言佔最大比例，自然成了這個社會觀看與思考原住民藝術時的主要方式；也由於原住民藝術缺乏批判反思與制衡的力量，相對使得政府與學術的角色更形吃重。拉黑子‧達立夫的反省，即反映了這個現象：

原住民應該用自己的想法去創造自己，而不是靠政府或學者來證明原住民的存在意義。我自己剛開始踏入這份工作時，也一直被政府與學者影響，讓我走偏了。

1990年代中期，強調個人風格、移去實用功能的純藝術，逐漸陸續發跡。自覺從舊時代走出的現代藝術，雖不等於純藝術，但傾向純藝術的發展。其中不符合既有觀念的作品，在官方場域較為沉寂，仍是一股潛藏的伏流。

他們在野地裡自行尋找出路，缺乏政策計畫的資源，或自覺與官方保持距離；缺乏學術的關注與介入，或學術田野不易進入；缺乏觀光的青睞，或自覺超越市場運作。其中有些人自覺從既有的控制區慢慢走出來，試圖在制度外找到發展的新契機；也因剛起步階段，較少殖民監視或制度關注，而有了喘息的機會與空間，反而比較能夠得到反省與革新的力量。

1990年代後期，這股潛藏的伏流逐漸浮上檯面，並翻轉為原住民藝術的重要發聲方

式。台灣原住民藝術長出了一個嶄新的面貌，進入了重要的轉變期，一個價值取向不同的新藝術與生態正在成形、匯集。這個轉變的核心思考與注意力，從文化消失而要文化保存的思考模式，轉向關注「藝術呆滯」的美學問題。這個社會逐漸用他們的眼睛看原住民藝術。

2000年代，原住民現代藝術創作者才開始有比較多機會參加官方藝術展覽，或獲得博物館與美術館的典藏。但原住民現代藝術多仍在各自努力、自我摸索中前進，並面臨深化與精進、穩定成長的問題；再加上缺少學術深化新現象與概念，而使得原住民現代藝術的意涵仍顯模糊。

一、1991年，《雄獅美術》打開原住民藝術現代性議題的討論空間

1991年，在本土化時代背景下，《雄獅美術》認為原住民藝術是回頭探索本土的重要代表，又思考報導原住民藝術的角度應該有所突破下，策劃「新原始藝術特輯」，如策劃者王福東：

這個報導的想法是源於自己認為本土藝術應該回歸本土文化的崗位，尤其是在我們的新文化尚未被界定，而前衛藝術正值混亂之際。我想，藝術是否該以一種尋根的方式重新再出發？【3】

在此時代背景下，使原住民藝術再次獲得被主流藝文界閱讀的機會。專輯受訪者之一，卑南族木雕創作者哈古，因作品有別於以往的「原始雕刻」，具有「明顯的現代雕刻風格」，且作品數量完整，受邀至台北雄獅畫廊舉辦「頭目的尊嚴：哈古木雕個展」。

個展期間，該雜誌另舉辦了一場「原住民文化的蛻變」座談會，邀請本土作家黃春明、藝術史學者石守謙、原住民作家瓦歷斯·諾幹和哈古一同討論「原住民文化失落的問題」、「原住民的美學教育」以及「原住民藝術與現代藝術的關係」等議題。

在本書第3-2章探討哈古作品的「現代性」意義中提及，若以立體與日常生活題材為原住民現代雕刻的標準，原住民木雕藝術的現代性，似乎早於日據時代就已發生，惟此現代性並未被討論建構。

而「新原始藝術特輯」、哈古展覽與座談會，在當時主要為官方所操控的傳統取向的展覽活動中，則是打開了原住民現代藝術的討論空間，具有現代議題開發的重要起步。惟在當時的意義與後續影響力，又是什麼？【4】

哈古雖不善於漢語表達其創作概念或觀點，但其描繪生活現實的立體作品，有別於脫離現實的泛山地雕刻，對當時主流藝文界產生了極大的視覺衝擊。在此時代背景與藝術表現脈絡下，哈古被視為原住民現代藝術一個較為清晰與重要的起步。

此特展雖引起當時媒體一陣騷動、持續發燒的大篇幅報導，但哈古作品中的現代意義，並未引起媒體太多注意，主要切入角度為「素人」與「頭目」所帶有的傳奇性。如被喻為可媲美1976年「洪通畫展」的盛況，而「第六十九代頭目」與「哈古」，這個兼具遙遠的異國想像，則一再被媒體強調。

洪通以奇人奇畫崛起，畫作中從廟會鄉情孕育出民間造型的特殊語彙與絢麗色彩，一度引起藝文界的關注並熱烈報導。在1970年代鄉土意識高漲的形勢下，被塑造為最具代表性

的鄉土藝術家。【5】哈古被《雄獅美術》發掘前，雖具有頭目身份，但主要工作爲一農夫，雕刻養成主要爲從小的興趣、天份，以及自學而成，在1990年代本土化風潮的時機下，比較是被動地被塑造爲本土藝術代表之一。

哈古傳奇與媒體好奇，雖使哈古成爲一個受人矚目的現象，但同時也淹沒了哈古作品的時代意義，僅能在小眾的圈子裡，爲少數藝文人士所珍視。其作品在原住民藝術發展脈絡中極爲重要的現實精神，在當時與後續，皆未被充分認識與了解，而未引起更具影響力與持續力的效應。

美術界所打開的哈古熱潮過後，1990年代，國家政策資源下開始推動傳統取向的文化藝術活動與產業。哈古這個展覽，在同化殖民時期的「一片傳統」中突圍，但也在文化殖民以及文化重建期下的一片傳統中淹沒。在學術領域中，哈古則未引起太大的反應，僅許功明於1991年以〈族群藝術的尊嚴——哈古雕刻展有感〉一文正面鼓勵。【6】

二、潛藏的浮流：個人風格意識的浮現與表達論述障礙

現今幾位較早自覺朝個人風格發展的創作者，主要於1980年代末期與1990年代初期原住民主體意識啓蒙之際發跡，如排灣族藝術創作者伐楚古於1989年返回部落先學習傳統木雕、阿美族創作者達鳳於1989年開始接觸木雕、拉黑子·達立夫則於1991年返鄉從事文史調查與木雕創作。值得注意的是，這幾位創作者多受原住民社會運動啓蒙，而非國家文化政策帶領。

1990年代中期，當時的展覽反映了兩股明顯不同的脈動交疊前進。1996年，原住民家政推廣政策成果「台灣原住民手工藝展」於台北中華工藝館展出時，上述幾位代表性原住民木雕創作者，才剛開始於民間或大專院校之藝術中心嶄露頭角，如1996年於花蓮展出的「阿美族木雕藝術祭聯展」，爲阿水、希巨·蘇飛、林益千、黃約瑟、達鳳等中生代創作者的代表性聯展，參展作品已可看出嘗試新表現形式的企圖。

同年，拉黑子·達立夫的作品因無可辨識的原住民形象或符號，以不是原住民藝術的理由被東管處退件，比賽背後的評審標準，反映了當時的原住民藝術觀念。但此事件在當時並未引起太大的波瀾反應，也未如1991年哈古被發掘的時機，並引起主流藝術界與媒體的注意。從1993年椅子系列、1994年阿美族女性的抽象表現、1995年「太陽之歌」與「舞者」系列，已觸及對殖民的反省。這段期間，拉黑子·達立夫並嘗試與部落環境結合的作品展示方式，以表達作品與部落、自然、地理環境的關係；惟此想法未成爲受到廣泛注意的藝術事件。

這股浮流以及拉黑子事件，模糊未引起重視，除了根深蒂固的原住民藝術認知，政策網路下的傳統取向，作品仍不夠強到引起主流的關注外；也和原住民藝術議題本身的邊陲、無相關藝術世界配套的支持網路，以及藝術創作者受制於漢語表達與論述能力等有關。

當時他們的作品缺乏完整有系統的紀錄與介紹，反思或突破則缺乏即時同步的定格討論，以作爲深化研究論述的基礎。另外，未提昇到公眾討論，也就不易引起社會的廣泛迴響，而使得其當時的影響力有限。

主流藝術世界已擅長的藝術觀點、評論、配套與策劃等，對原住民藝術來說，仍很陌生與薄弱。雖不奢望原住民藝術創作者寫出自己的創作理念，但不同的文化背景，再加上

拉黑子.達立夫 「驕傲的阿美族系列」於部落海邊 1993（拉黑子.達立夫提供，上圖）
拉黑子.達立夫 「末始系列」於部落瀕海水田 1999（顏霖沼攝，下圖）

教育立足點的不平等、語言弱勢等，使得許多原住民藝術創作者有著有口難言的無奈。如拉黑子自我剖析受漢語寫作與表達的限制：

我像大多數無法接受完整漢語教育的部落青年一樣，從小生長在部落裡，母語說得非常好。在某些特定的場合，有對族人發言的資格，並因言談內容的精采而得到老者的讚許。

但是漢語書寫的能力僅有國中程度。……加上後天環境的要求與個人的努力，說國語的能力達到足以受邀上台演講的程度，但是離我想要用中文將我所想所說的完整記錄下來，還是有一些距離。這中間又常常面臨文化上的差異，

以及選擇用文字或語言為媒介所傳達出來的不同效果。【7】

另外，原住民藝術創作者身兼太多角色，在實踐的同時已無餘力建立評論與論述等。如尤瑪·達陸：

原住民藝術的論述很弱，因為我們還沒有那個條件。我不可能，我們要處理許多部落的雜事。立足點是很不一樣的。原住民只能用實踐的成果來說服他們。【8】

1997年，安力·給怒受訪時提出關於原住民藝術現代性的討論，他將原住民藝術與台灣美術本土運動比較提出：「隨著台灣美術本土化運動，連帶的衝擊到原住民藝術，而原住民藝術的自覺運動，不是回歸的問題，因為未曾走出，何須回歸。」因此，他認為吸收現代藝術思潮與擺脫僵硬的傳統模式，是原住民藝術工作者努力的方向。【9】然而，原住民藝術「未曾走出」的問題，不僅是走出傳統包袱，還有未走出殖民影響的問題，但後者常為原住民所忽視。1998年，安力·給怒為文〈台灣原住民藝術「傳統與現代」的課題〉，則為原住民發出的一篇最早探討現代議題的藝術評論。

三、過渡期的藝術現象

1990年代初期開始的產業政策，主要為傳統與工藝概念；1990年代中期浮現的創作意識，則開始有明顯的純藝術導向。這個過程，出現了過渡不定的藝術面貌，如未釐清創作與觀光商品、工匠與設計的差異，也就面臨了不知如何轉型的問題，種種展覽怪現象於焉產生。

1999年，行政院原民會於國立歷史博物館舉辦「原住民的工藝世界——傳統、創新與商機研討會」，因應了1990年代原住民藝術群起的各種變貌與現象，從人類學、藝術、經濟以及原住民自身觀點等面向切入與跨界討論。從學者所使用或權宜之計「新創」的詞彙，反映了許多過渡現象。如從謝世忠所使用的「新傳統」、「新工藝」，主要反映了原住民傳統藝術的轉型；江韶瑩所稱的「類工藝」、「類藝術」，反映了原住民各種藝術表現以及定位尚未清晰。【10】而研討會的論述仍多以現象討論原住民藝術，缺乏具體細膩的作品分析，亦反映了當時具有個人風格的作品未受到普遍的認識肯定，或尚未被學術發現或觀照到。

原住民藝術重建初期，常被強調沒有「藝術」一詞。推廣這個觀念的代表性人物撒古流轉譯的是：「排灣族沒有『藝術』、『藝術家』的字眼，我們把做刺繡、雕刻、舞蹈的人叫做pulima，是『很多手的人』」。「lima」排灣族語為完整、創造之意。【11】沒有藝術一詞的強調，或在於突顯部落藝術和社會文化有著密切複雜的關係，與生活密不可分；同時希望看待原住民藝術能了解藝術背後的脈絡，避免以主流社會的藝術觀念待之。1999年，於原住民文化園區舉辦的「原住民藝術工作者培訓營」中，研發排灣族琉璃珠的雷賜，則因應原住民藝術的轉變有不同以往的觀念：

當我們用自己的想法能夠分別，什麼是藝術？什麼叫工藝？什麼叫商品？我們才能真正的表達自己。【12】

到了2000年代，沒有藝術一詞之說，逐漸不適切當今原住民藝術的各種面貌，但也似乎產生一種矛盾，原住民傳統藝術的多樣性，是否逐漸朝向主流社會的藝術價值與分類方

式，或可以是原住民藝術的新增選項。雷賜認為原住民需釐清究竟什麼是藝術、工藝、商品，才能進一步思考與創造另一套屬於原住民自身的藝術價值。一直到1999年，拉黑子·達立夫於公共場域正式提出原住民現代藝術的討論。

四、1999年，拉黑子·達立夫吹起現代藝術的第一聲困惑號角

（一）現代藝術與藝術家定位的提出

1991年，主流藝術界期待哈古的作品能夠是原住民現代藝術的啟發；1996年，拉黑子作品引發的「什麼是原住民藝術」的問題，則成為1990年代末、2000年代初期，原住民現代藝術討論的引爆點。哈古之後的現代性議題討論的真空期，被拉黑子事件所補上了。

1999年，於台灣原住民文化園區管理局所舉辦的「原住民藝術工作者培訓」，邀請了當時具代表性的藝術創作者，如撒古流、伐楚古、拉黑子、達鳳與飛魚等。其中，拉黑子於會場發表「原住民藝術創作的現代化」演說，這是第一次由原住民於公開場域，正式提出的現代性討論並明確提出個人藝術家的定位。相對於哈古的被動，拉黑子自覺提出主張，以及實踐開拓的藝術新疆界，是觀察分析原住民現代藝術的重要指標。

在這場演說中，他說明創作過程中的深刻反思與警覺，包括對於既定原住民藝術認知的疑問、觀察與反省，並以創作實踐來釐清、回應與挑戰那無庸置疑的原住民藝術認知概念。後續他仍在其它公開場合不斷地提出此反省，再加上他的作品逐漸受到肯定，使得他得以在原住民現代藝術萌芽階段，大幅度地影響了原住民藝術的現代觀念。

（二）現代藝術概念發展的後續效應

2000年，因拉黑子事件的觸發，促使布農文教基金會舉辦「第一屆台灣原住民現代藝術座談會」，更催生了「原住民現代藝術中心」，如該中心催生者依斯坦達霍松安·那布於2002年「第三屆台灣原住民藝術創作研討會」中追憶：

> 第一屆之前的四年前，拉黑子·達立夫的作品送至海線的東管處被拒，被拒的理由是「看不到阿美族的味道」、「沒有這樣的阿美族作品」起，開始思考什麼是阿美族藝術。是圖騰？歷史文化傳說的圖像嗎？或許是，但也可能不是。總是在原住民創作者中撩起了這樣討論的風潮。也是在激辯中催生了台灣原住民當代藝術中心。【13】

在第一屆台灣原住民現代藝術座談會中，「什麼是原住民藝術？」成為發人省思、引人議論與困惑的問題。爭議與困惑，意味著開始思考、探索，有一種熱絡過頭的冷靜，有利於反思。在此之前，原住民藝術少有普遍的困惑，就如哈古現象也未激起深廣的困惑漣漪。這個議題，有別於長久以來對原住民藝術陳腔濫調的吹捧，啟動了原住民藝術極為缺乏的反思與懷疑力量。

這個具有論壇性質的座談會，啟動了以原住民現代藝術為核心議題的公開討論。策劃者之一、原住民現代藝術中心主持者林育世（1968-），以他所學背景，邀請主流美術界專業人士參與討論，希望借助美術界的觀點與力量深化原住民現代藝術論述。可惜與會者對原住民藝術缺乏長期持續的觀察與關注，對此議題普遍不瞭解，僅多就個人的藝術創作、研究或行政專業經驗，給予建議。如藝術評論者黃海鳴指出，從來沒想過原住民現代藝術，也反

映了原住民現代藝術與議題才剛發展。

五、實驗的土壤：布農文教基金會原住民現代藝術中心

2000年代初期，原住民現代藝術剛起步，其概念雖仍模糊，但所欲爭取更寬廣、更自由的創作空間卻非常清楚。「布農文教基金會原住民現代藝術中心」此藝文組織與文化行政管理的出現，成為建構原住民現代藝術的顯著力量。

（一）你不要的我來收：1996年當代原住民藝術蒐藏與創作者駐村

1995年，布農文教基金會為台灣原住民所成立，具有重要的主體自主指標意義。然而，「大多數觀光客來，還是想看唱唱跳跳的歌舞。」依斯坦達霍安·那布無奈的表示。因為不想完全與觀光的異國想像需求妥協，他開始思考如何和九族文化村的經營模式有所區隔，也因此成了將當代原住民藝術引入布農文教基金會布農部落的關鍵人物。

1996年，在原住民還我土地運動中，那布巧遇了正在和哈古學雕刻的卑南族藝術創作者伊命（1966-），並邀請伊命駐村雕刻。同年，拉黑子的作品被東管處拒絕後，曾於1995年向拉黑子拜師學習的伊命，引介拉黑子至布農文教基金會創作。於是，兩人受到基金會在觀念與經濟上的雙重支持，駐園現場創作，並於1997年以兩人的部落生活環境為題舉辦跨年展「山與海的呼喚」。

拉黑子被退件的作品，則轉由布農文教基金會蒐藏。在原住民現代藝術剛起步階段，布農文教基金會的蒐藏，是被博物館忽略、或尚未引起博物館注意的作品。基金會亦成為還未獲官方認同，或不願參與官辦展覽的藝術創作者一個重要的發表場域。他提供的正是最有希望、但也最脆弱的新生命，剛開始蛻變成長，最需要的雪中送炭，而非錦上添花。

沒有一流的典藏設備，缺乏藝術品的保存專業知識，當時「你不要的我來收」，包容與開展了原住民藝術的多元契機，留下了許多原住民現代藝術創作者發跡時的作品，記錄了原住民現代藝術萌芽時期的成長歷史。目前布農文教基金會仍是原住民現代藝術作品典藏最多，也較為完整的民間單位。

1999年，布農文教基金會舉辦「山、海、太陽光：布農部落原住民環境裝置藝術聯展」，為原住民民間藝術組織第一次舉辦的重要展覽。參展者為當時最具代表性的中生代創作者拉黑子·達立夫、林益千、撒古流與伐楚古等。

（二）2000年原住民現代藝術中心成立

1999年，阿水曾倡議組織「台灣原住民藝術發展協會」，可惜因缺乏組織統籌與策劃的藝術行政專業，使得這個組織的聲音小到常只能傳給自己的耳朵聽且無法持續。2000年4月，布農文教基金會正式掛牌成立「台灣原住民現代藝術中心（Taiwan Aboriginal Modern Art Center）」，對於原住民、尤其東部原住民現代藝術的區域發展，扮演了階段性、極具影響力的角色。這是官方體制外，第一個有計畫持續推動原住民現代藝術的民間獨立組織。

中心主持者林育世指出：「這個中心的第一階段目的，在於使原住民藝術創作者有一個展出作品的空間，並在日後的展覽裡慢慢建立起當代原住民藝術的內容。」【14】展場空間雖約只有十六坪小，卻提供了當時原住民現代藝術最為缺乏的實驗空間；並使原本零星發展的原住民現代藝術，有一個長期累積的專屬固定空間。中心成立後，密集推出個展、舉辦研討會，持續蒐藏仍未被官方計畫性蒐藏的當代

原住民作品。從展示、蒐藏與建立基礎資料庫
等面向，推動與經營原住民現代藝術。同時整
合藝文資訊，協助藝術創作者申請補助等服
務。藝術經紀人與藝術行政的參與介入，鼓勵
了現代藝術創作風氣，但也有極為明顯的純藝
術導向企圖。

（三）區域發展

　　在官方與文化機構尚未正視原住民現代
藝術時，2000年，這個組織在原住民藝術界產
生極高的凝聚力，猶如磁鐵般，成為原住民藝
術創作者自在停駐、集結與交流的文化據點。
更成為非學院出身、缺乏學習養成管道與支援
的原住民藝術創作者，一個獲取資訊的空間。
原住民藝術資訊在這裡交流與傳播、原住民藝
術思想在這裡激盪與衝撞、原住民藝術人才與
作品在這裡被發掘。尤其許多的「會後會」，
逐漸凝聚、累積原住民現代藝術的力量。

台灣原住民當代藝術中心展示空間（鄭桂英攝、布農文教基
金會提供）

串起心世界
林玉蘭
比耀‧娜露伊珠串個展

不舞個展

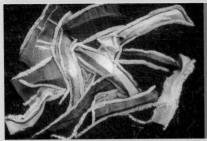

野地裡的石披
張梅娘個展
Lahouk

展期 2003/7/6~9/8

探尋
蔡貴松陶藝個展

嘎木里‧伯冷
方福明木雕個展

2003/10/4~11/9
嘎木里‧伯冷
方福明木雕個展

嘎木里‧伯冷　方福明

1963	生於屏東縣春日鄉古華村,小學畢業後離開部落
1976~81	至餐廳習廚藝,擅長水果雕
1983	入伍,陸兵軍校任大廚
	退伍後跑遠洋至菲律賓
1985	23歲對雕刻產生興趣
1990	至台北從事鐵工,夜間雕刻
1997	原住民文化園區木雕技藝訓練

獎項

1993	屏東文化園區雕刻藝品活動,獲頒「藝苑之光」獎
1995	屏東縣省立文化中心木雕展,獲頒「入木三分」獎
1997	全國文藝季原住民木雕獎器物類第一名—作品「生命之髮夾」
1999	屏東縣原住民木雕特優獎—作品「哺育的女人」

經歷

| 1997 | 枋寮國中薪傳南排灣雕刻指導老師 |
| 2002 | 枋寮藝術村駐村藝術家 |

展覽

1996	私立元智學院人文藝術中心「原生之舞」聯展
1997	台東縣跨世紀國際原住民藝文嘉年華「原。雕現」木雕展
1998	苗栗國際假面藝術節
1998	台灣民俗技藝節表演排灣族木雕工藝
1998	個展鄉城生活學苑藝文空間

布農文教基金會台灣原住民當代藝術中心歷年個展

時　間	展覽名稱	策　劃
2000.4.30-5.31	開幕展「消逝的長虹：里歐諾攝影展」	林育世
2000.6.15-7.31	「沙勞巨人與小水鬼：都蘭部落傳說 希巨‧蘇飛木雕個展」	林育世
2000.8.4-9.10	「金色年代：席‧傑勒吉藍油畫及裝置個展」	林育世
2002.5.24-6.25	「來自西林部落的聲音：劉金德石雕個展」	鄭桂英
2002.11.15-2003.1.5	「串起心世界：比耀‧娜露伊珠串個展」	鄭桂英
2003.7.5-9.8	「野地裡的石披：張梅娘個展」	鄭桂英
2003.10.4-11.9	「嘎木里‧伯冷：方福明木雕個展」	鄭桂英
2003.11.21-2004.1.4	「布農的眼‧曠野的眼：米蕊‧蘇可編織與畫聯展」	鄭桂英
2004.1.17-2.29	「部落‧母親‧與我：曹冀玲油畫個展」	鄭桂英
2004.7.10-9.12	「探尋：蔡貴松陶藝個展」	鄭桂英
2006.4.14-6.4	「狗日子：劉金德石雕個展」	鄭桂英
2007.3.24-4.29	「oh！豬：不舞個展」	鄭桂英

台灣原住民現代藝術相關研討會

時　間	名　稱	主辦單位
1999.4.10-11	原住民的工藝世界：傳統、創新與商機研討會	行政院原住民委員會 承辦：財團法人福祿文教基金會、台灣民俗北投文物館
1999.6.17-20	第四屆原住民文化工作者培訓營——原住民藝術工作者培訓	行政院原住民委員會文化園區管理局 承辦：台灣原住民族文化發展協會、山海文化雜誌社
2000.1.21-23	第一屆台灣原住民現代藝術座談會 座談議題：〈從傳統走向現代：台灣原住民藝術發展歷程〉、〈美術史裡有我？台灣文化、台灣意識與當代台灣原住民藝術〉、〈專業藝評與台灣原住民現代藝術〉、〈台灣原住民劇場藝術發展的可能性〉、〈原住民藝術與當代藝術空間〉、〈新世紀中台灣原住民文化藝術之發展〉	財團法人布農文教基金會 台灣原住民現代藝術中心
2001.2.13-2.15	第二屆原住民藝術創作研討會	財團法人布農文教基金會 台灣原住民當代藝術中心
2001.7.12-13	藝術的對話——原住民文化藝術研討會	台北市原住民事務委員會 承辦：台灣原住民族文化發展協會
2002.12.16-18	第三屆原住民藝術創作研討會	財團法人布農文教基金會 台灣原住民當代藝術中心

台灣原住民當代藝術中心個展邀請函（鄭桂英設計、布農文教基金會提供，左頁圖）

這裡的思想與風氣，匯集成一個與屏東三地門藝術圈極為不同的藝術發展區域。和三地門排灣、魯凱族鮮明的族別與民族藝術特色相較，東部的創作者來自不同族群並有著濃郁的實驗風氣。在台灣原住民藝術的區域發展上，台東與屏東三地門形成原住民現代藝術發展的兩大陣營，而北部則未出現區域性的現代藝術創作發展。

2001年，原住民現代藝術中心更名為當代藝術中心，並思圖轉型。展覽與相關教育活動策劃者鄭桂英表示，2003年經營方向轉為引薦有潛力但仍默默無名的創作者，並從強調個人藝術家的角度開始兼顧藝術與社區、或社區文化資產面向的展覽。例如，於2006年開始「馬魯史賓蘭：一個延平鄉女性的影像與文字紀錄計畫」並於該中心展出成果。

2000年代初期，該中心成為帶動原住民現代藝術發展的重要驅動力。然而，因原住民藝術行政人才的青黃不接或個人不同的生涯規劃，經營單位未持續支持或挹注的資源比重減少，原住民藝術論述研究的質與量未同時累積等問題，原住民當代藝術中心的力道逐漸鬆軟。2000年代初期與現代藝術中心一起成長的原住民藝術創作者逐漸回到各自求生存或單打獨鬥的游擊狀態。

六、意識部落

2002年，幾位曾凝聚於布農文教基金會的藝術創作著與陸續加入的創作者，並不刻意強調自身的族別，組成「意識部落」，自發性的於台東金樽海岸以大地為家、為展演空間的集體生活創作，實驗為期約三個月。他們互相扶持，或也是另一種共生方式。

這種方式吸引了社會與官方的注意。2002年，適逢都蘭糖廠被地方文化局選定為文化地方館，以及於都蘭糖廠舉辦第一屆都蘭山文藝季。意識部落成員受主辦單位邀請，於都蘭糖廠展出「我生命中的停駐與漂流：漂流木裝置藝術聯展」。都蘭糖廠，一個與製糖歷史、阿美族部落、山海環抱結合的歷史文化空間；都蘭山文藝季，一個以台東具代表性、鮮明的自然文化地景為主題的文化節；意識部落，來自不同族群，聚集於台東東海岸的多元與個人印象；漂流木，台東極具地域特色的創作媒材。這幾個因素加總其來，使得都蘭與意識部落，很快地成為台東與原住民頗受矚目的新生態。

階段性的金樽海岸實驗，與都蘭山文藝季官辦活動合作後，長遠的創作與理想，仍需有最基本的經濟收入維持。意識部落於都蘭糖廠一帶另覓發展之路，並陸續參與地方政府活動，如台東南島文化節漂流木藝術裝置。策展人林育世離開布農文教基金會原住民現代藝術中心後，仍積極扮演藝術行政統籌與策劃的角色，並與意識部落合作2003年「音樂與藝術流瀉的金樽——意識部落藝術家聯展」，以及2004年東管處主辦、於東海岸重要景點創作的「海洋印記：漂流木裝置藝術展」。

原住民藝術進入一個需要策劃、配套與資源整合的藝術世界，創作者、藝術行政工作者與官方三者合作的過程中，許多的問題多圍繞在行政挫折與磨合，使得原住民藝術創作者普遍不諳、不擅行政的現實問題又再度浮現。而藝術行政、意識部落與原住民現代藝術的關係、未來發展與影響，需更多的實踐與觀察。

第2節 死的標本與活的藝術？[15] 從人類學博物館到美術殿堂中的原住民現代藝術

一、從保存到創造：對「標本」與「藝術」

的認知

1994年，文建會於台灣山地文化園區舉辦「原住民文化會議」，原住民精英共同發表「出草宣言」，其中一篇由撒古流為代表所發表的聲明與主張，點出了原住民文化的思考模式著重保存，缺乏活化與時間感的問題：

原住民文化像芒果一樣，成熟了會掉在地上，變成泥土滋養果樹，再生出芒果，文化像自然生命生生不息。但是你們漢人在談原住民文化時，講究「包裝」、「如何防腐，保持久一點」以及「如何放在博物館？如何觀光？」[16]

這段話有著對傳統博物館的認知，亦預告了撒古流將推動部落教室的理念。1998年，安力·給怒指出：「對舊文化的考古、保存、懷舊、複製都是無可厚非，我們不能否定它的存在價值，但若因此而忽略了新文化的萌芽，或舊文化的『再生』，而過度強調『標本文化』的陳列，我們又如何能將舊文化過渡到新文化？」[17]

2000年，在布農文教基金會台灣原住民現代藝術中心所舉辦的第一屆原住民藝術研討會中，依斯坦達霍松安·那布提出了原住民藝術需要「美術館」的概念。同年，在該中心所舉辦的「金色年代：席·傑勒吉藍油畫及裝置個展」之「原住民藝術表現與社會批判」座談會中，哈古提出，讓「這個社會了解原住民藝術不是死的，是活的。可以存在這個社會。」[18]

2003年，在史前館主辦的《批判、反省與實踐：百年來台灣博物館與原住民文化展現論壇》中，那布發表〈屍體或實體？以布農族小米田獵場的觀念看布農部落台灣原住民當代藝術中心與一般博物館〉，期許該中心如象徵成長與生命的小米田，活絡原住民文化藝術。[19]

從上述觀點或評論，可以感受到一種極深的情緒。無論是博物館裡，讓人感覺是古代遺留下來的文物；或經過採集、處理而保存研究的標本；或是市場上標榜年代久遠、奇風異俗的古董，有著過去的、死的、舊的等認知。而「藝術」相對於「標本」，似乎更具有向前開展的動力、連結與開創未來的概念。然而，博物館中原住民文化再現的問題，並不在於保存這個基礎價值，而是缺乏時間感或是時間未被詮釋出來，以及保存下來的文化如何具有未來性。

二、同質性高的博物館再現生態

除了「保存」，並非沒有人類學學者關注相對的「復興」問題。早於1924年，任職於台灣總督府博物館的森丑之助，即舉雙手贊成山本鼎倡導蕃人工藝產業。[20]在1980年代台灣博物館文化事業開始前，1977年，陳奇祿即同時提出了原住民藝術的保存、市場贗品以及復興的問題：

我們希望台灣土著藝術的復興，應由台灣土著自己負其責任。族外人士不應再從事贗品的製作。土著自製的工藝品，也不必太拘泥於舊有的型態，因為保存發揚的應是有適應力的文化精華，而不應是與生活脫節的骨董。[21]

陳奇祿指出的「不必太拘泥於舊有的型態」、「保存發揚的應是有適應力的文化精華」、「不與生活脫節的古董」等問題，時隔近三十年，仍是今日台灣原住民藝術所面對的基本問題。

然而，從日據時代至今，原住民藝術的

復興，相對於博物館中的保存工作，一直有極大的「差別待遇」。保存，一直有一套機制，由博物館此擁有國家資源挹注的組織持續；復興，相對卻缺乏一個同時具有嚴謹學術研究、資源挹注的專責機構培育「人」。

台灣藝文界除了顏水龍推動台灣工藝，提及原住民工藝的發展外，整體來說，原住民藝術的積極開創面，缺乏藝術界的關注。台灣的美術作品，亦少從原住民藝術擷取美學養分，原住民文化多僅成為畫家筆下的題材。而台灣的藝術與創意設計界為什麼少從原住民文化藝術中汲取靈感、元素進而創造設計？則值得進一步探討。

陳奇祿當時所希望「台灣土著藝術的復興，應由台灣土著自己負其責任」的想法，亦未能在以人類學為主的博物館思考與實踐出一條可行之路。復興，或許不是當時人類學學科的本來興趣、專長或目的，加上在未有其他相當規模與多元的再現管道下，以及各博物館規劃或研究人員主要來自同一個系統，而缺乏特色與功能區隔，產生了歧異度低的再現生態。以人類學為核心的原住民文化再現方式，容易成為認識原住民的主要價值觀，甚至成為另一種刻板印象。

這個高度同質性，反映在「近親繁殖」，包括學科出身、訓練、訴求、學術行話、習慣的語言、展示再現的偏好與模式、蒐藏的觀念與興趣以及權力關係與生態等。這個生態是原住民文化再現的生產者、傳播者。這個生態的問題，不僅是每一個學科都可能產生的思考慣性，還包括缺乏評論與公共論壇，包括原住民自身缺乏制衡的力量或團體。【22】

台南藝術學院博物館學研究所副教授徐純，第一次直接與台灣原住民文物館接觸，是於2002年因文建會「地方文化館政策」到高雄三民鄉的原住民文物館以及茂林鄉的原住民文化公園訪視。面對前者名符其實的「真空館」，以及後者由人類學者所「製作」出來的原住民文化公園，她建議鄉長先要找多元化的專家們共同商議，只要不是單純專業進場，應該可以避開一些失誤。【23】

2000年代初期，隨著傳統人類學博物館的反省與修正、不同學科的加入，或是跨領域的合作，而有更多元的可能。以人類學為核心的博物館也逐漸因應新的或重新「被看見」的原住民文化現象，如原住民文學、原住民音樂、原住民藝術等而做出反應。

1990年開始籌備，2002年開館，最新、具有原住民屬性的國家級博物館——國立台灣史前文化博物館建館宗旨為：「以展示及教育計畫推廣考古學、人類學之社會文化教育。」該館雖仍以人類學學科為學術研究核心，但進用的研究人員，另包含博物館學、族群關係、藝術等，開始有更多元的學科，以不同的角度、方式再現原住民。2006年由台灣文學館策劃主辦的「聽·傳·說：台灣原住民與動物的故事特展」，以文學的角度，則是有別於傳統人類學博物館所習用的社會文化再現方式，如社會組織、宗教信仰、生產等知識分類。

早於1990年代中期，中研院民族所因興建工程之公共藝術設置，於1996年購置伐楚古的〈政客〉、達鳳的〈敬酒〉作品等，並以藝術品的角度於該所圖書館等公共空間展示。2001年，史前館公共藝術委託創作部分，委託拉黑子·達立夫、尤瑪·達陸與撒古流·巴瓦瓦隆。

惟上述兩個例子皆是透過公共藝術機會，在博物館傳統、常規工作外，呈現當代原住民藝術樣貌，並未正式入藏進入博物館的傳統典藏制度內。而2003年，阿美族木雕藝術創

拉黑子・達立夫作品於「台灣與加拿大原住民當代藝術聯展」1999（顏霖沼攝）

作林益千過世，在憂心資料作品遺失的急迫狀況下，由史前館研究人員傅君提出計畫，即時、彈性地蒐藏一批作品正式入藏。

2004年，國立自然科學博物館研究員王嵩山在〈原住民文化與美學經驗〉此一推廣性短文中，介紹當代台灣原住民藝術各種面貌，包括史前館原住民創作者的公共藝術作品，並提出了：「擁有原住民藝術標本收藏的各個相關博物館、美術館，可以扮演一個關鍵性的育成角色。」【24】反映了傳統人類學博物館中的研究人員對於原住民藝術的認同程度以及博物館可扮演的積極開創角色。

三、美術殿堂中的原住民藝術

（一）「台灣與加拿大原住民當代藝術聯展」

1999年，原住民藝術在文化機構中算是熱鬧的。1999年3月，國立歷史博物館舉辦「台灣與加拿大原住民藝術巡迴聯展」，包括「加拿大因鈕特女性藝術家作品展」與「祖先・靈魂・生命：台灣原住民藝術展」。台灣參展作品有哈古的木雕、瑠瑠・瑪邵的皮雕、潘三妹的傳統藤編、撒古流的油畫、林益千的木雕等，然而展示作品水準與性質不一。

同年4月，原住民當代與現代藝術兩種詞彙與身影，首度在具有現代指標意義的藝術殿堂──台北市立美術館現身。北美館舉辦「台灣與加拿大原住民當代藝術聯展」，展出內容包括「繼往開來：加拿大印地安與因鈕特當代藝術」以及「台灣原住民當代藝術」。這是台灣首次以「當代」為名推出的原住民藝術展。

由該館教育推廣組所發出的特展新聞稿中，開宗明義地提出一個問題：「你想像中原住民藝術家的作品可以是很『現代』的嗎？」

這個提問，反映了這個社會對原住民藝術的認知，主要仍圈限於傳統層面；而對於才剛發展的原住民現代藝術，有點新奇，尚未受到社會的普遍認識。這個展似乎讓人耳目一新，也讓人感受到原住民藝術作品的改變，但對原住民藝術的「現代」意義，展出後未有深刻的討論。

台灣原住民參展者有安力・給怒、拉黑子、伐楚古、芮絲・若斯（曾金美）、娥冷（安聖惠）等。參展者的選定過程，依據江冠明指出加拿大當代藝術將於北美館展出時，行政院原民會文化教育處希望納入台灣原住民當代藝術，然而，北美館缺乏原住民當代藝術的研究基礎，無法提出參展作品清單。當時主要從簡扶育所著之《搖滾祖靈》約略篩選出一些具有「當代性」的作品。【25】

雖然，這次展覽的「當代」與「現代」仍顯模糊，但參展的作品有一個共通特質──強調觀念與純藝術傾向。而在原住民現代藝術意義仍顯模糊的時期，美術館篩選、界定與展出原住民現代藝術作品的過程，也可能反影響與增強某類作品為原住民現代藝術的觀念，這是另一個值得繼續探討的問題。

（二）國際原住民藝術展

國立歷史博物館分別於2000年與2003年展出的「大地之歌：奧克拉荷馬印地安藝術創作展」，以及「原生與創生：加拿大原住民藝術家作品展」，推介國外原住民藝術，惟受限於對美國印地安藝術的歷史發展脈絡與美學現象等研究基礎不足，未掌握重要議題以及產生深刻的討論與廣泛的影響。

2003年，在台北當代藝術館館長里昂・巴洛希恩（Leon Paroissien）任內，引介「圖騰大地：澳洲當代原住民藝術展」來台，並舉辦國際研討會。策展人瓊・孟丹（Djon Mundine），帶來澳洲與國際上重要的原住民當代藝術議題與實際經驗，如「原住民性」、藝術創作者被壓抑的個人經驗以及文化殖民等核心議題，為國內少見具深入研究的國際原住民藝術展。此研討會同時安排澳洲經驗與台灣經驗作一比較對話。然而，瓊・孟丹點出的議題，有些仍尚未為台灣原住民藝術或學界所意識或掌握，或仍屬起步，而使得討論少有精彩的交集。

國際展，是相對比較台灣原住民藝術以進一步認識自我條件的機會，尤其相對於主流社會有多種管道與美術雜誌引介國際藝術訊息，國際原住民藝術的資訊與議題，仍顯侷限。然而，標榜國際奇風異俗式的原住民文化節，仍是大宗，且反而有更大的滲透力。

（三）剛起步的原住民現代藝術蒐藏與研究

1990年代中期，原住民現代藝術剛起步時，僅有少數文化機構默默蒐藏原住民現代藝術作品。高雄市立美術館於1990年代黃才朗館長任內，即開始零星地蒐藏原住民現代藝術早期且具代表性的作品，包括1995年蒐藏哈古於1992年創作的作品〈Tememaku的老人〉；1997年蒐藏拉黑子分別於1993年與1997年創作的〈現代集會所〉與〈回敬舞〉；2001年蒐藏撒古流於1997年創作的〈父親的肩膀〉。【26】

2006年，高美館開始積極、有計畫的蒐藏當代台灣原住民現代藝術，推動南島語系當代藝術，並作為高美館的國際定位。已陸續蒐藏沈萬順、希巨・蘇飛、杜文喜、阿水等創作者之作品，建立原住民藝術資料庫並舉辦藝術家駐村等活動。高美館對原住民當代藝術的影響，以及與原住民當代藝術的關係，仍有待實踐與觀察。但為原住民當代藝術留下完整系統資料，是國家博物館刻不容緩的工作。【27】

四、現代藝術的純藝術傾向

　　原住民現代藝術的純藝術走向，有一個潛在的問題，在於原住民藝術的價值，常被強調的是與生活密不可分的可貴，但是正脫離這條路的純藝術，似乎比生活、族群藝術還受到重視。

　　然而，實用或生活藝術逐漸成為邊緣，並被排除於現代藝術之外，除了台灣原住民藝術仍無法脫離台灣主流美術重視純藝術的牽引外，仍有其他現實問題與條件。這包括原住民現代藝術中的純藝術領域，出現了強而有力的創作者，使得純藝術相對受到重視；而實用、生活藝術一直被定位或理解為傳統工藝，實際的藝術表現力較弱，且忽略現代設計力。

　　原住民藝術的現代性，不等於純藝術，將純藝術的地位視為高於實用藝術，這基本上是一個庸人自擾的問題。好的實用藝術也可極具美感、觀念、精神價值與技術水準；而有些純藝術作品不夠成熟，觀念不夠深刻，有時「裝置」反而是一種障眼法與保護罩。本比純藝術先發展的藝術產業，一直到創意產業中的設計力重新被認識與重視，始有幾位原住民藝術創作者思考從傳統取向的工藝，朝現代設計發展。而未來的發展，仍需更多的實踐與觀察。

【註釋】

1. 引自Hal Foster主編、呂建忠譯（1998：22）。原文為1980年，哈伯瑪斯接受法蘭克福市所頒發阿多諾獎（the Theodoer W. Adorno prize）時發表的演講。
2. Stephen Little著、吳妍蓉譯（2005：98）。
3. 王福東（1991：106）。
4. 1991年，官方相關展覽有台灣省政府教育廳主辦「台灣山胞雕刻藝術」全省巡迴展、台灣省立美術館「侯壽峰台灣山胞文化專題展」、台灣山地文化園區舉辦「第一屆山胞傳統編織研習營」等。
5. 李欽賢（1996a：84、86）。
6. 許功明（1991b：150-155）。
7. 引自拉黑子·達立夫於2004年申請國家文藝基金會「文學創作類」補助計畫書。
8. 2005年，尤瑪·達陸訪談紀錄。
9. 轉引自莊淑惠（1997：171）。
10. 謝世忠一文重刊於（2000：7-40）、江韶瑩（1999）。
11. 引自撒古流·巴瓦瓦隆（1998）。封面裡頁。
12. 轉引自林宜妙等編（1999：126）。
13. 引自鄭桂英編（2003：3）。2001年，原住民現代藝術中心更名為當代藝術中心。
14. 陳希林（2000.4.30）。
15. 標題借自鄭惠美（2001：62-65）。
16. 轉引自江冠明（1994：39）。
17. 安力·給怒（1998：13）。
18. 參見布農文教基金會原住民現代藝術中心座談資料（布農文教基金會提供）。
19. 引自依斯坦達霍松安·那布（2003b：150）。
20. 森丑之助原著、楊南郡譯註（2000：223）。參見本書第1-1章第4節。
21. 陳奇祿、顏炎龍主講。〈台灣民藝及台灣原始藝術座談會〉。收錄於張炎憲編（1992：68）。
22. 2003年，史前館舉辦「批判、反省與實踐：百年來博物館的原住民文化再現論壇」，這是第一次在國家性質以及以人類學學科為核心的博物館中所舉辦的論壇，企圖搭起博物館與原住民之間的溝通橋樑，共同面對博物館所承載的殖民問題。
23. 徐純（2003：12）。
24. 王嵩山（2004:3）。
25. 參見江冠明（2003a）。
26. 高雄市立美術館典藏品查詢系統，http://www.kmfa.gov.tw/Desktop.aspx.（2005.5.30參考）。
27. 澳洲墨爾本維多利亞國家美術館（National Gallery of Victoria）前任館長Patrick McCaughey，支持澳洲原住民藝術的研究與蒐藏，是維繫原住民藝術主題在公立美術館發展的重要關鍵（黃慧琪，2005：150）。

第4-2章 打破原漢二元視角：傳統藝術的素養重建與現代轉化

先學會認識自己的樣子，
才能知道在快速改變的世界裡，
什麼才是適合自己的。

　　　　　　　——撒古流・巴瓦瓦隆【1】

要先知道自己的藝術是什麼樣子，
才能知道現在、甚至未來的你該變成什麼樣子。

　　　　　　　——尤瑪・達陸【2】

　　「這個地方曾經產出過那麼美的、好的東西，可是這一群人，竟然對它一無所知，包括我在內。」【3】、「現實生活中剩下的原住民藝術，是糟粕、是剩餘而無用、是廢物或賤劣的東西，是已成『碎形』的面貌。」【4】、「現在不只是台灣社會沒有聽過布農族的陶藝，甚至布農族自己族人幾乎都不曾聽過，也不知道過去的陶藝歷史文化。」【5】、「我本以為自己的作品是很精緻的，一直到博物館之後，才發現自己的東西不是想像中的那麼好。」【6】這分別是尤瑪・達陸、布農族陶藝工作者海舒兒，以及排灣族藝術工作者芮絲・若斯（曾金美）對於傳統民族藝術斷層的擔憂。

　　如果不自覺失去什麼，該如何找回？如果不知道它的存在，該如何應用它？而歷經了以殖民者為中心的二元視角下「好像是，又好像什麼都不是」的泛山地藝術，以及長久庸俗化、殘存樣式浮濫的面貌，橫在眼前的是，有沒有能力，將民族藝術根苗再種回去，重新培育自己的美學素養、品味與鑑賞力。必須先掌握過去，才比較有資本走出屬於自己的新表現方式，也才不易落入狹隘鎖國的去殖民之路。

一、1980至1990年代：撒古流・巴瓦瓦隆與第一波傳統藝術重建

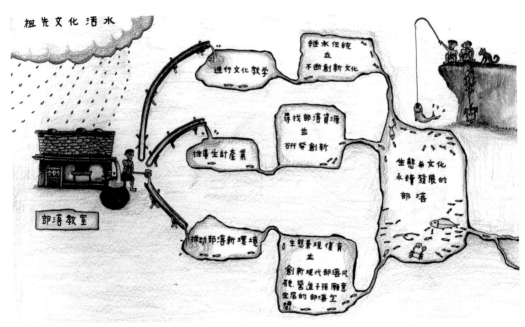

部落教室概念圖（撒古流・巴瓦瓦隆提供）

1970年代中期以後，陸續有少數原住民致力於傳統藝術形式與內涵的奠基工作，並將傳統藝術帶到具一定水準的質感。具代表性的有排灣族巫瑪斯於1970年代中期，研發琉璃珠製作方法；排灣族撒古流‧巴瓦瓦隆於1980年代初期重製「失落的陶壺」；泰雅族尤瑪‧達陸於1990年代初期研究泰雅族織布。

他們帶動的影響力各有所不同，其中撒古流‧巴瓦瓦隆是解嚴前開始投入文化紀錄工作，並於1990年代中期提出「部落教室」，帶動藝術重建運動的指標性人物。

（一）抓住文化的尾巴

撒古流崛起時的鮮明角色，是一位「抓住文化尾巴」的文化再生先鋒。早於約1975年左右，他即懷抱熱忱，開始在部落「田野調查」。1980年代，經常可以看見他背著簡單的行囊與相機，拍照記錄、與老人訪談，穿梭於部落各種慶典與活動的身影。無論是現今建築上的木雕、傳統與現代混合的婚禮，只要是和文化相關的人、事、物，都是他田野記錄的對象。

他耗費相當長的時間與精力，持續且扎實細心地將這些調查紀錄，繪製在自己手工製作的筆記本中。手繪紀錄，亦成了撒古流有別於其他原住民藝術工作者的鮮明特色。

1981至1985年，他蒐集與建立排灣族傳統陶壺資料，結合現代製陶技術製作傳統陶壺，使排灣族視為聖物的陶壺，得以在部落裡被廣泛使用，並成為重要的文化產業。重製排灣族陶壺時，他同時著手部落文化教育，1984年，撒古流即成立工作室培育石雕、雕刻、陶藝人

才。基礎知識專書《山地陶》與《排灣族的裝飾藝術》分別於1991、1993年出版。在市場上原漢二元視角下「好像是，又好像什麼都不是」的藝術錯亂與庸俗化的時代中，撒古流實踐重建排灣族民族藝術。

（二）生活藝術與部落教室

1991年他開始將沒落的傳統石板屋修復改良、1992年他為當地基督長老教會設計與施作具排灣族特色的教堂，1993至1997年間於桃園縣復興鄉三民村以石板建造「石廬」。他致力於將藝術回歸為原住民自身內需的一種生活方式，不僅只是供給觀光需求的紀念品，如他所說：

如果能住在石板屋裡，張開眼就欣賞到屋裡美麗的雕刻，用自己燒的陶杯喝茶，在親手縫製的筆記本上書寫，或是穿著排灣族的衣服、頭戴著百合花，大方行走過街頭，那不是很獨特，很美好嗎？【7】

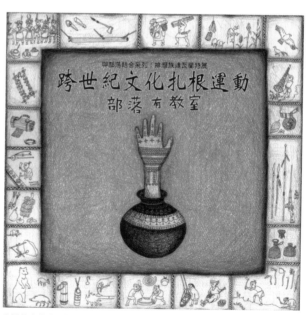

《部落有教室》封面（撒古流‧巴瓦瓦隆提供）

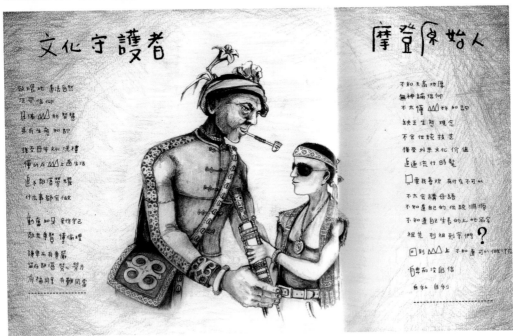

部落兒童陶藝作品（撒古流 · 巴瓦瓦隆提供，上二圖）
撒古流 · 巴瓦瓦隆　祖父與我（撒古流 · 巴瓦瓦隆提供，下圖）

　　1994年，時年約三十五歲的撒古流發表〈排灣、魯凱民族文化學園計畫書〉於《國立台灣史前文化博物館籌備處通訊第四期》，是為正式發表的「部落教室」雛型。1998年推動「達瓦蘭部落教室」，從事排灣族民族藝術與母文化的教學，並分別於原住民文化園區與順益

台灣原住民博物館展出「跨世紀文化扎根運動——部落有教室特展」，並出版專書。

（三）引渡者

　　在撒古流田野調查、重建傳統藝術到推廣教育的1980年代，本土化潮流正開始，原住民社會運動也正蓄勢待發。而當時的原住民藝

術生態，除了博物館內的保存外，幾乎僅能在
觀光市場求生存；現實生活中，原住民多揚棄
自己的文化。在此時代背景下，首度有原住民
從藝術的角度，闡述在政府施行的新生活運動
下，親眼目睹傳統木雕被燒毀破壞，文化沒落
的親身體驗，牽引出藝術面的危機意識。

　　他從徬徨、迷惘、衝突與否定自己的時
代，引渡到重新珍視自己的一條希望之路，這
是台灣光復後，第一波原住民藝術自覺的時代
意義。他的理念與行動，是一股重要的引力，
引起共鳴與迴響，如後續推動「獵人學校」的
排灣族作家撒可努・亞榮隆與藝術創作者伐楚
古等皆受到他的深刻影響。

　　文化斷層的危機感與文化傳承的使命
感，亦同時反映在撒古流的純藝術作品。在
1994年拍攝完成的《排灣人撒古流》紀錄片
中，一開始的手繪圖畫面——排灣族文手、陶
壺與百步蛇等傳統民族符號以及現代汽車，傳
達了這部紀錄片的核心，現代社會中的這位原
住民自覺青年，如何面對傳統與現代。紀錄片
結尾，同樣以撒古流的手繪圖〈祖父與我〉—
—傳統盛裝的祖父與戴墨鏡青年的對比，象徵
傳承意義，以及自我期許排灣族年輕人負起傳
承的時代責任。

　　1998年的大型鐵雕作品〈文化的樑〉，表
現祖孫兩人扛著一刻有布農族小米耕作年曆的
大樑行走，樑上以日文、中文等不同文字拼
音，代表原住民文化歷經不同政權統治與文化
變遷，同時表達文化斷層的憂慮與文化傳承的
意涵。2002年，史前館公共藝術〈擺盪〉，仍
延續之前的創作概念，惟形式上從具像轉為抽
象表現。以一片青銅打造的羽毛象徵傳統榮
耀，父親的手搭在孩子肩上，希望孩子長大後
找到屬於自己的自信與尊嚴，讓聖潔尊貴的羽
毛佩戴在頭上，別像垂掛的羽毛在風中擺盪。

撒古流．巴瓦瓦隆　父親的肩膀　1997　雕塑青銅　42×28×
156cm（高雄市立美術館藏品，上圖）
撒古流．巴瓦瓦隆　擺盪　2002（顏霖沼攝，下圖）

　　耳提面命般地反覆強調傳承與榮耀，反
映了時代的渴望、情緒以及造橋引渡的自我期
許等時代意義。惟這類作品仍處於傳統與現代
二分世界的對比或象徵狀態，對於之間的複雜
面貌與人性較少更細膩的刻劃。

撒古流‧巴瓦瓦隆 文化的樑 1999（王偉昶攝、布農文教基金會提供）

二、1990至2000年代：尤瑪‧達陸與第二波傳統藝術重建的起步

（一）對沾了就跑、囫圇吞棗的藝術尋根態度的反動

在一片「文化產業化，產業文化化」的聲浪中，原住民傳統民族藝術被匆忙的推上了表現舞台。

近一世紀的政治、文化改變下，傳統藝術精神內涵已然空洞。加上傳統技藝及知識的斷層，至使傳統元素混雜，充斥在工藝的表面上。

而今更在一波波原住民部落發展等於休閒觀光的策略發展，以及文化加創意等於經濟財富的引導下，更使面臨歷史文化殖民斷層及基礎破碎的原住民民族工藝雪上加霜，導引民族迎向浮誇、混雜、空泛的表現。——尤瑪‧達陸【8】

1997年，傳統藝術復興的代表性人物撒古流逐漸轉向純藝術創作，以撒古流為核心所形成的師徒網路，將原來的青銅媒材創作轉為鐵雕，包括阿旦、達給等人。1990年代末期，當許多原住民藝術創作者朝純藝術轉向之際，在木雕主流以及傳統織品流於混雜庸俗面貌的時代背景下，尤瑪‧達陸重新提出傳統民族藝術的培基固本，並指出由於傳統織品重建起步較慢，暫時沒有能力專注「現代」走向。這個運動是為第二波民族藝術重建的重要代表，仍有待實踐與觀察，在2000年代現代藝術潮流中反成為另類拓荒者。

這是對沾了就跑的藝術尋根態度的反動，傳統藝術重建面臨的問題，包括對傳統藝術的認識是零星片段、破碎的；看待傳統藝術的眼睛，不夠嚴肅；傳統藝術重建被想的過於容易與簡單，甚至被窄化為圖騰符號。

這是針對起步較慢、或者說水準質感尚

尤瑪．達陸　展開夢想的翅膀　2002　苧麻、瓊麻纖維、羊毛
1000×85×380cm（顏霖沼攝）

未發展起來的織品工藝運動。織布原是原住民
各族普遍使用的藝術類別。織品的沒落與發展
較慢，和布料取得方便、族群差異、地理位
置、技術門檻，以及主流價值下的藝術分類等
都有關係。織布不似類似純藝術的木雕地位來
的高，也就逐漸降低了女性發聲的重要位置與
空間。

（二）織、穿Yaki【9】的盛裝：重製的意義

每個民族都該有自己的顏色，自己的布。
　　　　　　　　　　　　——尤瑪・達陸【10】

尤瑪．達陸　展開夢想的翅膀　第一次失敗作品　2002（盧梅
芬攝）

在織物的形、色、紋、質上，都隱含著這個民
族特出的風格。　　　——尤瑪・達陸【11】

　　1988年，尤瑪．達陸於台中縣立文化中
心編織工藝館負責染織工藝相關工作。因負責
展覽接觸到泰雅族傳統織布，看到逐漸凋零的

織女與傳統染織工藝，於1992年，三十歲辭掉
公務員工作，投入泰雅傳統織布的田野調查與
研究工作。1994年考入輔大織品研究所學習織
品專業知能，並於1997年完成泰雅服飾研究的
碩士論文。2003年獲第一屆「KEEP WALKING
夢想資助計畫」，籌設部落染織教室。

　　從1990年代初期至今，她致力於傳統服

泰雅族北勢群新娘服局部（國立台灣史前文化博物館藏品）

泰雅族北勢群常服局部（國立台灣史前文化博物館藏品）

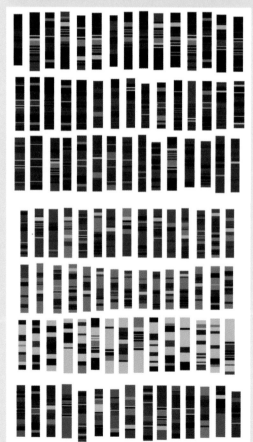

尤瑪‧達陸 展開夢想的翅膀 傳統服飾配色寒色系排列組合設計（尤瑪‧達陸提供，上圖）

尤瑪‧達陸 展開夢想的翅膀 傳統服飾配色暖色系排列組合設計（尤瑪‧達陸提供，左圖）

尤瑪.達陸 展開夢想的翅膀 暖色系局部（顏霖沼攝）

尤瑪.達陸 展開夢想的翅膀 寒色系局部（顏霖沼攝）

飾與織品的知識、技術、形式與美感重建。花了十年功，才穿回屬於自己的美麗、品味與自信。又爲了克服泰雅族傳統「口傳心授」傳統技藝不外傳的習俗，她將傳統織品技術「翻譯」成國際語言「組織圖」，透過科學的方法傳遞知識。重製傳統的意義，不僅是形式的復原，亦非狹隘的崇古，而是讓缺乏養成管道的泰雅族女性，學習傳統知識、文化內涵並敏銳地掌握傳統美感系統，培養民族藝術素養。

2001年，受國立台灣史前文化博物館委託的公共藝術作品〈展開夢想的翅膀〉，歷經二年的時間，一次嚴重的失敗而被退件，重新製作才完成。這個失敗的過程，所反映的問題之一正是民族藝術素養建立與轉化的困難。

首先，是配色的失敗。這件作品的暖色系與冷色系，分別抓取自泰雅族北勢群傳統服飾，以紅色爲主導色系的新娘禮服，以及以藍色爲主導色系的服飾。尤瑪.達陸抓出這兩套傳統服飾的色彩特質，重新排列組合，並在工作室白板上貼出搭配的色系範例，供婦女參考自由創作。因善織的老人凋零，缺乏學習的對象，而現今的織品已看不到老布裡幽微的變化，尤瑪帶了傳統老布與圖片給婦女們參考。

但對現在的婦女來說，傳統配色是一件非常困難的事情。當她們第一次將作品完成掛在展示牆面，所有的成員看到配色的結果都覺得想要逃跑。【12】失敗，想要逃跑，正因爲抓不到、感應不到尤瑪.達陸所說的「幽微變化」，以及泰雅族獨特的「美感系統」，一種質感、顏色、圖紋、比例的搭配結合。爲趕上作品的完成期限，尤瑪.達陸重新配色、調整比例，再由婦女協助施作。美感的建立，從眼看再轉化到手做，需要反覆試練與時間的養成。尤瑪.達陸認爲，確實的實踐與執行，才有機會進入美感的核心。

（三）祖先的美麗何處尋？博物館裡的文化精華【13】

原住民許多的文化精華鎖在博物館裡，原住民自己必須自覺的把它挖掘出來。

——尤瑪.達陸【14】

尤瑪‧達陸　重製泰雅族北勢群傳統服飾（野桐工坊 林為道攝，左圖）
尤瑪‧達陸　重製泰雅族大料崁群傳統服飾（野桐工坊 林為道攝，右圖）

　　原住民要重新耕耘傳統藝術這塊土地，必須先找到好的品種與根苗。尤瑪‧達陸為了重建泰雅傳統織布，除了和時間賽跑，緊追逐漸凋零的老者，相關文獻、圖錄，尤其博物館典藏品，成了企盼親睹文化精華的主要對象。然而，在與博物館接洽的過程中，卻遇到了某種「博物館障礙」。

　　「國家化」與「博物館化」的原住民文物，也許未有不與原住民對話的想法，但因缺乏主動展開對話、進而積極創造新知識與價值的企圖，已讓原住民有一種機關重重的隔閡感，尤其是對於社經地位較為弱勢的原住民。而許多連原住民自身都沒看過的原住民文物，仍躺在典藏庫中乏人問津，甚至成為原住民遙不可及、僅能膜拜的對象。

　　縱使原住民主動申請看藏品，面對博物館典藏本身被動開放的性格，其經歷頗類似病人要求看病歷的醫療權力問題，不敢、不知如

何申請。其原因包括本來就陌生、不親和的學術與典藏保存專業門檻以及行政程序，產生博物館一種隱而不顯、不自覺的隔閡與排他性，甚至導致弱勢者的自動消音。

　　而無法申請的原因，有些則是礙於藏品的珍貴性，或因人力不足以致制度尚未建立完善而無法開放。少數坐擁國家優渥公共資源的單位，或因難言的田野地盤區隔或學術競爭、學科的思考慣性，或有學術研究單位因非社教機構具有之社會教育功能，使典藏不傾向公開開放。上述現象以及知識的不流通產生了文物壟斷或私有化的感覺或印象。

　　視覺語言的不普及流通，缺乏積極主動推廣或轉譯，這些不滿或耳語，恰恰是因為對擁有原住民標本資產與詮釋權的博物館與相關文化機構，有一份極深的寄望。博物館不僅是原住民文化知識的載具，更因承載了原住民的殖民創傷與記憶等歷史結構問題，更應從原住

尤瑪．達陸　奔瀑　2000　苧麻、羊毛（尤瑪．達陸提供，左上圖）

尤瑪．達陸　苧麻纖維創作　2004（野桐工坊　林為道攝，左下、右上圖）

苧麻纖維處理工序（野桐工坊　林為道攝，右中、右下圖）

尤瑪‧達陸與部落婦女共同製作〈展開夢想的翅膀〉作品（野桐工坊 林為道攝）

民的黃昏、社經地位較低的處境，主動積極地發展出典藏文物與原住民對話的機制。因此，申請看藏品的思考模式，不在於消極地等待原住民提出申請，而是思考如何同展示與推廣教育積極的行銷與宣傳。

2004年9月21日，位於華盛頓特區國家廣場、正式開館的國立美洲印地安博物館（National Museum of American Indian），為美國第一座國家級原住民博物館。博物館公開展示的物件僅所有典藏的一部分，為使典藏再創造，該館策劃「原住民藝術計畫（Native Art Program）」，提供原住民申請研究藏品的制度並積極行銷推廣。博物館先準備好完整詳細的文字與影像藏品清單，讓原住民了解館藏藏品全貌，進而挑選自己有興趣的藏品，再詮釋或再創作。

2000年代，尤瑪‧達陸則意識到博物館與原住民文化權的問題，她是一位原住民、織

品學術研究者、曾經任職於文化行政單位，使她得以敏銳的角度觀察博物館員較無法感同身受的問題。

她企圖築橋引渡，深入博物館，掌握博物館裡可以重建泰雅族服飾的任何線索。同時她也積極與博物館合作，2004年參與國立台灣博物館「典藏服飾類文物檢視」計畫。由於博物館所典藏的泰雅族服飾多不成套，有別於過去被動的蒐藏，尤瑪‧達陸與博物館人員溝通重製傳統服飾的重要性，並於2003年至2006年間，分別獲得十三行博物館、烏來泰雅民族博物館、國史館台灣文獻館與國立台灣史前文化博物館的支持。

三、民族美學元素的現代轉化

2000年，於高雄市立美館舉辦的「心靈再現：台灣當代女性藝術展」，尤瑪‧達陸的作品〈奔瀑〉並未強調織品上的圖紋，而是以

織品的最原始材料苧麻纖維，並搭配傳統配色創作。2002年，〈展開夢想的翅膀〉亦是以微觀的角度，將織品的苧麻纖維質感與配色，作極致的放大與定格。微細纖維與幽微變化的色彩所積聚而成的大面積作品，產生一種頗富張力的視覺魅力。

在現代藝術中未有顯著突破的傳統織品中，這件作品使我們從僵化的異國圖紋感官軌道逸出。另外，作者期望透過觀者對大量苧麻纖維的好奇，進一步了解這個由三千六百多把、總重五百多公斤、親手栽植了五年的苧麻、瓊麻，是許多部落婦女的雙手為了生活而努力的故事。

掌握民族色彩特色創作，具代表性的則有鄒族藝術創作者不舞·阿古亞那（1972-）於2003年開始創作的「紅色山豬系列」。「紅色山豬」結合鄒族山豬王的愛情故事、服飾喜用的大紅色，以及鄒族人的聖山──塔山等象徵性符號，創作出兼具有鮮明的民族美學特色與內涵的作品。

排灣族藝術創作者雷恩，對於轉化傳統圖紋有強烈的自覺意識。他認為傳統圖紋不是不可以用，而是被轉譯的不夠好。〈賦予生命的過程〉，將具有特殊意涵的傳統琉璃珠的圖紋與色彩變形再生，表現傳說、神話的年代，祖先以其思維模式與想像力，解讀自然萬物並賦予生命特殊意義與價值，活化周遭可見或不可見的事物，豐富了物質生活與精神生活；這件作品期許文化想像力與創造力的重要。〈守護禁忌〉則將盾牌的紋飾衍生為具有防禦及守護的象徵，守護部落的價值觀以及維護族人與祖先的心靈相通。〈圖騰印象〉六聯幅則是將傳統象徵性圖紋，包括精神禁忌（Riuqw）、A-da、人身飾（蛇紋）、孕育生命（陶壺）、武器（盾）、與胸飾等轉化於平面繪畫，呈現

不舞「oh！豬：不舞個展」於布農文教基金會 2006（鄭桂英攝，上圖）
不舞 紅色山豬系列 2003 木雕彩繪（盧梅芬攝，下圖）

再生的張力。

另外，有別於原住民陶壺著重的圖紋表現，布農族陶藝創作者李文廣的陶藝作品則自覺表現陶土與火、溫度所碰撞的的自然色澤與質感。有別於浮濫的泛原住民符號，魯凱族藝術創作者彭春林深入了解且持續以魯凱族圖紋創作；林益千將傳統服飾的色彩美學特色隨性地運用於椅子創作，而不是一種複製。這些嘗試與實驗，雖仍屬零星或仍未成熟穩定，但作品已反映了轉化的自覺努力或掙扎。

四、重新珍視被漏看的

舊殖民時期、原漢二元視角下的泛山地

雷恩　賦予生命的過程　2003　油畫　（串門攝影史乾佑攝，上圖）
雷恩　圖騰印象　2003（雷恩提供，下圖）

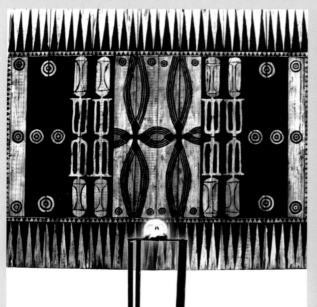

雷恩 守護禁忌 2003 油畫 200×
180cm（雷恩提供，左上圖）

雷恩 巴利的紅眼睛 2003（雷恩提供，
右上圖）

李文廣 布農獵人壺 1998 陶土、坑燒
（謝嘉剝攝，左下圖）

雷恩 拆信刀 2005（串門攝影史乾佑
攝，右下圖）

林益千 無題 年代不詳（傅君攝，左圖）

曹冀玲 圖騰之美系列 2004 油畫（鄭桂英攝、布農文教基金會提供）

藝術以及標舉原住民主體性的泛原住民藝術，兩者的「原住民性」多被窄化為圖騰、符號，忽略了其他的藝術語彙，包括色彩與彩度、質感與材質（如植物纖維、石、木、土、貝、骨、毛氈、鐵、琉璃）、圖紋、尺度與比例、配置、造型、線條、結構、編、織法以及歷史演變等。例如原住民各族的陶器，多強調排灣、魯凱族具有顯著圖案符號的陶壺，忽略了造型、線條等，如阿美族陶器的特殊形制。

　　地域性材料與民族文化結合的開發與應用，關係著民族特色的展現。早在1900年，王石鵬所著《台灣三字經》提到台灣原住民運用鳳梨絲、芭蕉布等本土材料於工藝的情形：「鳳梨絲，芭蕉布，惟土蕃，善製作。」【15】芭蕉布已成琉球的文化資產，被日本政府指定為「無形文化財」。【16】文獻中土蕃善製作的芭蕉布，時隔近百年後，在花蓮新社噶瑪蘭族的努力下才重新起步。

　　民族藝術仍是一個未完全開發的處女地，更遑論應該是一種基本素養。許多藝術特質仍未發揮，並為這個社會所認識與肯定。原

住民藝術除了重新學習更多的美學單字，更大的挑戰，還在於如何將這些單字織羅成一篇美感文章。

　　魯凱族作家奧威尼．卡露斯描述他回到故鄉舊好茶，感受到他僅有的魯凱語言「搖搖欲墜」，魯凱族文化已經在流失，個人的生態文化（生命本能）也會慢慢「癱瘓」，失去原來在山中的生存本能。【17】如果連最基本的民族藝術語彙都「搖搖欲墜」，原住民藝術的美感敏銳度會不會也逐漸失靈，甚至「癱瘓」？

【註釋】

1. 古流・巴瓦瓦隆（1999：7）。
2. 2005年，尤瑪・達陸訪談紀錄。
3. 轉引自何琦瑜（2004：161）。
4. 2005年，尤瑪・達陸訪談紀錄。
5. 轉引自林宜妙等編（1999：195）。
6. 芮絲・若斯1999年於「原住民的工藝世界──傳統、創新與商機研討會」之演講。
7. 轉引自陳羿綾（2000：58）。
8. 引自尤瑪・達陸所撰擬之2006年社區工藝扶植計畫「昇起虹橋：大安溪流域泰雅染織工藝發展計畫」。
9. 祖母輩或稱年長之女性之意。
10. 轉引自何琦瑜（2004：160）。
11. 引自尤瑪・達陸（1999：43）。
12. 陳亮丰（2002：55）。
13. 此小節部分內容曾在（2004.8.18）《中國時報》論壇發表，原題〈博物館，給原住民創造知識的機會〉，報社改為〈博物館，不該和原住民隔絕〉。
14. 2005年，尤瑪・達陸訪談紀錄。
15. 轉引自莊伯和、徐韶仁（2002：40）。
16. 同上註，42。
17. 奧威尼・卡露斯（2006：81-82）。

2005年舉辦的「台客搖滾演唱會」，流行音樂界的伍佰、陳昇&新寶島康樂隊、豬頭皮等台客代表性歌手，掀起了一股流行音樂界的台客風潮，並引起「台客」的正反討論。2006年，在「台客搖滾 T. K. Rock演唱會」中，客家花布成了宣傳文宣的主要設計元素，「台客機車袋」、「爽靚T恤」則是這場演唱會的限定商品，這些都成了「台客」的一種自我主張的品味表現。原來的「台客俗」，成了一種流行的「台客靚」，將原來最為普遍的穿拖鞋、吃檳榔的台客印象，反轉成受人矚目的「台客精神」。

「台客」一詞的顛覆，可提供給原住民藝術一個具體參考。「原住民」一詞代表原住民不同族群，原來未指涉一種藝術風格，但就如談到「山地藝品」、「原始藝術」，「原住民藝術」其實已隱含某種普遍存在的印象、概念與形貌。

在本書第二章〈無形的蕃界〉探討了殖民慾望、漢原二元視角以及國族建構中的「原住民性」，第三章〈祖靈的榮耀〉則從原住民的角度，探討去殖民過程中，陷入原漢二元對峙的「原住民性」。除了泛原住民木雕所標榜的古、黑、樸、拙，另一個日常生活中的流行穿著「原住民背心」，亦是探討「原住民性」的重要且有趣的例子。姑且不論背心的質感、品味與藝術性如何，一眼就可辨識的符號、圖紋織帶，是必備的「原味」元素。

「原住民」是一個極為年輕的詞彙，有其政治架構上的重要意義；但從藝術這個層面來建構主體「原住民性」，或建立一種原住民風格，則仍屬虛弱或虛無。

1990年代拉黑子・達立夫與2000年代幾位活躍於花東的原住民藝術創作者所帶動的漂流木藝術，在創作型態與生活方式上逐漸形成花東地區一股兼具地域性、「原住民性」與普世價值的藝術新表現，以及一種新興的文化現象。這群原住民藝術創作者來自不同族群與地域，創作者皆有著鮮明的個人色彩，並在創作上逐漸發展出自我特色，但又有其共通性，讓他們又像是一種藝術流派。在了解東部漂流木藝術發展的過程中，我發現了這個尚未被認知到的一股力量或者說另類藝術走向，正在或已反轉刻板認知的「原住民性」。

第1節 藝術突圍：從殖民與去殖民想像漩渦中浮起的漂流木

那麼多的黑作品中，我的白作品是多麼的突兀。
　　　　　　　　　　——拉黑子・達立夫

「漩渦中浮起的一根漂流木」，出自一位長期拍攝港口部落文化以及拉黑子創作歷程與作品的攝影師顏霖沼。這句話帶出了拉黑子面對一股模糊、如漩渦般的藝術危機，以及奮力突圍的鮮明意象。

1990年代中期，拉黑子作品被質疑不是阿美族、原住民藝術，2000年代初期引發「什麼是原住民藝術」的議題討論，到了2000年代，他的現代雕刻成功地獲得主流與原住民藝術圈的普遍認同。「你做的不是原住民藝術」這個否定句，成為「原住民藝術可以是什麼？」的探索句。他的作品不被接受的時代背景與藝術危機是什麼？又是如何突圍與被接受？

一、你做的不是原住民藝術：殖民美學、民族主義與民族藝術的標尺

「阿美族有雕刻嗎？不是只有排彎、魯凱族有？」、「你做的不是原住民藝術！」

1990年代中期，拉黑子‧達立夫以漂流木創作，自覺融合個人、部落與時代的抽象作品，因形式上無可辨識的原住民形象、符號，亦看不到從部落或族群傳統藝術轉化而來的軌跡，使得慣於所謂原住民藝術或僅認識傳統族群藝術的人無法適應與理解這個看似來路不明的「突變種」。只能從外表來判斷，並以「你做的不是原住民藝術」來反應、回答，甚至抗拒。

作品被質疑不是原住民藝術的拉黑子則反指出：「沒有所謂的原住民藝術，只有排彎族藝術、阿美族藝術、泰雅族藝術等。」拉黑子以民族藝術的角度回應，並沒有所謂的「原住民藝術」。但現實上，「你做的不是原住民藝術」這句話背後已隱含了某種原住民藝術標準與概念，普遍存在於原漢的認知中。

拉黑子的作品不被認為是原住民藝術，問題焦點不在於是否使用非原住民傳統藝術媒材，例如飛魚、安力‧給怒皆使用油畫創作，但作品內容仍具有可辨識的原住民形象與符號，而不致於不被認為是原住民藝術。符合可辨識的原住民形象或符號，則是一種判定原住民藝術的安全標章。而這個可辨識的形象或符號背後，隱藏著殖民與去殖民想像所形塑的「原住民性」標尺，拉黑子的「白作品」在正

拉黑子‧達立夫 阿美族的女人 1995 烏心石 81×82×213cm（布農文教基金會提供）

統「黑作品」中，被視為越軌的。

判定拉黑子作品「不是原住民藝術」的另一個標準，是他的作品和他所屬港口部落或是阿美族傳統藝術形式的關係。然而，泛原住民符號、健康榮耀的傳統人物形象與民族藝術常被混為一談，使得原住民在創作上面臨了許多困擾。

身處1990年代中期，在渴求傳統、榮耀形象以辨識正面自我的特殊氛圍裡，以及一個根深蒂固、習以為常的原住民藝術概念下，存在著現今所無法想像的壓抑。面對這個漩渦，這個力量強大到拉黑子曾經深感困惑、懷疑自己：

我必須很清楚知道，為什麼他們做的才是原住民藝術，而我的作品不是？但我明明是原住民，難道是我有問題？是我錯了？【1】

因為這個困惑，他開始雕刻具有傳統原住民形象的人像作品，以證明也會創作所謂的原住民藝術，並以此類作品進入原住民藝術展的場域，如1997年於元智工學院人文藝術中心舉辦的「涵容強韌生命力：台灣原住民藝術創作展」，其他參展者有阿水、達鳳、周錦松、方福明、高富村、高建成等。

創作了傳統原住民形象雕刻後，他希望再走回自己鍾情的創作方式。他自覺走出原住民藝術圈場域，試圖打開一個自我創作的獨立空間；企圖以一個藝術家的創作實力、而非原住民身份，進入主流藝術空間。

二、反轉的路徑：拒絕殖民之眼的監視，從邊陲推向中央

1990年代中期前，拉黑子主要從民間畫廊崛起，而非國家體系下的展演活動。1997

拉黑子‧達立夫 初末的靈魂 2001（拉黑子‧達立夫提供）

年，拉黑子作品〈現代集會所〉（1993）、〈回敬舞〉（1997）被高雄市立美術館典藏。1998年，「橫跨的歲月」系列作品與優劇場一起展演，參加法國亞維儂藝術節與巴西聖保羅藝術節。這組與表演藝術結合的作品，使得拉黑子開始受到主流藝術較為廣泛的注意與肯定。2000年，於台北市立美術館「歸零Basalaigul」展展出，2001年於美國紐文中心與國美館「形簡意繁：方與圓台灣當代藝術展」展出〈初末的靈魂〉，逐漸累積代表性的創作資歷。

2000年，拉黑子獲洛克斐勒基金會亞洲文化協會（A.C.C）台灣獎助計畫美術類時，他特別在意並希望自己獲獎純粹是作品考量，而非原住民身分。【2】2000年，拉黑子策略性地多次在公開場合強調：「請直接稱我為藝術工作者，不要冠上『原住民』這三個字。」

拉黑子策略性的不強調原住民身分，乍聽之下，易讓人誤以為不願承認原住民身分。如2000年，阿水於布農文教基金會所舉辦的「第一屆台灣原住民現代藝術座談會」中沉重

地指出：「是不是在原住民的社會裡面覺得很氣餒了？所以，掛上原住民沒有面子。」然而，正如達悟族藝術創作者飛魚在同場座談會所說：「拉黑子不是不承認原住民，只是要轉移注意力。」【3】

拉黑子避稱原住民的時期背景，除了希望擺除弱勢族群身分，以實力進入創作領域，而非「原住民」的護航與保障；另外一個不易察覺的問題，則是希望避開、拒絕殖民之眼的監視。

原住民，尤其原住民藝術與歌舞，凡可刺激視覺感官消費的符號，都很難避開與擺脫殖民之眼的監視。在此監視下，原住民藝術與歌舞必須隨時調整自己，以符合所謂的「原住民性」，創作生命也面臨了還未開始就已終結的困境。原住民藝術與歌舞比文學、紀錄片等新形式面臨更多的殖民牽制。

而看待原住民藝術的眼光，主要放在預設的差異文化與族群性。這是一個對「藝術性」不求甚解，卻對「原住民性」充滿異國想像的

漩渦。也正因此，再加上主流社會對原住民藝術缺乏充分與深入的認識，造成並允許了許多展覽亂象，如展覽名稱與內容不一致、展出作品性質混淆不清或謬誤。【4】這類展覽，又反過來混淆與誤導了觀者以及原住民自身對於原住民藝術的認識。原住民藝術因「原」被看見，卻也因為「原」，而阻礙觀者進一步細膩地分析其實質內涵。

在原住民藝術還不足以創作實力評論時，異國的差異特殊，仍是原住民藝術「被看見」、進入政治表現場域或者消費慾望主因。但僅有原住民名牌保障，又影響了對自身作品的評斷與認知。正因為原住民已被政治與媒體哄抬，也就更看不清自己的處境與現實面貌。

1990年代中後期，正當官辦原住民展覽與文化活動熱絡時，拉黑子則自覺、刻意迴避標舉「原住民」卻缺乏深入意義的展覽，自覺摸索出路，以個人創作實力逐漸從私人畫廊、民間藝文組織與國際展出機會中嶄露頭角。

避開殖民監視的方式，或在於不要讓殖民眼睛一開始先注意到「原住民」。就如舊殖民時期原住民在「蕃仔」的污名烙印下，戰戰兢兢地以掩飾自己身分、外表、口音，以躲避殖民者歧視、輕蔑的眼神，原住民才能以一個「人」的身分，在殖民者的世界中比較自在的生存。

這個社會對原住民藝術的反應，已是如敲擊膝蓋骨的反射動作，而不是經過腦袋思考的結果。原住民藝術必須剝除殖民者強加在身上的各種烙印，無論是負面的、理想化的，才能獲得最基本的創作自由。剝除保障，原住民藝術也才能以實力被檢視。以創作實力進入，卻能刺激麻木的原住民藝術觀感，喚起原住民藝術真實的存在感，張開眼睛去看、張大耳朵去聽，啟動大腦去認真思考。這個視覺衝擊，

是真正進入主流，受到注意的發聲。

2003年，在台北當代藝術館主辦的「圖騰大地：澳洲當代原住民藝術展」國際研討會中，策展人瓊·孟丹（Djon Mundine）提出一個和拉黑子極為相似的自覺經驗。澳洲幾位原住民藝術家，自身有意以藝術家的創作實力與身分為人所知，而非套上原住民身分被注意。對他們而言，其「原住民性」無庸置疑，而在其藝術創作中，他們也透過各種方式表達這個概念。然而，他們的白人同儕仍極欲將他們劃入原住民藝術的範疇。【5】

無論是拉黑子或上述幾位澳洲原住民藝術家，致力於以實力在競爭激烈的現代藝術世界中闖蕩，皆遇到如藝術評論家李渝評論中國繪畫的時代枷鎖之一——面對西方的問題：

西歐不願擔負侵略和同化弱勢/異族文化的罪名，希望非西歐以非西歐的面容出現。一個美國評論者不會有意在美國畫家身上找「美國性」，但是當她遇到一位來自拉丁美洲或非洲的畫家，民族或種族多少會進入他的關注；面對中國畫家，西歐有近乎人類學學者面對「部落」一樣的眼光。完全擺除背景以無國籍無民族者的身分進入創作，需要勇氣與才性，中國的「西畫」畫家群中有這樣的人，水墨畫家群中不但沒有，守成者反而佔大多數。【6】

拉黑子的木雕或類似於中國的「西畫」畫家，希望「擺除背景以無國籍無民族者的身分進入創作」，而困陷原漢二元對峙僵局的泛原住民木雕，則類似水墨畫家群中的守成者。

然而，這又回到原住民目前多仍缺乏競爭力，要完全擺脫原住民背景、名牌的護航，剝去差異保護罩，而完全以個人實力在藝術圈佔有一席之地，或創造另一套屬於自己的藝術

價值，仍是一個艱辛的過程。原住民身分，是一個過渡期，這個過渡期需關注的不一定急於短時間內擺除背景，而在於是否意識到這個背景，才能避免差異與身分保障成為滋長盲目自戀的溫床。

三、反「原住民性」的皮相搬演與民族特色消失的潛在危險

當歐美已經停止穿燈籠褲與戴三角帽時，也未失去認同。
然而，適應或創造適應方式的原住民，
卻會被輕視為不是「真的原住民（real Indians）」。　　　——Tom Hill [7]

2000年代初期，拉黑子反擊「你做的不是原住民藝術」的表皮判斷，形容原住民藝術還停留在喉嚨階段，呼籲反形式化的符號：

符號是原住民藝術創作者的包袱，讓我們扛太久了！聽太多主流社會的聲音，而忽略了自己心裡的聲音。

原住民藝術創作的階段還停留在喉嚨上面，一直沒有往內。往內之後，在體內洗禮過一次之後，再拿出來，我相信這歌聲會非常美好。【8】

日常生活中，原住民已未將傳統服飾當成平日穿著，而漢人於正式的公眾場合也多西裝筆挺。當拉黑子自己都能接受沒有差異符號表皮的自己，亦能接受於公眾前展現沒有差異符號的自己，無法接受的仍是特別化的場域。在公開場域中，原住民必須一眼被辨識出。

反符號的脈絡，在於殖民想像與去殖民想像下的「原住民性」，包括所謂的傳統、祖

靈、山海、圖騰等，已是一個被用到充滿了刻板印象、被消費到失去生命的空洞符號、不斷重複使用的政治工具，以及形式化的假美。

不斷地用喉嚨唱歌，聲帶早已不堪負荷。但許多原住民則無意識地接收了這套符號等於文化傳承的觀念。當多數原住民藝術創作將眼光與心力放在足以辨識的自我認同、或可以取悅殖民眼光的原住民符號時，拉黑子積極主張剝除符號表皮，表徵戲服。他對原住民內涵的深刻思考與反省，反而得到更真實的尊重，引起原漢迴響。他不用再刻意向人搖尾招手：看！我是原住民！我是原住民藝術。他不再依附漢人的甜言蜜語與想像慾望來得到自我肯定，而是真正對自己有信心。

反形式化符號的意義，除了反差異符號，還在於原住民藝術的符號運用，僅是一種表皮裝飾或原皮漢骨，而不是思考如何將傳統藝術賦予新意。例如：一件背心，貼上一條圖騰帶，就成了原住民服飾？尤瑪‧達陸構思推動「原住民衣飾美學運動」的觀念，希望原住民的衣飾能夠從拼湊、拼貼圖紋織帶的裝飾方式，提升到開發布料與整體設計，建立原住民自身的現代服飾品味。

然而，若不了解前述反符號的脈絡，將擺脫殖民美學、民族主義與擺脫民族藝術畫上等號，或分不清刻板印象與文化特色的差別，創作時常會產生為了避開異國情調，而面對傳統文化特色時，充滿著顧慮與矛盾。

又誤以為脫去差異符號等於脫去民族藝術形式與美學元素，以做為原住民藝術現代與否的標準，或僅以拉黑子的模式為現代藝術的標準，卻隱藏了一個潛在危險——如果所有的原住民現代藝術，在形式上，完全看不見傳統民族藝術特質以及轉化的軌跡，原住民藝術特色會不會趨於消失，而僅能以題材內容作為台

灣原住民藝術的判斷依據。

這點回到「你做的不是原住民藝術」牽涉到的第二個層面——民族藝術，也就是現代藝術與所屬族群、部落藝術特色的關係。原住民藝術的邊界逐漸打開了，一旦被打開，又將面臨無邊的危險。無邊的、或是全球化下的媒材如數位科技等愈受矚目時，愈是須警覺民族藝術的角色。而這個潛在危險的前提，在於原住民傳統藝術基礎仍太薄弱，或仍未開發。

四、用溫柔的語氣訴說革新的宣言

「你做的不是原住民藝術」，反映了舊殖民時期象徵性結束後，第二階段文化殖民控制區對原住民藝術表面開明，聲稱鼓勵創新與多元，卻依然保守的態度。然而，1990年代後期，拉黑子走出了「原住民名牌」的庇蔭，避開與拒絕了殖民監視的眼睛，直到重返以原住民爲名的展演活動場域中，讓殖民之眼無從防備，不能忽視。

他那原來讓人完全陌生、違反所謂原住民藝術標尺的藝術形式，開始讓排拒者、好奇者、心有戚戚者、鼓勵者、學者，皆想探究這葫蘆裡賣的是什麼藥，究竟這個創作故事是怎麼發生的，作品究竟想要說什麼。許多人也逐漸察覺到他的「抽象」身體裡住著傳統的靈魂；最現代的藝術，也可能最具傳統精神。

過去，這個社會對「用膝蓋想就知道」的原住民藝術，早已麻木。這個讓殖民監視無法預期與操控的藝術形貌，引起注意、引發議題、激發反思到導引行動。將新精神與價值從邊緣逐步推向中央，從殖民與狹隘民族主義的漩渦中奮力浮起，成爲兼具衝擊與推動力的顛覆與引導大浪，並反過來挑戰另一個被視爲理所當然的原住民藝術、被原住民自身視爲無庸置疑的傳統文化重建工作。

1990年代中期以後，希巨·蘇飛、伊命等師自拉黑子，在接續中努力發展自己的風格。拉黑子的作品能引起廣泛的共鳴，不僅在於衝撞了當時習以爲常、無庸置疑的刻板價值與視覺經驗；更重要的是，他勇於面對原住民自身不敢走出或走不出來的內心恐懼或怯懦，觸動、激發了在長期隔離壓抑下另一股潛藏、想要走出的創作渴望。相對於民間，緩慢與保守的政治、文化機構也開始接受新的變化。1996年拒絕拉黑子的東管處，於1999、2000年陸續典藏其作品。

拉黑子·達立夫並未以反抗的方式批判殖民影響，而是表達出港口阿美族究竟是什麼的正面價值；他沒有說出「文化殖民」這個理論名詞，但以創作行動拆解。他的作品在殖民與去殖民脈絡中的反動意義，和傳統的有機連結、對話與反思，雖未有可辨識的原住民形像，但具有「從舊時代過渡到新時代」的意義，是一個具有藝術脈絡可循的「現代性」。這種對舊時代的反省與突破，是另一種文化傳承。

一直到2006年，時隔十年，即使「現代」的聲音愈喊愈大，拉黑子作品背後所反映的「文化殖民」問題，並未引發更深刻的論述與激盪效應，多籠統地以傳統與創新討論。

第2節　反轉自然與原始的假美：花東地區地域性的「原住民性」藝術新表現

原住民的認同不應是虛構的認同。觀光的豐年祭與歌舞，那是認同嗎？原住民不可避免的問題是如何面對當下的生活環境，而不是永遠談那虛構的祖先、祖靈。祖先、祖靈不是用嘴說說，而是在生活、習俗以及氣質裡呈現。

——王墨林【9】

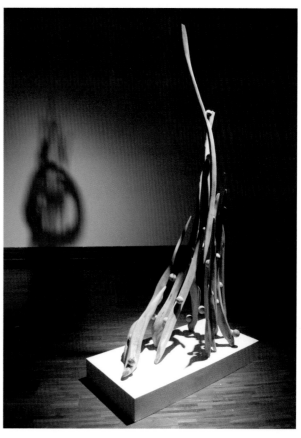

拉黑子‧達立夫　殘系列作品 2007（蔡淑娟攝）

　　身處於沒有木雕傳統的拉黑子，相對於
許多排灣族木雕創作者，較沒有民族形式的包
袱，或許另有一種創作自由。雖然，拉黑子強
調自己的藝術是個人創作，或許避開了民族美
學的問題。然而，拉黑子的作品，未追求形
似，就如他很少穿著傳統服飾出席公開場域，
但舉手投足、言談間，自有一種原住民氣質。
不似有些原住民藝術雖裝扮有十足的傳統榮耀
外表，卻嗅不出自信。

　　這裡所要探討的原住民氣質或者「原住
民性」，包括拉黑子所強調的人與自然的創作
觀，以及2000年代初期以「意識部落」為代表
性的漂流木創作，兩者逐漸成為花東地區一個
剛開始建構的新藝術與新文化現象。

一、不只是材料：漂流木

海，給了我很大的影響。——拉黑子‧達立夫

　　拉黑子的木雕作品，強調線條、木頭天
生的肌里、質感，與當時台灣原住民木雕所強
調的「黑」與原住民形象、符號等圖像，不僅
是完全不同的視覺經驗，更是完全不同的創作
態度與思考模式。

　　首先，是材料。1990年代初期，拉黑子
以部落舊房舍中被棄置、拆除的木頭建材創作
椅子系列。廢棄的木以及後來選用的破碎陶
片，傳達了文化消失與重建的意象。1990年代
中後期，拉黑子擅長的創作媒材，係源自於生

拉黑子・達立夫 殘系列作品 2007（蔡淑娟攝，本頁圖）

拉黑子‧達立夫於海邊搬運漂流木（顏霖沼攝、拉黑子‧達立夫提供）

拉黑子‧達立夫與部落青年溯溪搬運漂流木（林慧玫攝，拉黑子‧達立夫提供，中、右下圖）
拉黑子‧達立夫 漂流椅 1998（拉黑子‧達立夫提供，左下圖）

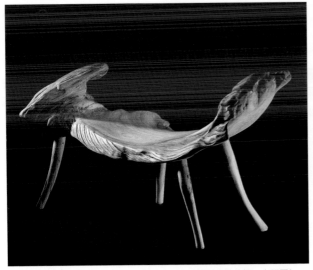

拉黑子．達立夫 椅子系列 2005 漂流木（串門攝影史乾佑攝，本頁圖）

長環境最熟悉、族人世代利用於生活，但同時是最不起眼、不被注意的漂流木。

漂流木和拉黑子生長的環境與氣候息息相關，台灣東部海岸秀姑巒溪出海口，一個大海與溪流相遇的地方，溪流帶下山裡的漂流木，颱風捲起海浪帶來數量龐大的漂流木，在此處匯集。

拉黑子常獨自一人反覆進出山裡溯溪，掌握每一塊木頭被溪水所帶到的棲身之地；曾經在颱風天，頂著風雨，與大浪搏鬥，或拖、或搬、或扛將漂流木帶上岸。為什麼要親自上山下海搬運漂流木，讓身體負重？身體力行、勞動，那是一個缺乏常規、學院養成管道的原住民藝術創作者，因應環境所摸索出的一個踏實的自我美感養成方式，如他從大自然中習得形式美：

我溯溪找木頭，於海邊與颱風搏鬥找漂流木，看到漂流木以及被海浪侵蝕的礁石，產生的各種線條與紋路。【10】

在這個過程中，掌握漂流木的顏色、質感、紋路、線條與造型，發掘與體驗過去族人如何運用漂流木的記憶與勞動精神。每一塊漂流木，都歷經過不同的旅程與時間的沖刷，而有了不同美感。在漂流木無序的美感形式上，拉黑子在順應與掌握，精準與即興之間，融合自我主觀與漂流木不可預期的自然變性之美。而這些敏銳的感受力與眼力，除了才性，更是靠不斷的身體力行與試煉習得。

漂流木與經過人為砍伐、切割成不同尺寸、運送、購買等過程所得的木材，是完全相反的。漂流木的可貴之處，不僅在於其為自然材質，更重要的是自然的產生方式，以及創作者選擇過程所看見的一般人看不見的漂流木價值，發掘並賦予新生。漂流木的死亡與再生，本身就能夠喚起尊重環境與生命的感動。

二、人與原始、自然的關係：世界觀的不同與普世價值

拉黑子的創作主要圍繞在「人與自然」這個核心精神，並深受海的影響。1990年代中

期，拉黑子即以環抱他的大山大海，以及阿美族與東方、太陽的關係爲題材創作。如1995年，私人畫廊亞帝藝術中心主辦、於新光三越百貨南西店所展出的「太陽之歌個展」，作品〈太陽子民〉、〈日出〉、〈太陽升起之歌〉，他從口傳、歌謠如〈看這東方升起的太陽〉這首歌，表現太陽躍上海平面的景象，和西部日落是極爲不同的日常視覺經驗。

1996年創作的〈太陽之門〉，則是表達源自於阿美族傳說太陽氏族於曙光照耀下出發遠征的精神；而這件作品送至東管處參賽，不被認爲是原住民藝術。2000年應公共電視之邀迎接千禧曙光於台東太麻里海灘所創作的大型作品〈太陽之門〉，亦源自於此傳說，並象徵迎接千禧年。

1990年代中期，拉黑子即開始實驗表現不同文化的「視覺景觀」，如〈大浪〉、以及潛水所見〈海面下的山洞〉等作品。1998年，與優人神鼓合作的大型作品，吊大抄鑼的〈長浪〉，三腳結構表現部落男子八大年齡階層最核心的三個階層，隱喻團結的力量撐高翻打的長浪。他並將這類作品置於港口部落海邊與秀姑巒溪口展示，傳達作品與部落文化以及自然環境的關係。2005年，作品〈站立之舞〉則以好幾個大浪與小浪表現海浪與部落男子年齡組織、舞姿的關係。

然而，太陽、海洋、海浪等不同於其他文化的視覺景觀作品，在1990年代中期渴求傳統榮耀形象與圖騰符號的原住民藝術主流下，這類作品未在國家政治文化活動場域以及原住民藝術控制區中獲得重視與認同。

孫大川曾以「山海世界」，來概括詮釋、強調整體原住民的生活哲學體系。「山海世界」、「山水中國」、「鄉土台灣」，牽引出完

拉黑子・達立夫 椅子系列 2005 漂流木（串門攝影史乾佑攝）

拉黑子・達立夫 太陽升起之歌系列 1995（拉黑子・達立夫提供）

拉黑子・達立夫 太陽之門於太麻里海灘 1999 430×175×75cm（拉黑子・達立夫提供）

拉黑子・達立夫 太陽之門 1995 樟木（拉黑子・達立夫提供）

拉黑子・達立夫 礁岩岩洞 1995 漂流木（拉黑子・達立夫提供）

拉黑子・達立夫 海面下的山洞 1995 漂流木（拉黑子・達立夫提供）

全不同的世界觀、藝術觀、視覺觀、生命觀與生活觀等。對於一個生長於秀姑巒溪口，終年居住於東岸、面對大海與陽光的拉黑子來說，他自然呈現的不會是潑墨飛瀑或雲海，而是發展大浪、太陽、海平面、海底下的礁岩、岩洞等。也才讓孫大川強調的「山海世界」哲思骨

架，長出有血有肉的具體生命。從微觀，再度回到宏觀，才是實在地回到「山海民族」的獨特內涵，而不是一個抽象到虛無飄渺的空殼。

然而，上述拉黑子的創作，不僅表現阿美族文化與「山海世界」，還企圖涵括「自然、原始與人的關係」此一更廣的普世價值，

拉黑子・達立夫 長浪 1998 漂流木（拉黑子・達立夫提供）

拉黑子・達立夫 站立之舞 2005 300×280×250cm 肖楠、烏心木等漂流木（串門攝影史乾佑攝）

以獲得更廣泛的共鳴，他另強調：

我希望作品能從種族辨識層面，跨越到生命與藝術的美的部分。

　　拉黑子從不敢承認「蕃仔」、刻意強調原住民，到1998年與優人神鼓合作所強調的「原始、自然與人文」，1999年年底「末始系列」所欲強調的「生命共同體」，逐漸趨向表現一種共通的題材，但又不失自我的特色，並未為了差異「原住民性」，而把其他「普世性」排除掉了。

饒愛琴　意識部落地圖　2002　絹印（盧梅芬攝，上圖）
達拉魯奇　樹屋　2002　漂流木、塑膠布（達拉魯奇攝，下圖）

而他的「原始」與「自然」，不再是依附在殖民慾望下，而是建立在一種古老的阿美族文化、新的生命態度與生活價值上；不再是空

泛與形式化的「自然」假美，使用到發臭、生出腐水的「原始」濫調，而是創造出自我反轉的力道，成為新的精神與價值。在全球化下，更是立定腳跟，通往世界的在地聲音，普世共享的共通價值。

他在原住民藝術被刻板化最嚴重的地方再重新站起來。異國情調與差異需求是人性，被動滿足殖民想像需求的「伊甸園」，也可以被反轉成提升人性、創造與領導潛在需求的場域。

2007年，拉黑子・達立夫使用漂流木創作已經十五個年頭了，他於台北誠品信義店展出的最新創作「PONAL・殘」，嘗試表現速度與力量、輕盈與沉重等。最大的轉變在於他的創作心境，從對殖民的抵抗、刻意的文化認同到藝術本質的探索以及享受純粹游於藝的創作喜悅。這個過程，卻是進入始能走出，文化已自然而然的表現在作品中。

三、非雕與刻，以漂流木塑型的新藝術表現：意識部落

2002年，由一群來自不同族群的原住民藝術創作者所組成的「意識部落」，成員包括魯碧・司瓦那（豆豆，阿美族，1959-）、娥冷（安聖惠，魯凱族，1968-）、哈拿・葛琉（阿美族，1968-）、達拉魯奇（范志明，阿美族，1968-）、達鳳、伊命、希巨・蘇飛、見維・巴里，以及一位客家籍創作者饒愛琴，於台東金樽海灘創作。他們駐灘體驗的創作方式，以及以海邊撿拾的素材搭建的住屋或樹屋，猶如一種生命創作，亦成了有別於主流藝術價值的另類走向。

有別於不朽的藝術觀念，魯碧・司瓦那強調「作品可以是有生命」的概念。因此，他們的創作隨著時間、自然環境氣候變化而有不

同的美感，甚至消失。而創作的作品即興地表現與地景、海洋環境的關係，如范志明表現海浪音符的〈海的升記號〉、魯碧的〈舞動〉等。自然材質以及海邊撿拾的廢棄物，如被沖刷磨蝕的玻璃等，成了創作媒材，創作的「廢棄」之美以及環保的概念，也進一步強化。

魯碧·司瓦那另外提出一個漂流木創作的新觀點，他們以漂流木堆疊與塑型的方式創作，不施以雕與刻，逐漸形成有別於拉黑子的漂流木創作風格。而這個創作靈感，魯碧·司瓦那指出最早是受到阿美族雕刻師袁志寬於花蓮亞士都飯店，以未雕刻的漂流木作為扶梯的啟發。

在意識部落駐灘創作期間，東海岸管理單位交通部觀光局東管處因「淨灘」需清除所有漂流木，引發藝術創作者的關注。對於政府單位來說，漂流木是佔據溪床海岸，需被燒毀的無用之物，但對位於東海岸的一些原住民藝術創作者來說，漂流木，卻可透過創作產生無限有趣的變化。經過協調溝通，意識部落以及拉黑子等創作者的凝聚力與制衡力，影響了東管處長久以來的「淨攤」觀念，漂流木採部分清理方式，以保有海岸漂流木的自然美。

2002年，「意識部落」成員從金樽上岸來到閒置再利用的藝文空間——都蘭糖廠，有別於金樽海灘的作品，加入共通的個人生命經驗與歷程而策劃「我生命中的停駐與漂流」漂流木裝置藝術展，參與台東縣政府所舉辦的都蘭山藝術節。這次的展覽，他們的作品更進一步強化以漂流木塑型的藝術表現，如達拉魯奇偏好以

海邊廢棄的酒瓶搭配漂流木的〈風的隧道〉與創意小品、娥冷以細小的漂流木堆積成龐大具張力的〈穿越〉、魯碧·司瓦那則發展出以燈光搭配漂流木創作，營造漂流木線條的剪影之美。

意識部落的獨特生活與創作型態、都蘭山藝術節的行銷再加上令人耳目一新的漂流木實驗作品，讓漂流木引起了更廣泛的注意。2002年與2003年，意識部落成員受邀於台東南島文化節現場創作，成為行銷重頭戲之一，為南島文化節注入新氣象，惟受限於活動時間過於倉促，有些作品的創意與質感未能充分開展。

之前台東南島文化節每年必備節目，以傳統形象為題材的巨型木雕，連續兩屆走下了南島文化節的舞台。這個現象，似乎顯示了政府對不具符號表皮的原住民藝術的接受度。但當漂流木成為「政治新寵」，雖更為活躍，但同時出現了漂流木被濫用、徒具浮面形式的問題。

2004年，東管處邀請創作者以漂流木為主要創作媒材，舉辦「海洋印記：東海岸創作

魯碧·司瓦那 舞動 2002 漂流木、尼龍繩等海邊撿拾的素材 (魯碧·司瓦那提供)

達拉魯奇 風的隧道 2002 漂流木、廢棄酒瓶、部落老照片（達拉魯奇攝，上、左下圖）
峨冷 穿越 2002 漂流木（達拉魯奇攝，右下圖）

魯碧．司瓦那 電器螢火蟲 2002 漂流木、細砂、FRP、野生植物、燈光（魯碧．司瓦那提供，上圖）
魯碧．司瓦那 漂流木裝置於南島文化節 2002（達拉魯奇攝，下圖）

達拉魯奇 漂流木裝置於南島文化節 2002（達拉魯奇攝，左、右圖）

張見維 漂流鳥 2006於東海岸伽路蘭手創市集 漂流木（黃毅攝）

2007年東海岸伽路蘭手創市集（黃毅攝，本頁圖）

2007年東海岸伽路蘭手創市集（黃毅攝）

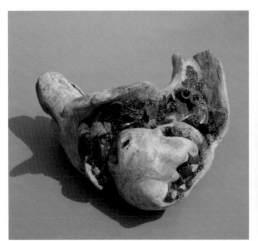

魯碧‧司瓦那 無題 2005 漂流木、碎玻璃（串門攝影史乾佑攝，左圖）
魯碧‧司瓦那 燈飾 2007 漂流木、碎玻璃、漁網（黃毅攝，右圖）

聯展」，於東海岸重要景點創作公共藝術。2006年夏天，東管處進一步於東海岸腹地較大的伽路蘭景點，舉辦「伽路蘭飆創意」藝術市集。意識部落成員以一貫的手法，利用漂流木裝置的空間設攤。

在逐漸累積參展經驗與作品後，2000年代中期，他們從集體行動方式逐漸轉爲厚植個人創作資歷或舉辦個展。魯碧‧司瓦那累積創作資歷並逐漸發展出以燈光、碎玻璃搭配漂流木創作的作品特色。2004年，由林明霞編導、豫劇隊首次跳脫傳統戲曲範疇所推出之實驗劇《試妻！弒妻！》，邀請達拉魯奇負責舞台設

魯碧‧司瓦那 女人‧夢 2005 檜木、玻璃（串門攝影史乾佑攝，左圖）
魯碧‧司瓦那之漂流木作品 2005（串門攝影史乾佑攝，右圖）

計，主要以漂流木為創作媒材，呈現冥府的寂然景象。

2005年，伊命的新嘗試〈山中的日與月〉，表現魯凱族舊好茶部落的石板屋，依山勢分布的聚落景觀以及部落生活的時間感。2007年，他繼續延伸漂流木廢棄與再生的觀念，於台東都蘭糖廠展出「沒有用的有用：伊命的木石之用創作個展」。策展單位「日昇之屋/女妖在說畫藝廊」同時舉辦「漂流的終點/蛻變的起點」東海岸漂流創作研討會，企圖強化漂流木的創作觀念。

四、小結

漂流木藝術，在花東地區匯集成一股潮流，成為極具特色的地域性媒材，以及一種創新的原住民新文化。這種藝術形式，極可能成為立足於本土思考而土生土長的原住民新藝術形式，而不是拿西方形式套在台灣原住民的經驗上。批判不全然是街頭社會運動或指責性的批評，拉黑子以及聚集於東海岸的一群藝術創作者正以溫柔的語氣訴說革新的宣言。如社會學者蕭新煌所說：

新社會運動雖不直接挑戰和改變既存威權體制，但是新社會運動所訴求的新文化價值和藉著運動組織所發生的集體壓力，卻足以慢慢鬆動了一些威權政體對民間社會各領域的有形和無形控制。[11]

漂流木，極有機會成為台灣原住民木雕的當代特色，並自成一有別於主流藝術，如數位、科技當道的另類或反向走向，或許更具人性對自然的需求與渴望，並發展成一具有特定意涵的風格。但仍需有持續、成熟與穩定的作品，深入的論述，才有可能是代表原住民藝術的獨特詞彙。

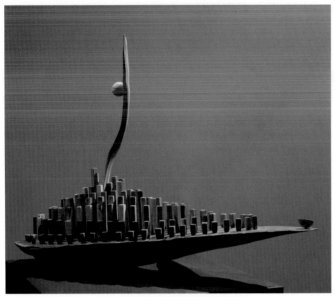

伊命 山中的日與月 2005 紅豆杉、櫸木（串門攝影史乾佑攝）

敗、教訓、不斷嘗試、不同國籍的藝術家與設計師加入，共同創造、提煉出的一種巴里現代風格，它是一熱帶生活藝術，更已是一種新的國際風格。【12】「原住民性」，是原住民藝術的問題點，同時是機會點。但究竟是讓人視而不見或引人注目，如何將問題扭轉為契機，是原住民藝術極大的挑戰。台灣原住民藝術的現代「原住民性」，是一個不斷實驗、創造與界定的過程，仍需時間的實踐與觀察。

如何辨識異國情調與文化特色、殖民與主體「原住民性」的差別，拼湊與融合、虛無榮耀與自信的不同？

泛原住民藝術，表面上有一種共通性，骨子裡卻是依附在原漢對峙的意識形態，一味地尋找所謂的純種、榮耀的「原住民性」，並產生封閉的原住民藝術與同質化的危機，而無法開展創作的活力。雖然，它的外表如此健壯美麗。在一個精神文化與物質藝術相當貧瘠的年代，泛原住民藝術，對尋找與提振民族榮耀，有階段性的作用，但久了以後，也看到了努力拼湊維持自我形象的困窘。

主體「原住民性」，不是要在原漢之間劃下一個涇渭分明的安全防線，亦不是依循原來的殖民眼光來劃定界線，而是拆解與超越侷限原住民藝術的隔離框架，擴充自己並建立一套價值、精神與美學觀。

以台灣最近流行的巴里島熱潮為例，巴里現代建築風格，歷經半個世紀，過程中有失

【註釋】
1. 1999年，拉黑子訪談紀錄。
2. 〈亞文協會公布藝術家獎助名單〉，中國時報藝文版。（2000.6.16）。
3. 「2000年第一屆台灣原住民現代藝術座談會」之「專業藝評與原住民現代藝術」座談場次，布農文教基金會舉辦。
4. 例如1997年於國立台灣美術館（時為省立美術館）舉辦的「台灣省86年原住民傳統工藝展」中，泰雅族阿麥‧希嵐的繪畫作品，被歸類在「傳統」且「工藝」的範疇。1998年於國父紀念館展出的「台東縣原住民文物特展」，包括立體木雕、傳統與新製的織繡作品、仿古製品、版畫、現代複合媒材等各類性質不同的作品，全被納編歸類至「原住民文物」。2000年於國父紀念館展出的「排灣族傳統之美木雕展」，為沈萬順個人作品展，展出焦點與詮釋方式，則為族群與傳統範疇。
5. 瓊‧孟丹（2003：7）。
6. 李渝（2001：12）。
7. Hill, Tom & Hill, RichardW. ed. 1994:16.
8. 2001年第二屆原住民藝術研討會。布農文教基金會主辦。
9. 此為2002年，「升火劇場搭龍岸」研習營「鄒族參與伊底帕斯劇探討」專題，王默麟演講節錄。轉引自盧梅芬編（2002：94）。
10. 1999年拉黑子訪談紀錄。
11. 蕭新煌（2002：122）。
12. 巴里島從1920年代至1990年代現代建築的歷史發展，參見Francione,2000: 9-16.

第4-4章 拆解我他藩籬：從不同中照見人性，從普遍中提煉不凡

當台灣原住民在島內摸索自己的藝術路程時，2003年，「圖騰大地：澳洲當代原住民藝術展」策展人瓊‧孟丹（Djon Mundine）帶來了澳洲當代原住民藝術的解放經驗。約五十年前開始發展的澳洲當代原住民藝術，和現今台灣當代原住民藝術有著類似的歷程。

最早一批於1950至1970年代崛起的澳洲原住民藝術家，其所處的社會普遍不認同他們的作品為所謂的原住民藝術，某程度不認同其個人所具有的原住民文化背景，並已先入為主的預期一種純正的原住民性。第二批活躍於1980年代的澳洲原住民藝術家，則逐漸走出澳洲白人的既定認知，以及對其既定認知的反抗，開始表現個人、甚至是共通的人類主題，如布林達‧克羅弗（Brenda L Croft）以一系列數位作品追悼逝去的父親與兄長，任何人都能了解其意涵。【1】

長久以來，在我他關係下，原住民不僅成為一個知識客體，更是一個「異己/他者」。作為一個人的普世價值，遠敵不過「異的吸引力」，使得原住民常常沒有辦法先以一個最基本的人被看待，再細究其差異。尋常的普世價值與共通人性，對於一開始就被差異化、特別化的原住民來說，特具溝通你與我的意義。

但如何兼具全球化下的在地特色，普世價值下的差異特色，是創作能力的考驗。1990年代中期至2000年代初期，有些原住民藝術創作者開始表現共通的人性關照，不輸異國的吸引力，反而多了感染力。

一、呈現文化特色等於尊重？

總是這麼說的：呈現原住民文化特色，舉辦原住民文化活動，可以促進社會大眾對台灣原住民文化的了解與認識，增廣文化視野，進而學習對文化的欣賞與尊重。無論是政治場域、媒體宣傳、原住民文化活動宗旨以及文化機構社會教育，這個邏輯與理念，似乎成了原住民文化再現的基本價值與信守不渝的目標。

然而，僅呈現「文化特色」，就能達到尊重原住民的目的？1994年，孫大川指出：「許多跡象顯示，台灣四十年來的進步、發展，並沒有幫助我們更進一步瞭解原住民的真實情況。」【2】2002年，於布農文教基金會所舉辦的「創新與認同：第三屆原住民藝術研討會」，第三場座談「表演藝術類創作者對話」中，行政院原住民族委員會文化園區管理局表演藝術負責人包勝雄指出：「儘管現在資訊那麼發達，但是原住民跟漢人之間的距離還是非常的遠。」【3】

包勝雄並舉例，2002年中部某高中畢業旅行參訪該園區，於餐廳用餐時，學生好奇地問：「我們想看原住民會不會用筷子？」離譜地讓包勝雄差點要當場表演夾花生。另外，有一位太太比手畫腳要求幫忙照相，包勝雄：「這位太太，照相就照相，用講的嘛！」他的女兒很驚訝地說：「媽，他會講國語！」包勝雄強調「這是你從來不會相信的現象，但是卻常常在園區發生，這是很遺憾的。」【4】這是站在第一線與民眾接觸極為頻繁的原住民的尋常經驗。

2001年，國立台灣史前文化博物館開館，該館常設展「南島民族廳」中，有一塊由

現代社會中、各行各業的大南魯凱族人照片所組合而成的展示面板，主題爲「我們現在的工作」。有別於傳統博物館，以及在傳統氛圍爲主的該館常設展廳中，試圖呈現部分的現代社會中的原住民。

　　然而，各行各業不已是常識？甚至，更多的原住民職業落在社會底層，爲什麼需要一個博物館展覽告訴我們「常識」？這是我以自身的經驗的提問。但我的同事與我分享他的經驗：「這個展覽主要是要給都市人看的，對都市人來說，原住民仍是陌生的。」「這個社會對原住民仍存有一種原住民就該如何的刻板想像，包括原住民自己。」

　　這個社會認識現實原住民的速度不僅緩慢，甚至連基本常識都缺乏。而這個展示是一個重要的指標，讓我們辨識社會大眾對現代社會中的原住民的認知程度，以及博物館如何已透過展覽反映了這個現象。

　　爲什麼社會大眾對現實原住民的認識，連基本常識都缺乏？長久以來，呈現原住民文化特色所強調的尊重、溝通與認識，似乎仍未帶來太大的進展，爲什麼與想獲致的目的有著差距？當所謂的「文化特色」，無法讓社會大眾認識眞實的原住民時，則需重新思考與檢討究竟呈現了什麼樣的特色、如何呈現特色、是以什麼樣的眼光看待特色，以及這個特色是建立在什麼關係之上？

二、我它關係下的知識客體

人無「它」不可生存，但僅靠「它」則生存者不復爲人。　　——布伯爾（Martin Buber）[5]

　　前牛津大學副校長亞倫·布洛克（Alan Bullock），推介對20世紀西方宗教思想有極大影響的猶太哲學家布伯爾（Martin Buber），爲20世紀西方新人文主義的代表之一。在布伯爾的代表性著作《我和你》（Ich und Du, 1923）中，他提出人與人之間主要有兩種主要關係，一是「我——它」，一是「我——你」。[6]

　　布伯爾的「我——它」，指的是人在生活中的客觀和功能方面的活動，例如科學採取了「我——它」態度，讓我們看到了一個有許多客體的社會。「我——你」態度，則是一種「關係」，或者「相逢」，這不是一種主體對客體的關係，而是主體對主體，相互對應的關係；而這種相互對應關係，在超然客體態度中卻是付之闕如的。他並舉例人對大自然通常以「我——它」態度面對，造成環境破壞，然而，人與大自然也可能保有「我——你」關係。[7]

　　1963年民權運動的高潮期間，黑人運動領袖馬丁路德·金恩（Martin Luther King）在阿拉巴馬州伯明罕監獄，寫給該市牧師的信中，即引用布伯爾的觀念：「隔離用一種『我——它』關係來代替『我——你』關係，結果是把人降到物的地位。」[8]

　　在學術科學研究中的我它關係下，原住民成爲一個客體，知識體系。原住民被理論化與抽象化，缺乏血肉、具體的生命經驗，難以觸動人心。在殖民想像中的我他關係下，原住民藝術成爲一種差異符號；在族性邊界下，原住民的文化、社會問題，甚至是原住民的心理傷痕，被整體化而忽略個體差異。原住民的處境就如布伯爾所說：「人無『它』不可生存，但僅靠『它』生存者不復爲人。」

　　1991年孫大川即語重心長的指出，人類學的原住民標本化再現方式，猶如醫生之解剖屍體，無法幫助我們認識一個人的情感、處境與希望。[9]「標本」，意味著以科學的研究態

度獲取知識，而非以人的情感來看待：「解剖」，意味著剖開軀體，研究各器官、骨骼及筋肉等結構型態。

科學的基礎工作與研究，是敞開知識大門的一把重要鑰匙。從日籍學者接觸、觀察與紀錄原住民的過程中，發現了新人種、文化與習俗等，這些都必須加以分類和命名，九族的輪廓與各自特色逐漸成形。但長久下來，再加上缺乏其他多元再現管道等因素下，在「標本」與「解剖」下生產出的知識，原住民正一吋吋被解體，漸漸地呈現於社會大眾面前的不是一個完整的人，看到的多是從身體上一塊塊被分割下來的差異文化。就如巨細靡遺地、客觀地認識植物繁殖器的構造，有時卻忘了如何欣賞一朵花。

2004年，資深媒體工作者王健壯在中國時報「三少四壯集」專欄發表〈七百二十一個名字〉，介紹美國ABC電視台由卡波（Ted Koppel）製作的「亡者」節目，如何重新讓民眾看到七百二十一個抽象數字背後的真實生命：

在四十多年的記者生涯中，卡波採訪過十多場戰爭。他說那些在戰場上陣亡的人曾經都是有血有肉活生生的人，但戰爭卻讓他們變成了冷冰冰的數字。製作「亡者」就是要讓這些數字背後的那些臉孔在觀眾的眼睛裡復活。【10】

死亡的形貌萬端，是否觸動人心，端看其表現方式。但因死亡報導的形式化、冷冰冰的數字與資訊過剩，死亡，竟也成了他人無關痛癢的例行資訊。

當原住民文化、一個人、一個生命，被抽象化後，如何揭開抽象的學術理論與知識系統，還原具體的生命原像，如何從族性邊界釋

放個人記憶，反而成了這個時代的課題。也正因為情感的觸動不是學術知識的能力所及，不是學術詞彙所能充分表達，正需要透過文學、藝術以動人的方式，反映時代、逼見現實。讓看不見的情緒、人性，被看見、被深刻感受。

三、最特殊與最普遍：差異與溝通

特殊、特色、特別，是讓一個文化、一個人或一件作品，能在普遍之中被注目的重要條件之一；在當今世界，它更是全球化下的在地基礎。在強調多元價值的今天，也一直強調要正視、尊重東西差異或原漢差異等，以作為另一個文化、另一個人自我反思自以為理所當然的價值，進而尊重「與我不同」者，從彼此差異，了解對己文化的啟發價值。但藝術創作除了特色，還必須兼備妥品質、傑出等，始能實在的脫穎而出。

然而，「差異」，在原住民身上卻同時含有「異類」、「奇怪」等負面意涵，以及奇珍異寶與奇風異俗。殖民者眼中的差異，還未被提升為細膩的特色與價值，就多先淪為「異國情調」——一個用來批判異文化被刻板化、窄化與簡化的專門用語。

原住民多是在概念化的「原住民」下被觀看，而少在「人」的基本前提下被互等對待。原住民總得被特別化，才得以站在「表現」的場域當中，尤其是政治觀光場域。生命中與你我相通的普世價值與共通人性，不斷被差異掩蓋，而無法像個完整的人，甚至忽略了當時最為普遍、最尋常的社會真實處境。

光主張原住民文化的差異性，並未讓原住民與世界共存，忽略了共通性在強調差異下的關鍵溝通與連結。僅強調差異，尤其是一個脫離現實的差異，並未化解人與人之間的隔閡，拉近人與人之間的距離，反而可能加深文

化誤解的鴻溝。具備共通性的溝通，具有爲原住民獲得更多同理認同的功能，如解嚴後原住民社會運動所倡導的原住民權，提升爲普世人權的問題，而獲得非原住民更廣泛的關心與奧援。

然而，更多的時候，「特別化」的目的，恰恰不是爲了溝通與增進彼此的認識，或如布伯爾所說的「相逢」，或如孫大川所說的「相遇」等眞實的經驗印證。【11】反而是要透過「奇異」來維持彼此的距離感，以滿足殖民者的慾望需求，維持殖民者的想像。

「異的吸引力」，雖是人性的一部分，但近百年的殖民隔閡距離，建立在我他關係下的異己再現方式，不斷將看待原住民的心態，導向好奇心的逗引，而非同理心的觸發。因爲缺乏同理，殖民者與原住民的關係無法達到己所不欲，勿施於人。

如果我們理解，19世紀中期清末華工到美國修築鐵路時所受到的歧視與排斥，血淚交織的貧弱歷史；如果我們理解，非洲大陸上的人民被綁架在擁擠不堪的奴隸船上，對不知爲何、不知身在何方、對未來的莫名恐懼，也許我們就比較能夠同理原住民漂泊異鄉、流浪都市的不安與鄉痛。

如果我們理解，中國如何從一個自大到列強環伺的自卑，而拼命挖掘、宣稱五千的古老傳統，到成爲今天的現代國家。也許我們就比較能夠同理今天的原住民藝術，爲什麼一直急迫想像回到那個「美好的年代」與「祖靈的榮耀」，爲什麼還無法面對同時存在自己內心的自卑與自大。

因爲同理，當台灣美術在殖民與獨立之間掙扎與奮戰，從大中國走回本土現實，從貧瘠走向豐美時，我們該給與仍在去殖民過程中奮鬥以及仍在荒蕪的美感土地中耕耘的原住民

藝術，更多同理的支援，更深的著想。

這並不是台灣原住民的單一問題，有怎麼看原住民的眼睛，就會有如何看世界的眼睛。近在眼前的是，會怎麼看外勞、所謂的「外籍新娘」、「大陸妹」和其他少數族群。因爲建立在我你關係下的同理，才能先從尊重生命爲起點，進而尊重文化；也才能從差異中，照見我你的緊密關係；從共通中，珍視彼此的差異。

一、先爲人，才爲原住民

2001年，於台北市立美術館舉辦的「隱形計畫Ⅰ —— 隱形人系列」吳鼎武・瓦歷斯個展，以數位科技，刻意將日據時期影像中的原住民「隱形」，批判殖民同化結果——原住民「即將消失」，留下的只是孤獨的影子以及身邊的生活器物。批判的同時，吳鼎武正面期許試圖將「物」還原到「人」的觀念，希望能讓觀者體會原住民及其文化不應只是由身邊的器物來單獨界定。【12】

現實生活中的原住民逐漸失去原有主體文化，但同時又以消失的主體身邊的器物，保存於博物館並以之詮釋原住民文化，逐漸成爲再現原住民文化的主要方式。這個系列作品乍看之下，雖然觀者先看到的是槍支、弓箭、杵臼、織布機、華麗的頭飾，但透過創作者的操作手法，反而迫使觀者聚焦於人這個「主角」，引起觀者的好奇或發問，在那樣的情境裡，人怎麼不見了？

2001年，吳鼎武・瓦歷斯於台中國際城市藝術節展出的「隱形計畫Ⅱ——隱形動物系列」則是以台中市街爲展場，將時空拉回三、

吳鼎武‧瓦歷斯　隱形計畫之隱形人系列　2001　數位影像（吳鼎武‧瓦歷斯提供，左上圖）
吳鼎武‧瓦歷斯　隱形計畫之虛擬原住民系列　2002　數位影像（吳鼎武‧瓦歷斯提供，右上圖）
吳鼎武‧瓦歷斯　隱形計畫之自由動物系列　2005（吳鼎武‧瓦歷斯提供，下圖）

四百年前，野生動物出沒的環境。作者將交通標誌牌改成「前有水鹿」、「注意前有野豬出沒」等方式穿越時空，提醒現在位處於交通繁忙、都會空間的使用者，這是一個被佔領的空間，這裡原是原住民的狩獵場，原住民原是這個空間的主人。

主人與主體，是解嚴後原住民社會運動對舊殖民的反動，雖已不是新的啓蒙意識，但是在2000年代，吳鼎武透過藝術表現，尤其是新時代的數位科技藝術，再次讓此問題更有滲透力的與時代接軌。但也反映了吳鼎武在1995年才開始尋找自身另一半血緣的原住民認同有關。

人類學學者謝世忠在其於1987年初版之《認同的污名》一書中，即以唯一主人、主人之一、被統治者，以及是否即將消失的疑問，分析殖民者與原住民族群地位變遷關係。【13】1994年，「原住民」一詞成爲官方正式用語，「原住民」正名也強調了我是主人的意涵，取代過去「山地人」等恥辱的象徵。然而，當「主人」這個詞彙所代表的主體與政治意涵啓蒙引發後，另一個問題是原住民是否可以「當人」這個動詞。在歷經百年殖民統治後，原住民要找回「人」這個普世價值，又是一個艱難的過程。

2005年，在史前館舉辦的「南島民族論壇」中，卑南族文化工作者高明智以「練習當人的十三年」爲標題，剖析因1992年參加由明立國策劃，於台北國家劇院演出的「台灣原住民族樂舞系列——卑南篇」，而重獲對自我文化的自信，開始有活得像一般人的機會，以及一直到2005年政府制定「原住民族基本法」，這十三年間，作者自身努力練習當人的過程。【14】

「練習當人」，深刻反映出重獲自信後，才能以一個比較健康的心態，來開展自我與文化重建。然而，這個過程不僅只是「練習」如此簡單，甚至如排灣族作家撒可努・亞榮隆所形容：「認同是一個集體心理治療的漫長過程。」【15】

本書第4-3章第2節已討論了拉黑子・達立夫於1990年代末期強調文化與藝術創作的普世性。2000年代，不似前述對於主人的概念強調，有少數原住民創作者開始落實於具體生命經驗；不似普遍的差異與傳統榮耀表現，而是開始從不同中照見共通人性，但又能從普遍中提煉不凡或不同，突顯出自己專屬的獨特經驗與細膩感受。

二、不同與共通的老者形象

（一）穿透文面・逼見孤老：里歐諾眼中的「消逝的長虹」

原住民攝影工作者里歐諾（1967-），成長於台東達魯瑪克部落。於1982年，約十五歲時投考軍校，開始十二年的職業軍人生涯。退伍前兩年，對攝影產生興趣，開始進入攝影領域，也成立過自己的攝影工作室。一直到2000年，布農文教基金會台灣原住民現代藝術中心開幕首展「消逝的長虹」個展，才透過攝影呈現自己的認同轉變以及對原住民現實問題的關懷。

展出的十幅作品，包括泰雅族文面老人與台東地區的原住民文手老人。文面與文手，被看見與再現的多是學術研究所著重的社會文化意涵，觀光著重的奇風異俗。這些老者或甚至被動地被建構成「族群榮耀」的承載者，例如2004年，在國際博物館日所設定的「無形資產」主題下，史前館舉辦「向人間國寶——文手、鑿齒老人致敬」。活動專刊分別介紹台東五位文手以及一位鑿齒老人，活動當日並邀請

幾位老人到館接受致敬儀式，由館方贈送寫有
「文化珍存」的水晶壓克力紀念獎牌。【16】

　　類似的經驗如尤佛-戴維斯（Yuval-Davis）
分析殖民地女性處境所指出：「將集體性的認
同與未來命運之『再現的重擔』置放在女人的
肩頭之上，並不必然會提昇婦女的社會地位。
相反地，其經常還會正當化對於女人的控管與
壓迫等作法，把她們建構成只是民族的精髓與
榮耀之被動的承載者，而不是可以主宰自身命
運的主體。」【17】

　　有別於以往的觀看方式、獵奇眼光，里
歐諾則將這些身體承載特殊與珍貴文化遺產的
稀有老人，隱喻為行將消逝的長虹。以悲憫的
眼神，透過攝影鏡頭，要觀看者看見「老人」
與「歲月風霜」──衰老、貧病、孤獨與無依
的真實生活景象。老弱，這個永恆的命題，對
比「被動的榮耀承載者」，顯得格外地突兀。

（二）飛魚〈外婆的晚餐〉

　　達悟族創作者飛魚（黃清文，1970-）的
繪畫作品，創作目的具有鮮明的社會批判性
格。他的作品為人所熟知的是關注、圍繞著反
核議題，這個創作方向和他的社會運動背景有
密切的關係。1995年族人盛裝千里迢迢渡海來
到台北抗議陳情的畫面，帶給他極大的衝擊，
飛魚則在此時成為推動反核運動的重要成員。

　　他常將核廢料桶、輻射的標誌與骷髏兩
種圖像並置，如以汽油桶裝置而成的〈鄰居
（罐頭的謊言）〉、〈飛魚的眼淚〉與〈何去何
從〉等，象徵核廢料謊言背後所產生的最終結
果──死亡。核廢料等於死亡，這是飛魚在其
作品上極力表達的面向。

　　然而，無論是以促進經濟發展為由的魚
罐頭工廠，或傳輸對環境無害的知識等謊言背
後，除了死亡，更是一個漫長的煎熬。從敷
衍、欺瞞，甚至連說謊都沒有必要，反射出殖

飛魚 鄰居（罐頭的謊言） 2000（盧梅芬攝，上圖）
飛魚 何去何從 1996 畫布、油彩（飛魚提供，下圖）

民者對「異己」生命的冷淡與麻木。而達悟族人從無知、屈辱、傷痛、反抗，甚至是被收編等一般人不容易看到的細膩人性與矛盾問題，尚未透過藝術作更爲深刻或動人的處理。

2000年夏天，布農文教基金會原住民現代藝術中心展出「金色年代：席·傑勒吉藍油畫及裝置個展」，強烈控訴的核廢料桶裝置作品，是作者自覺、極力突顯的重點。占多數的社會批判作品所呈現的控訴沉重氛圍，幾乎淹沒現場。但是在穿著傳統服飾的達悟族人作品之中，有一位畫中人物卻是一反「常態」，褪去傳統服飾，完全沒有任何的符號，沒有異國情調；不是概念、類型化的人，而是現實中的眞實人物──外婆。

〈外婆的晚餐〉中的外婆身軀微胖，左手拄著枴杖，右手壓著以頭背負裝著晚餐的置物袋，所有的重量落在她那細瘦、微彎卻結實的雙腿，赤足一步步緩慢地走在回家的柏油路上。外婆也讓人聯想到許多達悟老人，辛勤勞動的雙腿與雙腳。外婆的背影在島上單純的自然景觀中，映襯出單純生活中，一種簡單、辛勤勞動的精神。

1997年，飛魚離開台北回到故鄉蘭嶼，重新體驗、學習自己族群的文化。回到部落期間，他畫了與部落現實生活、文化與環境相關的作品。這件作品反映從台北抗爭到回鄉創作的心情轉變。作品中的外婆，雖沒有差異強調，卻顯得特別親近，平凡而有味。籠罩在族群議題或所謂的達悟精神的大敘述作品中，這件作品像是不經意、自然的眞情流露。可惜，這類作品並未繼續發展下去，只是點到爲止、零星偶發。

三、不同與共通的人與動物的關係

原住民與動物的關係，主要停留在原住民與山豬，以及山豬等於獵物此被窄化的範圍與刻板概念，但豬與原住民的關係與故事卻不僅於此。如不舞創作的眼帶揶揄且有著突出陽具的紅色大山豬，背後有著一段動人的鄒族神話故事。而創作山豬系列則是和個人經驗有關，2002年，因爲母親將她心愛的山豬殺了，促使她開始以豬爲題材持續創作。

飛魚筆下的綠色豬（蘭嶼特有種，俗稱蘭嶼迷你豬），除了身軀體型較小等生理差別，還是可以在部落隨意散步遊走，與達悟族人極爲親近的豬朋友；尼誕·達給伐歷的鐵甲山豬以及達拉魯奇（范志明）的戴墨鏡的酷山豬火爐，皆有以廢棄鐵材創作而成的趣味，另反映了原住民喜愛升火的生活風格。

原住民藝術，在殖民想像的支配下、去殖民的二元對峙中，長久處於壓抑與沉重狀態。而離開了特別化場域，情緒依然緊繃，內化以爲自己就該如此。不但無法開展人性，卻也忘了放輕鬆，不太能享受純粹「游於藝」的創作喜悅。但從上述的山豬作品，已經可以看出原住民藝術創作者開始表現幽默、趣味的輕鬆面。這些作品有著一般人對豬的熟悉感，同時又有其各自的獨特性。

而原住民和動物的關係也不僅於山豬。哈古不斷反覆刻劃水牛題材，反映了影響極深的農村生活經驗，也是你我共通的台灣農村經驗。這個經驗也反映在阿美族創作者達耐·達立夫的水牛作品，讓人聯想到東海岸的水田景觀。

除了水牛，土狗則是哈古作品中另一常見且與原住民生活息息相關的動物題材。2000年，太魯閣族石雕創作者沙仁（1958-）最愛的土狗系列，則是他較具個人特色、藝術性的主題。「鼻子、耳朵很靈，帶著土狗打獵，不會迷路。是生活中忠實可靠的朋友。」這是沙

飛魚 外婆的晚餐 1998 畫布、油彩（飛魚提供）　飛魚 豬佳偶 1998 畫布、油彩 53×45.5cm（飛魚提供）

尼誕·達給伐歷
山豬 約1996 鐵雕
50×27cm（鄭桂英
攝，左中圖）

達拉魯奇 山豬火
爐 2006 鐵雕 145
×90×48cm（達拉
魯奇攝，右中、下
圖）

達耐．達立夫　水牛　2005（串門攝影史乾佑攝，本頁上圖、左頁下圖）
沙仁　土狗系列　2006　石雕（鄭桂英攝、布農文教基金會提供，左下圖）
飛魚　圖騰飛魚　2006（飛魚提供，右下圖）

沙仁　山豬　2006　石雕　40×25cm（盧梅芬提供，左頁左上圖）
沙仁　圓滿　2006　石雕　41×26cm（盧梅芬提供，左頁左中圖）
達耐．達立夫　水牛　2005（串門攝影史乾佑攝，左頁右上、右中圖）

黃土水 蕃童 1920（藝術家出版社提供）

仁鍾愛雕刻土狗的因素。2000年代中期，飛魚開始表現他所鍾愛以及達悟族海洋文化中的重要魚類——飛魚，他以符號表現飛魚，以示飛魚具有承載文化的意涵。

四、小結

過去，原住民藝術的角色與價值，常被認為是接近與認識原住民文化特色的一個主要管道，但異國想像以及陷入原漢二元對峙的泛原住民藝術，不但未化解這種我他關係的隔閡，反而更易導致對原住民現實生活的隔離與

誤解。在差異眼光下，原住民藝術的現實與人性表現一直發展不起來，這類作品也不意引起注意或不易從此角度切入分析。

但從上述的作品表現，可以發現已有原住民藝術創作者逐漸走出原漢二元對峙的藝術表現與認同焦慮，溝通你我。但仍有原住民進了「特別化」場域，仍然依循著差異邏輯，或擔心不如此就上不了表現場域，而開始武裝起自己或裝扮起差異自己。

第3節　歧出的眼光：日據時期台灣美術中的人性微光

一、蕃人形象的主旋律

日據時代，除了博物館、博覽會，當時再現蕃人的管道，還包括美術畫作中的蕃人形象，當時不少日籍與台籍畫家曾零星地以原住民為題材創作。因〈水牛群像（南國）〉巨型浮雕而著名的台籍美術家黃土水，於1920（大正9）年第一次參加日人所舉辦的美展——第二屆「帝展」（帝國美術院美展）時，選擇蕃人為題材，創作了〈蕃童〉與〈凶蕃的獵頭〉兩件作品，前者入選該屆帝展。這是藝術史上探討殖民影響的代表性例子。同年，在《台灣日日新報》所刊載的採訪文中，黃土水描述了希望透過作品表現「台灣特有的東西」的心理狀態：

由於我是出生台灣的，我想做一些台灣特有的東西看看，所以今春畢業的同時，回到家鄉，我想起種種題材，第一件想到的便是生蕃。這是馬來人種，而且和內地人比較起來，他的手指頭長許多，右腳的第一指，因沒有穿鞋子，都向外彎曲。其他像骨骼魁梧，呈現兇猛的相貌都和日本人不同。【18】

「和日本人不同」，正是以殖民者的眼睛看自己，卻非出自黃土水自身所熟悉的文化與環境，而〈凶蕃的獵頭〉未開化、出草獵首的形象，更是符合了日本內地關於台灣島上生蕃的傳聞與好奇。蕭瓊瑞指出，黃土水在他生長的那個年代和大部分的台灣文化人一樣，大都只能透過殖民母國的眼睛來形塑自我。【19】

鹽月桃甫 阿美族創世神話 圖片來源：佐山融吉、大西吉壽（1923）

長期以原住民題材創作而著名者為鹽月桃甫（1886-1954），並被喻為「台灣的高更」。【20】1921（大正10）年，時年約三十六歲的鹽月桃甫來台任教，並與他的學長、日本畫教師鄉原古統（1892-1965），前往東台灣與探訪太魯閣蕃人。【21】1923（大正12）年，《生番傳說集》作者之一大西吉壽，即因鹽月曾旅行原住民居地的豐富經驗，邀請鹽月於該書繪製十一幅原住民神話故事插畫。【22】同年，日本皇太子裕仁來台參觀，傳統蕃人亦是呈獻的重點之一，如安排蕃人舞蹈表演以供御覽；而鹽月的〈蕃人舞蹈圖〉被挑選為呈獻品，主題為吹口琴與跳舞的一對泰雅女子。【23】

1927年，「台灣美術展覽會」成立，簡稱「台展」，當時的官方代表呼籲以繪畫表現台灣地域特色，隨著東京來台審查員的大力鼓吹，「地方色彩」儼然成為美術展覽會的指標原則。【24】關於台展的繪畫表現與台灣地方文化特色建構，多以符合殖民想像的角度探討。而歷屆台展作品中，蕃人是不可或缺、極具代表性的台灣地方色彩題材。【25】台展中蕃人形象的主旋律，主要是「與我不同」的差異以及伊甸園的想像。

1927年，鹽月於第一屆台展的參展作品〈山地姑娘（山の娘）〉，除了呈現一貫盛裝的泰雅族少女外，亦可看出創作者對泰雅傳統服飾與文化特色的基礎考究，包括左手拿口簧琴，成套傳統服飾如胸兜、外套、裙子與綁腿等穿法，以及身上穿戴的骨製白色頭飾與項飾。從1927年第一屆台展的〈山地姑娘〉，一直到1936年第十屆台展的〈紅霓〉，鹽月筆下的原住民大多是盛裝、美麗、異國文化的表現。

1930（昭和5）年，日本統治台灣已三十五年了，並奠定了難以動搖的統治政權。許多蕃人穿上和服，從事農耕也成了不少蕃人的重要產業。鹽月來台近十年了，從鹽月的多數畫作中，幾乎看不出蕃人在殖民政策下的現實、處境與問題，而是有意識地選擇呈現一個未受文明干擾與污染的伊甸園。

這點亦成了介紹與認識鹽月這類作品的主要風格歸類，異國情調也成了批判這類作品的主要觀點，如梅丁衍指出：「對鹽月來說，原住民不僅是滿足其『異國情調』，原住民題材後來還成為鹽月心中最具『台灣特色』理想的美術題材。」【26】

鹽月桃甫 火祭 1929 油畫 第三屆台展（上圖）
鹽月桃甫 母 1932 油畫 第六屆台展（左、右圖）

作品。

1930（昭和5）年10月27日，霧社事件爆發。日帝警察軍隊以山砲以及滿載炸彈的軍機飛往南投霧社山區轟炸，甚至投擲國際公憤的毒瓦斯，造成泰雅族人傷亡無數。鹽月的內心定是深受極大的震撼，創作了〈母〉這件描繪在轟炸威脅下，無力抵抗的泰雅族母親與孩童。

這幅畫將人物放大，一位泰雅母親堅強地單手抱著襁褓中的嬰兒，另外兩個稚子雙手環抱母親的雙腿，被戰火煙霧所籠罩包圍。母子空洞的眼神，倉皇躲避卻又無路可走的驚慌畫面，逼近觀者眼睛的，不是死亡的結果，而是瀕死的恐懼。透過無妨禦能力的母親與孩童，或許是最具震撼的指控。

二、與母共哀：鹽月桃甫畫筆下的霧社事件

然而，鹽月在1932年第六屆台展的作品〈母〉，卻是他以原住民題材作畫的創作生涯中，甚至是台灣美術史中以原住民為題材的繪畫中，極為少見反映原住民社會現實與處境的

這件震撼人心之作，和鹽月之前選畫的題材，有著天壤之別。鹽月不再強調傳統盛裝與異國情調，從心中嚮往的伊甸園或鍾情的地方文化特色，轉變為一個理蕃政策下的現實原住民，這是公開的畫作中幾乎沒有過的表露。

這個殖民統治悲劇，喚起一位畫家對原住民真實生命的關注，強烈到無法視而不見，深刻到必須透過畫作表現出來。這是台灣美術史上，少見的以悲憫的眼睛，看待現實處境中的原住民的代表性作品。

也因為這難以抑制的藝術良心，鹽月畫出了超越我他隔閡，你我關係下的〈母〉。透過這張畫作也讓我們以同理的眼睛，而非好奇心，「看見」原住民的真實處境；同時也使我們從內心湧出最深刻的悲憫，這仍是現在許多作品所不及的。

這件作品，沒有刻意放大的差異，是在漫長的殖民慾望之眼下，所透露出的一點人性微光。然而，在當時殖民政權的同化政策下，這件孤獨的作品，究竟能喚起多少人對原住民真實生命的關照？

是有限的。霧社事件被鎮壓下來後，1935（昭和10）年，日本政府舉辦了「始政四十週年紀念台灣博覽會」，展現統治台灣的政經發展與開發成果。其中極為重要的一環為理蕃成

果，同時展示「一如蕃地之狀」的傳統蕃人生活樣貌。透過博覽會的操控力與影響力，在短時間內灌輸蕃人的同化與現代化程度，以及傳統異國的兩極面貌。

在教育方面，1934（昭和9）年，時年三十一歲的台籍畫家，台北第一、第二高女囑託藍蔭鼎（1903-1979，宜蘭縣羅東人），因是台灣本島水彩畫的權威，又曾入選帝展，受警務

鹽月桃甫 虹霓 1936 油畫（上圖）
藍蔭鼎為《教育所圖畫帖》所繪蕃地風景 1935（下圖）

局理蕃課之邀，擔任《教育所圖畫帖》的編修委員與繪圖。《教育所圖畫帖》的內容，主要描繪蕃人的傳統生活樣貌與蕃地風景。【27】

時隔七十多年後，霧社事件留下了泰雅族人反抗暴政或從容就義的景象，尤其莫那魯道所樹立的馬赫坡不朽的勇者形象，另外則是花岡一、二郎兩對夫婦，夾在異族統治與本族反抗者之間的悲劇身影。然而，鹽月的〈母〉，代表的卻是更多的無名者。

〈母〉這個歧出的音符，雖不成當時主調，但在難以抵擋的殖民歷史中卻是極為深刻的印記；不為時間所淘汰，穿越時空，提醒今日的我們，反省在「我他關係」下，被差異籠罩覆蓋的人性關照。

【註釋】
1. 瓊‧孟丹（2003：7、8、11、12）。
2. 孫大川（1994）。〈文化多元性與原住民生活輔導間的困擾〉。收錄於孫大川（2000：50）。
3. 轉引自鄭桂英編撰（2003：219）。
4. 同上註。
5. 引自Martin Buber著、陳維剛譯（1991：1）。
6. 參見Alan Bullock、董樂山譯（2000：277）。
7. 同上註，227-228。
8. 這封信件重刊於Afro-American Histoy: Primary Sources, ed. Thomas R. Frazier（New York 1970），392-405. 轉引同上註，328-329、341。

9. 孫大川（1991：119）。
10. 王健壯（2004.7.10）。
11. 孫大川（1995：256）。
12. 參見「2001 吳鼎武‧瓦歷斯個展——隱形計畫」網站：http://www.lib.cycu.edu.tw/art/20010521/intro.html（2002.6.21參考）。王蘭芬（2001.2.10）。
13. 詳見謝世忠（1987a：14-25）。
14. 參見高明智（2006：37）。
15. 撒可努‧亞榮隆（2003）。
16. 張至善編（2004：19、38-47）。
17. 轉引自Susanne Schech and Jane Haggis著、沈台訓譯（2003：194）。原文刊於Yuval-Davis, N. 1997: Gender & Nation. London: Sage Publication, 45-47。
18. 原文刊於1920（大正9.10.18）《台灣日日新報》。引自陳昭明譯（1993：367）。
19. 蕭瓊瑞（1997：55）。
20. 梅丁衍（2001：24）。
21. 引自新竹大學數位藝術教育學習網 http://www.aerc.nhcue.edu.tw/8-0/twart-jp/html/aag-j2a.htm（2002.1.2參考）。
22. 佐山融吉、大西吉寿（1996：5）。初版於1923（大正12）年發行。
23. 顏娟英（2001：367）。王淑津（1996：53）。
24. 參見王淑津（2003：52）。
25. 在廖瑾瑗（2001：37-62）所發表的〈台展東洋畫部與「地方色彩」〉一文中，彙整了歷屆「台展」中以蕃人為題材的畫作。
26. 梅丁衍（2001：24）。
27. 引自昭和9年3月1日。〈教育所用圖畫帖編修〉。《理蕃の友》，第3年3月號，6。《教育所圖畫帖》正式出版前，藍蔭鼎以蕃地風景與傳統生活景象的作品共十五幅，於《理蕃之友》連載，持續七個月，至1934（昭和9）年9月1日。

第4-5章 從我們到我：從族性邊界中釋放個人記憶與情感

1995年，孫大川指出：「近十年來原住民『族群自覺』的運動，是從『我們』是誰，而不是『我』是誰的泛族群意識，來尋找其動力基礎的。」[1] 1990年代，台灣原住民藝術群起的普遍創作意識與目的，基本上承載、標榜或致力於族群傳統文化傳承的宏大使命。

1990年代中期，原住民藝術創作者開始面對處理自己、部落、族群、世界與殖民的關係，「個人性」開始浮現，並表現在三個層面——社會角色、創作內容與形式。書中所觸及的一些藝術創作者，各有其獨特的生命經驗與力量，逐漸無法僅以族群藝術的分類角度切入討論。

關於原住民現代藝術的崛起，多將1990年代中期以後，以「個人」為出發的藝術創作現象，當成掌握與了解原住民現代藝術發展的一個重要指標。然而，個人，不僅要放在傳統部落過渡到現代社會的脈絡中探討，以及不同族群的差異；亦須顧及殖民二元觀下的「族性邊界」與純種原住民，以及去殖民想像下的榮耀認同需求，對自我的雙重壓抑。

第1節 從文物到創作者：新的社會角色與新社會的創造

一、「新原始藝術特輯」：打開「手藝人」個人參與的空間

國家殖民力量與資本體系進入部落社會後，傳統社會逐漸崩解，原來與社會宗教緊密結合的物質文化逐漸被破壞或轉變，同時也逐漸失去過去那種工作閒暇之餘，享受愉悅的生活工藝製作，許多生活藝術也被快速且大量製造的現代用品取代。所謂的藝術，逐漸落在專人身上，成了少數原住民額外或主要的經濟來源。

觀光市場生態成為原住民藝術的殘存場域，山地製品基本上沿襲仿古抄襲的歪風，但亦有少數個人風格鮮明的雕刻師。然而，這些作品常以古物或山地藝品之名販售，或以「某族」雕刻介紹，當時的雕刻師幾乎是無名的、隱性的。這種山地藝品的界限與性質，基本上被劃定為原漢二元視角下的族群藝術。

過去關於原住民藝術的研究、報導與展覽，主要從「族」的範疇以及「文物」的概念切入。人類學的物質文化研究，主要關注文物背後的族群社會文化脈絡。然而，進入現代社會中的原住民藝術，個人複雜的背景、經驗（年齡、社經地位）與作品、族群的關係，以及藝術表現背後的時空背景等，逐漸無法僅以族群藝術分類探討。

1991年，《雄獅美術》雜誌策劃的「新原始藝術特輯」，有別以往的文物觀而以「手藝人」為切入點，企圖呈現新原始藝術的新時代意義。如王福東提出的觀點：

當我翻閱一些出版過的有關台灣原始藝術的書籍和雜誌之後，發現這些出版品大部分是漢人研究或「推斷」出來的一些「史料」，真正由胼手胝足的手藝人——原住民，現身說法的文獻實在是絕無僅有。

透過一些原住民「手藝人」的現身說法，希望能呈現出不盡一樣的原始藝術的面貌。[2]

該特輯因《獵人雜誌》月刊甫於1990年發行，因而透過該月刊主持人、同是作家的瓦

歷斯‧諾幹引薦，造訪南部排灣族、魯凱族以及卑南族的手藝人。包括排灣族人撒古流、賴合順、沈秋大與高富村、魯凱族人卡拉瓦，以及卑南族哈古等。其中，因推動排灣族文化且在當時十分活躍的撒古流，以及在藝術表現上具有「現代性」的哈古，為該雜誌出發前認為首要必須造訪的人。

「新原始藝術特輯」打開了「個人」參與的空間。從「標本」、「文物」、「族群性」，逐漸看到有臉有目的個人。雄獅美術雜誌所舉辦的「頭目的尊嚴：哈古個展」，則是原住民藝術從官辦展覽場域的傳統與文物邊界跨出的重要起步。然而，「手藝人」一詞，亦反映了受訪的原住民，其作品尚未有清楚的定位。

二、從匠師、文化藝術工作者到藝術家

1990年代文化重建時期，早在之前市場中的原住民木雕工作者，或受邀參展、或參加比賽活動，從山地雕刻食物鏈的底層，一躍成為政策下原住民文化的代言人。如1992年，文建會與中華文化復興總會舉辦的「第一屆山胞藝術季」，1997年，由台灣省政府原住民事務委員會主辦、於台中省立美術館（今國立台灣美術館）展出的「台灣省86年原住民傳統工藝展」，參展者主要為地方縣市政府鄉鎮公所輔導之研習學員或部落工藝師。

本在觀光市場或於生活閒暇創作的「無名」者，名字逐漸浮現。惟1990年代中期前的「自我感」，所強調的主要不是在藝術表現上，作品也不一定完全跳脫文物或市場，而比較是個人社會角色的改變，甚至有了強調主體之姿的文化傳承的定位。他們亦重新認知與定位自己，但有些則籠統地混合了殖民市場需求與文化傳承功能。另外，有些則是隱藏在文化傳承羽翼背後，乘虛而入的藝術市場投機者，披著

原住民符號的外衣，被推向文化傳承之列，不容易靠作品外表分辨出他們的不同。

1990年代，自覺反思部落、殖民與現代三個世界、個人形象鮮明的代表性原住民藝術工作者為1980年代中期崛起的撒古流‧巴瓦瓦隆。1991年，在《雄獅美術》雜誌所策劃的「新原始藝術特輯」中，瓦歷斯‧諾幹認為，與其說撒古流是個雕刻家、製陶家，到不如說是個文化工作者、文化解釋者。[3] 1990年代中期前，對撒古流的評價以及其較大的影響力，包括部落教室理念與傳統藝術重建等文化面向大過於藝術創作的美學問題。

李道明於1994年拍攝的紀錄片《排灣人撒古流》，紀錄了撒古流的家庭、田野調查、雕刻、製作傳統陶壺，以及為當地基督長老教會教堂設計及施作具有排灣傳統文化元素的空間。在同化破壞與文化重建的轉折期，這部紀錄片呈現了鮮明的個人角色與力量。而此媒體傳播對撒古流的文化藝術工作者角色，以及排灣族傳統藝術文化的重建，具有推波助瀾的效應。

1990年代中期，在社區總體營造與文化產業政策下，社區、文史與藝術等工作者大幅成長。藝術工作者的定位，並非單純獨自創作與製作，更扮演了社區培力的重要功能。

1996年開始，簡扶育於《藝術家》雜誌連載關於原住民創作者的報導文章，並於1998年集結出版《搖滾祖靈：台灣原住民藝術家群像》一書。這本書集結包括當時幾位重要的原住民藝術創作者，透過創作者口述、鮮明有力的影像，記錄台灣原住民藝術創作者群像。這本書透過藝術雜誌連載與出版，使得原住民藝術創作者獲得較為廣泛的注意，也成為當時重要的參考基礎資料。

這本書標示出了新的概念「藝術家」，以

廣義的藝術家定義並將不同屬性的藝術創作者與作品集結一起。但另一方面，也可能產生對於原住民「藝術家」觀念的混淆。這點反映的是原住民藝術生態的整體問題，一整個1990年代，甚至一直到2000年代初期，仍存在著匠師與藝術家、工藝與純藝術等的混淆，如2003年由國立嘉義大學原住民生產力培訓中心所執行出版的《台灣原住民工藝匠師專輯》中所介紹的匠師，包括石雕創作的劉金德（沙仁）、以金屬為主要創作媒材的李春光（希細勒/排灣族）。

「原住民藝術家」一詞，甚至產生浮誇與濫用的現象。2000年代，拉黑子則明確地表示要擺除原住民背景，成為一位以創作實力在主流社會中被肯定的藝術家。對藝術的認知、創作者的定位、為誰創作等問題，逐漸浮上檯面，藝術家的定義逐漸趨於一個更為嚴謹與更高的標準。

三、個人力量、群己關係與新社會的創造

紀登斯（Anthony Giddens）在《現代性與自我認同》一書中指出：「在傳統文化中，個體生活的變換與心理重組，常常以生命禮儀被儀式化。在這樣的文化中，集體層面上的事情代代之間少有改變，而改變了的認同清楚地處於監視之下，如當個體從青春期邁向成年的時候。相反地，在現代性的情境下，變化的自我作為聯結個人改變和社會變遷的反思過程的一部分，被探索和建構。」而其中「新的自我感」是創造新社會過程的一部分。【4】

在傳統部落社會組織與價值下，每個個體的生命歷程有所依據。但隨著殖民統治影響，原來的社會快速瓦解，或有些舊價值已不再合用，面對新局時新的心理支援系統來不及建立，而導致無法適應等種種問題，甚至喪失信心。這個階段，變化的自我，在建立個人主體性以及連結社會這個部分的能力常是不足的。

一直到1990年代，原住民藝術逐漸出現一群思考藝術與現代社會原住民文化的關係，進而提出新觀念的人，並成為主導原住民藝術的主要動力。藝術創作或工作者逐漸成為一種專門工作，似乎也代表當代社會中更為自覺的一群人。

除了個人自我實現，他們對自己有一種特別的期許——創作不僅是個人，更是部落生存延續的問題，是展現原住民文化生命力與時代精神的路徑。力求個人價值與群體福祉的雙重實現。從早期撒古流提出「部落教室」、尤瑪·達陸籌設「泰雅織品文物館」、拉黑子成立「站立者之屋」，都將藝術的最終目的，置於部落的未來發展。

他們透過創作，讓參與族人習得一技之長，更重要的是建立自信。以下兩段為拉黑子分別於2002、2004年提出的觀念，不斷強調藝術創作者的重要角色，在於提昇以及建立發自內心的自信，而非表面的榮耀，未來始有可能建立新時代的部落。

在整個環境中，原住民創作者扮演了一個非常重要的角色。而這個重要角色的工作，就是要如何使這片土地上的原住民向上提昇，也就是提昇他的心靈、他的自信。【5】

過去這十年，我用藝術創作的方式讓自己對部落文化的深刻情感找到抒發的空間。最近這三年，我則希望能將這樣深刻的情感與部落族人真正連在一起，不斷嘗試各種方法讓年輕人重視自己的生活價值，建立發自內心的自信。【6】

藝術創作成爲另一種生活教育方式或提升部落的媒介，但剛開始他們必須同時提供基本經濟收入，或提供一段穩定的生活環境，以留住部落青年、婦女能夠安心、專心地學習。尤瑪‧達陸面對的是一群安靜地認命，卻又承載傳統織布想像的婦女。她指出在地狹的土地上，明顯區隔的部落與地理環境，部落的單元小，包括人口、戶數少，少到每一戶都認識，少到沒有辦法漠視。尤瑪‧達陸的部落教室，門口掛牌寫著「婦女保護之家」，除了織布技藝與知識的專業訓練，婦女之間可以形成一股力量，共同面對家庭問題。

他們沒有鄉關何處的心情，心情隨著部落起伏，卻也常常在不斷反覆出現的僵局中痛苦徘徊，如因爲認清現實問題而中斷，然後又因一絲的希望繼續前進，以大我的力量支持小我的脆弱。

這時期的原住民藝術創作者或工作者，無法不受時代牽連，但有些創作者的觀念、作品生命力同時對該時代產生深刻的影響。如撒古流帶動的第一波傳統藝術復興、拉黑子以及生活於花東地區的原住民藝術創作者的漂流木藝術，皆是創造新趨勢的具體例子。

第2節　邊界的打破與回流：台灣原住民現代藝術中的自我探索與表達

別人一看到我，就想要決定我到底是黑人？亞洲人？女同性戀？我全都是，但還要更多。

這是於2004年，奪得美國舞台劇最高榮譽東尼獎（Tony Award）的陳史黛西安（Staceyann Chin）的得獎感言。陳史黛西安的母親爲亞買加裔，父親爲華人。2005年，她則在百老匯劇場以《邊界／碰撞（Border/Clash）》

戲碼，現身說法。她認爲：「在今天的世界裡，所有的『邊界』都應該打破一些，讓不同文化、性向的人，有碰撞、衝突、尋求答案的機會。」[7]

台灣原住民文化的多元意義，基本上仍聚焦於多元族群與多元文化，忽略了從個人差異出發的多元性；將原住民藝術的問題視爲族群的問題，而忽略了階級、兩性等問題。2000年代，原住民藝術工作者不但要從崩解的傳統社會中，建立有力量的自我，並開始在族性的慣性視角下，集體記憶中釋放被隱藏與壓抑的個人記憶、經驗與情感。

一、形式「脫俗」與題材傳統：與大社會的新溝通方式

不同族群的藝術，雖各有其特定脈絡，但都具有族群溝通、識別，以及情感聯繫的功能。族群藝術，基本上依循一定的形制，不易驟然擅加改變，但個人的表現仍可在可辨識的主導風格範圍內，小幅度地表現自己的美感喜好、小創意或情感。

形式的改變是漸進的，若歷經社會改變而產生形式變化，因部落人口少，這種改變的傳播與溝通，基本上仍是大家可理解的共同經驗與歷程。例如，卑南族女性的busi（外裙），在近代歷經漢服布料與形制以及日本布料的運用，曾經成爲一種流行，也成爲今日的傳統。

1990年代，民族藝術仍扮演了極爲重要的溝通族群內部的角色，並且蘊含著常民生活情感。同時，強調個人風格的藝術創作，開始「脫俗」，重視「原創」，但具有另一種溝通自我、部落與大社會的功能。

儘管創作形式、媒材、技法等與傳統民族藝術不同，但表現題材仍多不脫傳統生活或

安力．給怒 三個女人 1993 油畫 71×86cm（安力．給怒提供，左圖）
安力．給怒 歷史事件 1994 油畫 123×138cm（安力．給怒提供，右圖）

族人共通的認同等範疇。1990年代，哈古的作品形式基本上屬於個人，但在題材上如小說家黃春明在1991年雄獅美術雜誌所舉辦的「原住民文化的蛻變」中指出，哈古的作品表現，並非僅只是他個人的情感，而是他族群的人可以認同的東西。【8】而哈古剛從事雕刻的動機，如他所說：「要把傳統生活與文化刻出來，讓老人感動、讓孩子了解，藉由木雕搭起老人與孩子之間的橋樑。」【9】

　　學院出生的泰雅族藝術創作者安力．給怒，雖使用西方媒材油畫創作，但題材仍多以傳統文化為主，包括泰雅族文面以及身著傳統服飾的各族人像。1990年代中期後，拉黑子．達立夫的作品，外表雖看不到足以辨識的原住民形貌，但作品內容仍扣緊自己所體會的部落文化；強調「師其心」，著重內在精神世界、傳統價值等觀念的探索。文化傳承與延續的軌跡，不一定表現在有形的作品上，許多更深刻、深層的思維表現在無形的觀念上。但是在

形式上，卻是展現自我風格的地方，如他所說：

除了內涵主要為母文化，我開始加強形式的部分，也就是我的部分。【10】

　　1996年，希巨．蘇飛與阿水於花蓮山海關藝術中心所舉辦的「阿美族木雕藝術祭聯展」展出時，皆強調以現代社會中的自我經驗與創作風格來詮釋文化，他們的敘述分別如下：

並不一定要以刻板的印象如赤裸的上身、赤腳來代表阿美族，現代已幾乎分辨不出阿美族有何不同。我要以我對我們族群的感覺，也就是透過「我」這個融合現代人特質來創作。【11】

我毫不保留的將對噶瑪蘭的感情、記憶放在作品裡，如族人的服裝、生活、表情。我希望塑造一種不同的風格，讓人一看就明白這是

達給 在哪裡？路（之一） 2005 鐵雕（串門攝影史乾佑攝，左圖）
達給 在哪裡？路（之二） 2005 鐵雕（串門攝影史乾佑攝，右圖）

Asoy（阿水）的作品。【12】

　　然而，面對族人時，有些原住民藝術創作者擔心作品在族群中的可理解性，不是沒有矛盾。如希巨‧蘇飛以及飛魚，都曾表達心中的焦慮——為誰創作？心繫作品無法與部落溝通。

　　個人藝術，是否加深精英與常民之間的隔閡，仍有待觀察，亦是一個必須警覺的問題。但是，新的形式或兼具世界與本土藝術語彙，卻具有喚起社會重新認識原住民藝術，進而認識原住民文化的新功能，並成為與大社會溝通或抗爭的重要方式，這個面向的意義不容忽視。

二、陌生的祖靈，二手的眼睛

過去原住民不想承認自己，但清楚地知道我是誰；現在的原住民年輕人，想認識自己，卻不知我是誰。

　　這是2005年，孫大川在史前館所舉辦的「南島民族論壇：海洋文化的傳統與當代發展」中，所指出的舊殖民時期以及進入文化重建期，兩個時期原住民處境的關鍵差別。【13】「我是誰？」這個問題，在1990年代原住民藝術關心的是救亡圖存與文化重建的「大我」問題，當時的心情是極為亢奮的。然而，在傳統重建熱潮蜜月期過後，對於缺乏實際傳統部落生活經驗或記憶的原住民藝術創作者，尤其對年輕一輩的創作者來說，面對傳統所產生的自

我壓抑感開始浮現。

曾經向哈古學習木雕的卑南族藝術創作者伊命自承，哈古以自己生命經驗為題材創作的作品，對他是一種困擾；若一味跟隨，作品也只是一種表象。1979年出生的排灣族藝術創作者尼誕‧達給伐歷，則是深刻感受到對於傳統，既熟悉又陌生的焦慮與茫然感：

〈在哪裡 路〉，是排灣族的母語表達方式，意思是說：這條路明明就是往這邊走，但為什麼有些懷疑……這份疑惑與茫然表達出我迫切想回鄉的焦慮與期待。【14】

然而，許多的原住民藝術創作者明知缺乏真實熟悉的傳統生活經驗，但又缺乏勇氣忠實表現自己。當他們抽象地討論所謂的祖靈，用既陌生又渴望的眼光遠遠地遙望另一個曾被自己否定的時空，愈是想要表現傳統時，愈是會出現現實生活的時差，一個難以調整過來的時差。如拉黑子所說：

一直活在傳統裡面，但那都是一種假象。你完全是用你自己的想像活到過去，然後你又將這個想像呈現在這個社會裡面，他又格格不入。【15】

原來的使命，成了一種包袱；深邃的鄉愁，成了一種浮泛的嚷嚷。一種抓不住又扔不掉的掙扎與矛盾在體內翻攪，甚至在追求一種不切實際的目標中消耗，更要面對在幻象中不斷撲空的失落。而傳統榮耀，對他們來說，變成是一種勉強，甚至是虛矯。例如故宮「Old is New」以音樂創作者林強為主角的宣傳短片，看到的是現代年輕人對傳統實在的感動、理解與轉化；電視上金車飲料廣告中的鄒族青年，看到的是一個被塑造與想像的傳統榮耀。

三、自我經驗、記憶的表達

1990年代中期，原住民藝術的自我感主要表現在作品形式上的探索，2000年代則開始釋放自己的記憶與情感，這個自己還包括自己熟悉的人、事、物，摒棄虛矯的符號，投身於具體的現實。個人的多元性議題，也才逐漸萌芽。

（一）離家與回家的矛盾

1990年代，許多原住民精英陸續離開都市，回歸部落。這股回家前的濃濃鄉愁，充分表現在飛魚的一幅自畫像〈鄉愁〉。1995年創作這幅自畫像時的飛魚，棲身於台北一角謀生，同時成為在都會參與蘭嶼反核的一份子，他在瞳孔點下湛藍的海洋，是青年時期混合了焦慮與浪漫的鄉愁。

1997年，飛魚回到故鄉蘭嶼——「人之島」，並於1998年於家鄉舉辦「藍色的回歸」油畫個展。他以色彩藍色，雙關標示一位具有畫家身分的達悟族人回歸海洋文化的期待。然而，認同並未止於回到部落的熱情，反而因部落的社會文化問題與生活觀念落差，而產生了階段性「回不了家」的焦慮與苦悶。王應棠在2000年研究飛魚「藍色回歸」的例子中指出，原本認為回家是再出發的原點，但無論在活方式、人際關係和價值方面，家鄉的變化與他的想像有相當差距；而現實生活的經濟問題也是回家後必須面對的。【16】

（二）回家後的內在衝突

受過學院美術訓練，1996年畢業於國立藝專美術系的雷恩（1973-，排灣族），成長與就學過程大部分在平地渡過。畢業後回到部落，他被視為平地人，而他則試圖努力在創作上表現傳統，以標示自己的排灣族人身分。

雷恩 戀念百合 2004 鐵
雕 250×500×180cm
（雷恩提供，右圖）

雷恩 面對逝去 2000 素
描（雷恩提供，左下圖）

雷恩 面對逝去 2000 素
描 4全開（雷恩提供，
左下圖）

雷恩　頭目的憂鬱　2006
鐵、木（史前館提供，左
上圖）

雷恩　矛盾的意志　2004
鐵雕　200×200×300cm
（雷恩提供，右上圖）

雷恩　文化出草　2005　裝
置　400×400×400cm
（雷恩提供，左圖）

依布 靈舞之一 2001 油彩 70.5×89cm（謝嘉釗攝，左圖）
依布 解脫 2001 油彩 52×64cm（謝嘉釗攝，中圖）
依布 我 1999 鉛筆 17×25cm（謝嘉釗攝，右圖）

　　有些人還能透過記憶來追尋認同，但對於雷恩來說，卻連記憶都非常模糊。一味地表現形似傳統的藝術，已無法讓他的思考與情緒疏通，而是疲憊。他自覺意識到山地/平地、原住民/非原住民、傳統/殖民的二元劃分，已無法真實反映他那混雜的真實生命經驗。如雷恩自我剖析：

對於一個自幼生長、學習在平地都市的人來說，要面對這個陌生的故鄉，著實讓人感到惶恐與不安。我失去的不只是語言溝通的能力，最令我感到失落的是缺乏部落的共同經驗與記憶。然而，企圖以兒時記憶去架構出印象中的部落，顯然是一種愚昧。【17】

　　1990年代末期，畢業剛回到部落，雷恩有著兩種交雜的心情，〈戀念百合〉表現回到部落前的夢境，回部落的路途中前方有一片百合花，創作者將這個徵兆，視為一種文化責任。回到部落後，因為對部落並不熟悉，他畫下受過部落涵養的耆老畫像〈面對逝去〉。然而，他並不是如當時的藝術表現主要流向，藉

由這些耆老承載傳統榮耀；相反地，他企圖以逐漸消失的下半身，表達傳統文化無法挽回的氛圍。

　　有別於他的前輩撒古流·巴瓦瓦隆所表現的傳統之美、文化斷層危機感以及文化傳承的自我期許，雷恩則勇於表現自我面對部落與現代社會的各種內在衝突。〈矛盾的意志〉批判一味地歌誦傳統而否定現代的二元界分；在形式上，他特別偏好鐵材鏽蝕後的質感，擅長以鐵片拼塑立體人像的肌里。〈文化出草〉亦是期許自我內省，而非一味地抗拒外來。〈頭目的憂鬱〉則表現了已經無法守護傳統的矛盾。

（三）吳鼎武＋瓦歷斯：對純種原住民認同的反思

　　2000年，布農文教基金會原住民現代藝術中心所舉辦的第一屆台灣原住民現代藝術研討會，焦點問題在於「什麼是原住民藝術？」此原住民藝術形式邊界的問題；2003年「創新與認同：第三屆原住民藝術創作研討會」，則聚焦於因「隱形計畫I——隱形人系列」作品而受到矚目的藝術創作者——吳鼎武·瓦歷斯

（1960-），與會者對於其自我認同的轉變以及數位媒材的疑慮，似乎大過於作品內涵的評析。在場甚至有原住民藝術創作者提問，吳鼎武是否能勇敢地說出自己是原住民。

吳鼎武‧瓦歷斯的父親為江蘇人，母親是南投碧湖的賽德克族。1990年代中期前，他的認同一直是個漢人，母親的故鄉對他而言，既不是部落的人，也不是被觀光者，而是有親人在那裡。【18】1990年自美返國，他開始注意原住民議題。1995年，約三十五歲時，他才認知到來自母親的原住民文化背景，開始踏上童年記憶仍熟悉，但又充滿陌生的回歸路，如他自述：

原住民的生命，對我目前來看的話，年齡大概只能算三到四歲而已。意思是我對我母親的文化一個認知上來講，只有淺淺的三、四年，吸收的知識還是不夠，往後的下半輩子，幾乎是再把這個文化不斷地再吸收。【19】

母親那端的文化，是他自覺須努力找回的認同，但他選擇原漢並存的雙重混血認同，並表現在他的名字上「吳鼎武」＋「瓦歷斯」。吳鼎武代表的是漢文化父親起的名字，瓦歷斯則是來自外公賽德克‧道澤族的名字，如他所說：

有時候，自己會想到既然已是一個幾近全漢化的半原住民個體，何不以現有之處境來面對自己背後的兩種文化。可作為紀錄自己成長過程的另一種真實面對。既不以全漢人自居，也不以全原住民自居。【20】

我不是一個真正的原住民，但是我希望能夠結合漢文化和原住民這兩項，這是不能改變的，就是目前我現在的樣子。【21】

愈來愈多的原住民，已不是純種原住民，尤其是不同血緣通婚，自然而然所帶來的文化混雜。吳鼎武回頭認同原住民文化的時間不長，也曾被質疑因和部落的距離，而有著過於浪漫的熱情。但他誠實說出自己的想法，與其著重他過去如何不是一個原住民、如今如何強調自己原住民，還不如著重他今天為什麼回頭，以及如何面對現實與回歸。

（四）鮮明強烈的愛情與舞蹈熱愛：依布畫作中的自我與女性形象

自我經驗極為鮮明、強烈，並透過作品表現出來的，則有布農族與鄒族混血的依布（孫瑞玉，1973-）。依布台南家專室內設計科畢業，於2001年逐漸在南台灣嶄露頭角。

依布的作品特色，如對依布有深入研究的李韻儀以「強烈地訴說自我」來形容：「較少看見原住民文化凋零和延續等沉重議題的直接控訴，而更接近於從一個原住民女性的獨特位置出發，描繪她所感受、經歷的個人生命情境與心靈世界。」【22】依布在繪畫創作上勇於表達自我，深受墨西哥畫家芙瑞達‧卡蘿（Frida‧Kahlo）影響，或者說具印第安混血的女性畫家卡蘿的前例，使依布有勇氣跟進。

她的作品中的原住民女性形象，和鹽月桃甫、顏水龍畫中健美祥和，以及觀光世界故做婀娜姿態的典型山地姑娘皆大不相同。依布主要刻畫自我，大膽直接地呈現自己對舞蹈的熱愛、對愛情的憧憬與愛情帶來的傷害，以及來自母親的女性經驗等，自然顯現了性別與自我認同的議題。

另一位原住民女性創作者峨冷，1999年於北美館「台灣與加拿大原住民當代藝術聯展」展出的作品〈女王的沉默〉，則反映了她在部

落的特殊身分，夾在部落與現代社會的尷尬。峨冷來自魯凱族貴族，母親是頭目，傳統魯凱族貴族享有許多特權，但隨殖民統治與時代變遷，貴族制度沒落，她小時後常聽到「頭目有什麼了不起」，讓她對自己的身分感到困惑與不安。【23】

早於1975年，由一群居住於美國紐約的原住民女性，組成的蜘蛛女劇場(Spiderwoman Theater)，是個致力於表現自我故事的劇團。團長（Lisa Mayo）強調，雖然劇場團員大部分都是原住民，但他們並不刻意標榜是原住民劇場。這個劇場的表演基礎在於處理性別與自我認同的議題。團長直言：

所謂的原住民表演，慣於賣弄虛飾的華麗，以及被浪漫化與歷史化的原住民。然而，我們仍然活著！我曾經飾演過看起來像一個鑄造好的、典型的印地安角色，但是我永遠無法成為他。我不是一個慣例、刻板模塑的原住民。我在布魯克林成長、受過音樂的學術訓練、信仰猶太教。【24】

團長Lisa Mayo與陳史黛西安、依布、峨冷都試圖打開邊界，看到更為真實的原住民女性，已不再是族性邊界下典型、靜止的原住民。而她們能夠突出，不僅表現現實中的自己，還有很重要的一點是，他們面對自己與原住民藝術刻板壓力的誠實與勇氣。

四、小結

殖民想像與原漢二元視角，將原住民鎖在族性邊界，因為這個隔離讓原住民藝術無法回到現實，無法有臉有目；時代，將原住民藝術帶入宏大的敘述，原住民藝術總覺得自己身負重責大任，負載傳統文化與族群內容，然而，大部分逐漸形式化。

原創，並非狹隘地以和傳統對立的方式建立起來。釋放個人記憶與情感，是基於對「純種原住民」的反動、反思，從族群大敘述與大情感中釋放自我，並不等於反傳統，或就等於以自我為中心的「個人主義」、「精英式」的自我呢喃。

從我們到我，再從我到我們，這是一個必須持續回流的過程。甚至，邊界一旦打破，優游於外，更要清楚原來的文化邊界、原來的軌道，才不會走失。如拉黑子所說：「我與部落是無法脫節的，我走到哪兒，我需要部落；我走得更遠，我更需要部落！」【25】

【註釋】

1. 孫大川（1995）。〈夾縫中的族群建構：泛原住民意識與台灣族群問題的互動〉。收錄於孫大川（2000：150）。
2. 王福東（1991：106）。
3. 瓦歷斯·諾幹（1991：119）。
4. 安東尼·紀登斯（Anthony Giddens）著、趙旭東、方文譯（2003：28-29）。
5. 第二屆布農文教基金會座談紀錄。
6. 引自拉黑子·達立夫2004年國家文藝基金會「文學創作類」補助計畫書。
7. 引自王良芬（2005.7.17）。
8. 林美伶紀錄整理（1991：182）。
9. 盧梅芬（1999c：42）。
10. 1999拉黑子訪談資料。
11. 引自林柏年採訪、郭乃玲記錄（1996：101）。
12. 同上註，98。
13. 孫大川演講（2006）。〈和而不同：台灣民主發展中的原住民族〉。收錄於傅君主編（2006：29）。
14. 尼誕·達給伐歷創作自述（2005：193）。
15. 2004.2.19，拉黑子訪談紀錄。
16. 王應棠（2003：27）。
17. 雷恩創作自述（2005：190）。
18. 鄭桂英編撰（2003：26）。
19. 同上註，27。
20. 引自「2001吳鼎武·瓦歷斯個展——隱形計畫」網站：http://www.lib.cycu.edu.tw/art/20010521/intro.html（2002.26.21參考）。
21. 鄭桂英編撰（2003：27）。
22. 李韻儀（2002：6）。
23. 江冠明（2002：81）。
24. Elizabeth Theobald. 1994: 161. 2005年，國立美洲印地安博物館舉辦「NEW TRIBE.NEW YORK」特展，亦表現個人經驗此議題。
25. 拉黑子·達立夫（2003）。

台灣原住民藝術紀事年表

時　間	原住民藝術創作者紀事	原住民藝術紀事	原住民相關紀事
1895 (明治28)			● 中日簽訂馬關條約。 ● 6月，日人在台舉行始政典禮。 ● 6月，「國語傳習所」設立(遠流台灣館，2000：98)。
1896 (明治29)			● 蒐集蕃人土俗標本於台灣總督府內參考(台灣總督府警察本署編、陳金田譯，1997a：45)。
1897 (明治30)			● 10.25, 鳥居龍藏至蘭嶼調查(遠流台灣館，2000：103)。
1900 (明治33)		● 台東廳台東國語傳習所附設「蕃婦機業傳習所」招募卑南、馬蘭社十四至十六歲蕃女約十五人，聘日籍女教師教導改進織布技術。後多因農忙、交通問題而缺席，以及經費不足等因素，於1903年廢止(台灣總督府警察本署編、陳金田譯，1997a：711)。	
1901 (明治34)			● 10.25，發布「台灣舊慣調查會規則」，設臨時台灣舊慣調查會。陸續出版《蕃族慣習調查報告書》、《蕃族調查報告書》、《台灣蕃族慣習研究》等(遠流台灣館，2000：113)。 ● 卑南族知本部落歌謠創作者陳實生於台東知本(林頌恩編，2003：年表)。
1902 (明治35)	● 魯凱族雕刻師力大古出生(-1990)。		● 12月，持地六三郎(1867-1923)提出「關於蕃政問題意見書」。
1904 (明治37)			● 10.10,「新興製糖會社」工廠落成(遠流台灣館，2000：106)。 ● 11.4, 第一所蕃童教育所於嘉義廳達邦社開設(台灣大年表，1938：56)。
1905 (明治38)		● 阿猴廳所轄蕃地蕃情穩定，於西瓜園附近設「蕃婦機織傳習所」，招募蕃社婦女二十八人，提供宿舍、膳食。雇用教師，以該地所產苧麻，教授織布。1910年缺教師停辦(台灣總督府警察本署編、陳金田譯，1997a：711)。	● 1月，公布蕃社調查結果(遠流台灣館，2000：114)。 ● 12.12,恆春蕃社大頭目潘文杰過世(遠流台灣館，2000：115)。
1906 (明治39)			● 5.23,佐久間左馬太(1844-1915)就任第五任總督(遠流台灣館，2000：115)。
1908 (明治41)			● 4.20,縱貫鐵路全線通車(遠流台灣館，2000：116)。 ● 宣布設置「台灣總督府民政部殖產局附屬博物館」。
1909 (明治42)		● 台中廳白毛駐在所附近設「蕃婦機業傳習所」招集白毛、阿冷兩社婦女十人，日籍教師授業。婦女多熟練織布，成績頗佳(台灣	● 10.25,總督府下新設「蕃務本署」，1910年起開始實施「五年理蕃計劃」(遠流台灣館，2000：117)。

時　間	原住民藝術創作者紀事	原住民藝術紀事	原住民相關紀事
1909 (明治42)		督府警察本署編、陳金田譯， 1997a：712)。 ● 桃園廳角板山蕃童教育所附設 婦機業傳習(台灣總督府警察本署 編、陳金田譯，1997a：710)。	● 10.25，總督府下新設「蕃務本署」， 1910年起開始實施「五年理蕃計劃」 (遠流台灣館，2000：117)。
1910 (明治43)			● 2月，赴英參加日英博覽會排灣族男 女24人，從基隆出發(台灣時報， 1910.2.20)。 ● 5.9，總督府發動「大科崁之役」(遠 流台灣館，2000：117)。 ● 卑南族南王部落歌謠創作者陸森寶出 生於台東廳卑南社。
1911 (明治44)			● 6月，赴英參加日英博覽會之排灣族 人返回台灣。 ● 近代馬蘭阿美族重要頭目郭拉斯・馬 亨亨(1852-1911)過世。
1912 (明治45)			● 持地六三郎所著《台灣殖民政策》發 行。
1914 (大正3)	● 排灣族雕刻師沈秋大出生 (約)。	● 嘉義廳達邦社教育所教授蕃童製造 藤製品(台灣總督府警察本署編、 陳金田譯，1997b：264)。	● 4.18，蕃人公學校規則公布(台灣大 年表：94)。 ● 5.17，佐久間親自督軍，發動太魯閣 蕃之役，鎮壓當地反抗(遠流台灣 館，2000：121)。 ● 佐久間總督五年理蕃計劃結束。
1916 (大正5)		● 4.10-5.15，慶祝始政二十週年，舉 行「台灣勸業共進會」。其中蕃族 館陳列「蕃人油畫」以及「珍奇蕃 人手工品」(顏娟英：2004)。	
1919 (大正8)	● 排灣族雕刻師高枝珍出生 (約)。		● 第一屆帝國美術展覽會(帝展)。
1920 (大正9)			● 黃土水(1895-1930)的〈蕃童〉、〈凶 蕃的獵頭〉參選第二屆帝展，前者入 選。
1921 (大正10)			● 鹽月桃甫來台任教，與鄉原古統至東 台灣並探訪太魯閣原住民。
1922 (大正11)	● 阿美族雕刻師袁志寬出生 (約)。	● 7.30-8.30，於台北商品陳列館舉 辦家庭工業展覽會。原住民產品 由各州廳選送參展。另由台北州 文山郡屈尺群原住民男女三人表 演機織(台灣總督府警察本署編、 吳萬煌譯，1999：246)。	● 陳實自北師範學校畢業，派任太麻 里公學校訓導(林頌恩編，2003：年 表)。。
1923 (大正12)			● 4.18，日本皇太子裕仁訪台，蕃人舞 蹈以供御覽(台灣大年表，134)。 ● 裕仁來台參觀，鹽月桃甫的百號作品 「蕃人舞蹈圖」被挑選為呈獻品。
1924 (大正13)		● 4.8，山本鼎渡台視察台灣工藝 (顏娟英，1998：72)。 ● 5月，「原住民自用工藝品案」 函發布 (台灣總督府警察本署 編、吳萬煌譯，1999：496)。	● 高一生入台南師範學校就讀。

時　間	原住民藝術創作者紀事	原住民藝術紀事	原住民相關紀事
1925 (大正14)			● 2.23，花崗一郎通過台中師範學校入學考(台灣大年表，146)。
1926 (大正15)			● 1.23，蕃地駐在所養蠶講習會開始(台灣日誌，68)。 ● 8.18，台北州蕃地產業調查隊出發(台灣日誌，76)。 ● 柳宗悅發起日本民藝協會。
1927 (昭和2)			● 1927年，「台灣美術展覽會」成立，主導日後台灣美術發展。 ● 帝展增設第四部門工藝部門。 ● 陸森寶入學台南師範普通科。
1928 (昭和3)			● 台北帝國大學創校。
1929 (昭和4)		● 高雄州潮州郡設綜合性蕃地工藝指導所「阿馬灣工藝指導所」。	● 6.25，南支南洋工藝展覽會於台中商品館開辦(台灣大年表，180)。
1930 (昭和5)	● 排灣族潘阿俊(-1990)出生於屏東瑪家崑山。	● 8月，宮川次郎編著《台灣の原始藝術》發行。	● 10.27，霧社事件爆發。
1931 (昭和6)	● 魯凱族雕刻師撒卡勒(彭水光)出生於屏東霧台好茶。		
1933 (昭和8)			● 3.29，全國工藝品展示會於台北市植物園內商品陳列館展出(台灣大年表，220)。 ● 「全台高砂族集體移住十年計畫」。
1934 (昭和9)			● 台灣總督府警務局理蕃課委託藍蔭鼎編修與繪製《教育所圖畫帖》。
1935 (昭和10)			● 3.15，屏東地方工藝品介紹所開所(台灣日誌，183)。 ● 5月，顏水龍第一次蘭嶼行，為期約一個月。〈紅頭嶼の娘〉於當年第九屆台展展出。 ● 10月，舉辦「始政四十週年紀念台灣博覽會」。
1936 (昭和11)			● 12月，台北工業學校教諭千千岩助太郎，受東京財團法人學術振興會贊助，前往高雄、屏東研究原住民建築(顏娟英，1998：161)。
1937 (昭和12)			● 2月，顏水龍被聘為殖產局囑託，展開台灣工藝調查。
1938 (昭和13)	● 賴合順(排灣族)出生於屏東縣泰武鄉佳興。		● 11月，日本政府發表建立「大東亞新秩序」宣言。
1939 (昭和14)			● 3.1，警務局主辦全島蕃地農業指導者講習會開始(台灣日誌，233)。 ● 殖產局計畫顏水龍至東南亞、中東考察工藝，因國際局勢緊張無法實現。

時　間	原住民藝術創作者紀事	原住民藝術紀事	原住民相關紀事
1940 (昭和15)			● 日本政府指出「大東亞共榮圈」的名稱及範圍。
1941 (昭和16)	● 素人魯凱族藝術家杜文喜(-2006)出生於屏東霧台阿禮。		● 8.31,鄉土工藝勃興,台灣工藝協會成立(台灣經濟年鑑,昭和17年版:734/資料來源「台灣日誌資料庫」) ● 《民俗台灣》創辦,日本畫家立石鐵臣逐期連載「台灣民俗圖繪」。
1942 (昭和17)		● 2月,顏水龍發表〈「工藝產業」在台灣的必要性〉於《台灣公論》,提出高砂族自用工藝,是本島工藝發展基礎。 ● 8月,佐藤文一所著《台灣原住種族の原始藝術研究》發行。	● 徵集原住民編成高砂義勇隊,遠赴南洋作戰。
1943 (昭和18)	● 哈古(陳文生,卑南族)出生於台東建和。 ● 沙哇岸(初光復,卑南族)出生於台東初鹿。		● 1月,日本音樂學者黑澤隆潮來台調查台灣音樂。 ● 3-4月,日本民藝館館長柳宗悅來台考察,蒐集台灣民藝。 ● 10.7,花蓮港工藝傳習所籌備與宣傳(台灣經濟年鑑,昭和19年版:25/資料來源「台灣日誌資料庫」)。
1945			● 日本戰敗投降,國民黨政府完成台灣接收工作。
1946	● 巫瑪斯·金路兒(雷賜,排灣族)出生於屏東三地門。		
1947			● 2月,二二八事件引爆。 ● 台灣省政府通令禁絕使用「高山族」、「高砂族」與「蕃族」,改稱「山地同胞」。
1949	● 原住民劇場工作者阿道·巴辣夫(阿美族)出生於花蓮太巴塱。		● 5月,全台實施戒嚴。 ● 樂信·瓦旦(林瑞昌)成為唯一一位原住民省參議員(遠流台灣館,2000:169)。
1950	● 沈萬順(排灣族)出生於屏東縣太武鄉佳興。		
1951	● 高富村(排灣族)出生於屏東縣泰武鄉佳興。 ● 林益千(-2003,阿美族)出生於台東馬蘭。		● 台灣省政府頒布「山地施政要點」。 ● 公布台灣省各縣山地鄉推行國語辦法。 ● 頒布「山地人民生活改進運動辦法」。
1952	● 潘三妹(賽夏族)出生於苗栗南庄。	● 7.28-8.26,台灣省民政廳舉辦「改進山地歌舞講習會」,總計72名山胞女子參加。	
1953		● 「促進山地行政建設計劃」大綱,第貳項「改善山胞經濟生活」包括興辦手工藝,開設山胞工藝講習班。	● 黑澤隆朝於巴黎舉行的國際民族音樂學會,播放布農族〈祈禱小米豐收歌〉,引起國外震撼。

時　間	原住民藝術創作者紀事	原住民藝術紀事	原住民相關紀事
1954			● 3.14，九族名稱，由內政部正式核定(遠流台灣館，2000：98)。 ● 楊傳廣(1933-2007)獲馬尼拉亞運十項全能金牌。 ● 高一生遺體家人帶回達邦下葬。
1955			● 蔣中正提出「戰鬥文藝」號召。
1956		● 台灣省政府「山地手工藝講習班」結業成員輔導各點。	● 中研院民族所標本室成立。
1957	● 阿水(陳正瑞，阿美族與噶瑪蘭族)出生於台東長濱樟原。 ● 卡拉瓦(杜再福，魯凱族)出生。		
1958	● 安力‧給怒(泰雅族)出生於新竹縣尖石鄉。 ● 沙仁(太魯閣族)出生於花蓮萬榮鄉西林。		● 48歲的陸森寶創作〈美麗的稻穗〉。
1959	● 魯畢‧司瓦那(石瑛媛，阿美族)出生於台東縣長濱鄉長光。		
1960	● 撒古流‧巴瓦瓦隆(排灣族)出生於屏東縣大社達瓦蘭部落。 ● 吳鼎武‧瓦歷斯出生於南投。		
1961	● 伐楚古出生於南排灣沙布力克部落。	● 陳奇祿所著《台灣排灣群諸族木雕標本圖錄》出版。	
1962	● 拉黑子‧達利夫（阿美族）出生於花蓮縣豐濱鄉港口部落。		
1963	● 陶藝創作者海舒兒(布農族)出生。 ● 泰雅族傳統織品研究與創作者尤瑪‧達陸(漢族與泰雅族)出生。	● 「台灣省山地行政改進方案」，在經濟建設項目中，包括訓練山胞實用技藝，並輔導生產就業。	
1964	● 峨格(排灣族)出生於屏東三地門。		
1966	● 見維‧巴里(客家、卑南族)出生。 ● 希巨‧蘇飛(廖勝義，阿美族)出生於台東都蘭部落。 ● 伊命(卑南族)出生於台東知本部落。	● 「各縣山地國校辦理民眾國語文及實用技藝補習班注意事項」。	
1967	● 達鳳‧旮赫地(鄭宋彬，阿美族)出生於花蓮太巴塱部落。 ● 里歐諾出生於台東關山，成長於台東達魯瑪克部落。 ● 曹冀玲(排灣族、漢族)出生。		● 「中華文化復興運動推行委員會」成立。
1968	● 袁志寬擔任花蓮亞士都飯店駐店雕刻師(約)。 ● 哈拿‧葛琉(徐淑仙，阿美族)出生於台東東河。 ● 達拉魯奇(范志明，阿美族)出生。		● 8月，布農族紅葉少棒隊與日本獲世界冠軍的少棒隊比賽獲勝。

時　間	原住民藝術創作者紀事	原住民藝術紀事	原住民相關紀事
1968	●阿旦(排灣族)出生於屏東大社達瓦蘭部落。 ●峨冷(安聖惠，魯凱族)出生。		
1970	●飛魚(達悟族)出生於蘭嶼東清部落。 ●古勒勒‧達比烏蘭出生。		
1971	●Eki開始創作木雕面具，風格類似非洲雕刻。 ●希細勒‧歷瓦厄(排灣族)繞出生。		●《雄獅美術》雜誌創刊
1972	●不舞‧阿古亞那(鄒族)出生。		●雄獅美術雜誌策劃「台灣原始藝術」特輯。 ●胡德夫創作〈牛背上的小孩〉。
1973	●杜文喜開始藝術創作。 ●依布(孫瑞玉，布農族與鄒族)出生。 ●雷恩(古勒勒‧羅拉登，排灣族)出生。		●黑澤隆朝《台灣高砂族の音樂》出版。
1975	●撒古流‧巴瓦瓦隆開始於部落田野調查。		●2.8，日月潭德化社「台灣山地文化中心」揭幕。
1976			●「台灣山地文化園區」開始籌建。
1977	●黃約瑟於三義學木雕(林育世，2001：10)。	●8.21，顏水龍與陳奇祿主講「台灣民藝及台灣原始藝術」於「台灣研究研討會」。	●台灣文壇掀起鄉土文學論戰。 ●陸森寶〈美麗的稻穗〉被收錄於楊弦《西出陽關》專輯。
1978			●8月，許常惠與史惟亮發起「民族音樂調查」，包括採集原住民傳統音樂。 ●呂炳川主講「台灣土著音樂」於「台灣研究研討會」。 ●蔣經國宣布推動繼十項建設後的十二項建設。
1979	●撒古流‧巴瓦瓦隆投入傳統手工藝發展並開發市場。 ●尼誕‧達給伐歷(排灣族)出生。		
1980	●尤瑪‧達陸設立泰雅織物研究中心。		
1981	●林益千至花蓮亞士都飯店隨父親袁志寬習木雕。 ●撒古流‧巴瓦瓦隆建立傳統陶壺資料，結合現代製陶技術製作傳統陶壺。		●5.24，「台灣研究研討會」之「文化資產的保存」講題中，陳其南討論「山地文化園區」。 ●復興鄉小烏來風景區規劃完成。
1983			●12.24，台北市立美術館成立。 ●田雅各(1960-)發表短篇小說〈拓拔斯‧塔瑪匹瑪〉獲高雄醫學院南杏文學獎小說類第二名(第一名從缺)。 ●《高山青》創刊。
1984	●撒古流‧巴瓦瓦隆成立「古流工作室」，從事地方石雕、陶藝與木雕人才培訓。 ●林益千自覺跳脫商業與傳統雕刻、走出自我風格。	●台灣省政府檢送「台灣省山地同胞傳統歌舞競賽實施要點」。	●海山煤礦災變，約34歲的胡德夫創作〈為什麼？〉。 ●「台灣原住民權利促進會」成立。 ●教育部訂定「加強維護及發揚民族藝術實施要點」。

時　間	原住民藝術創作者紀事	原住民藝術紀事	原住民相關紀事
1985	●哈古積極投入木雕創作，並參加台東地方美展。		
1986	●林益千於台東縣立文化中心展出「蘭嶼之旅木雕系列個展」。 ●撒卡勒(彭水光)擔任九族文化村雕刻指導。 ●國立自然科學博物館蒐藏撒古流‧巴瓦瓦隆陶壺作品二件。 ●安力‧給怒文化大學美術系畢業。		●7月，南投「九族文化村」開幕。 ●湯英伸社會案件引起社會重新重視長久以來的原住民問題。 ●田雅各〈最後的獵人〉獲吳濁流文學獎。
1987	●撒卡勒擔任台灣山地文化園區雕刻雇員。 ●哈古作品〈獵歸〉參加76年文藝季台東縣美術家聯展。		●7月，台灣戒嚴解除。 ●婦女、原住民、人權暨教會等民間社團抗議雛妓問題。 ●破除吳鳳神話運動。 ●抗議「南投縣信義鄉東埔村風景區規劃」強遷祖墳。 ●「台灣山地文化園區」落成開幕。 ●文建會提出「建立文化中心特色計畫」。
1988	●撒古流‧巴瓦瓦隆著手策繪民族學院推動教育改革。	●「台灣省山胞社會發展方案執行作業要領」(實施時間1988-2000年度)之「經濟建設」分項計畫下，推展山地固有手工藝及特產物、輔導創業如舉辦山胞傳統手工藝訓練。	●6月，台東縣立文化中心「山地文化陳列室」開館。 ●中研院民族所標本室改制為附屬博物館。 ●蘭嶼反核廢運動。 ●還我土地運動。 ●嘉義火車站前拆除吳鳳銅像。 ●陸森寶創作〈懷念年祭〉，隔天因腦溢血送醫不治，享年78歲。
1989	●卡拉瓦蓋石板屋。 ●達鳳開始接觸木雕，進入花蓮木雕工廠仿製排灣木雕。 ●伐楚古返回部落，學習傳統木雕。 ●尤瑪‧達陸任職於台中縣立文化中心。	●台灣山地文化園區舉辦「第一屆山胞傳統雕刻研習營」。	●《原報》創刊。
1990	●阿水投入木雕創作。 ●伐楚古嘗試純藝術創作。		●《獵人文化》創刊。 ●台中縣立文化中心成立「編織工藝館」。 ●教育部技職司實施「山胞職業教育改進計畫」。
1991	●5月，「頭目的尊嚴：哈古木雕」個展、「原住民文化的蛻變」座談會於雄獅畫廊。 ●拉黑子‧達立夫返鄉從事文史調查與木雕創作。 ●撒古流‧巴瓦瓦隆所著《山地陶》由台灣省政府教育廳出版。 ●撒古流‧巴瓦瓦隆獲選台灣省政府「台灣省山胞專業人才」。 ●1991至1994年，中研院民族所蒐藏撒古流石雕作品2件，及陶塑作品〈山豬王〉。 ●撒古流‧巴瓦瓦隆改良傳統石版屋。	●5月，雄獅美術雜誌策劃「新原始藝術」特輯。 ●台灣省政府教育廳主辦、台灣省立台東社會教育館承辦「台灣山胞雕刻藝術」全省巡迴展。 ●「侯壽峰台灣山胞文化專題展」於台灣省立美術館。 ●「第一屆山胞傳統編織研習營」於台灣山地文化園區。 ●1991至1993年，台灣省原住民行政局推動「加強山胞家政推廣教育計畫」。	●5月，「原舞者」於台北登記立案。

時　間	原住民藝術創作者紀事	原住民藝術紀事	原住民相關紀事
1992	● 7.16，拉黑子‧達立夫於雋永藝術中心聯展。 ● 拉黑子‧達立夫受聘於花蓮縣豐濱國中技藝教育雕刻老師。 ● 撒古流重製排灣族石板屋於國立自然科學博物館南島民族廳。 ● 撒古流繪製順益台灣原住民博物館之「五年祭」壁畫。 ● 撒古流‧巴瓦瓦隆為當地基督長老教會設計具排灣族特色的教堂。 ● 安力‧給怒美國紐約視覺藝術研究所創作碩士畢業。 ● 尤瑪‧達陸開始泰雅傳統織布田野調查與研究工作。 ● 林益千獲「第一屆山胞藝術季」木雕第二名。	● 3至6月，「第一屆山胞藝術季」，文建會與中華文化復興總會主辦。 ● 「第一屆山胞藝術季美術特展」於台灣省立美術館。 ● 台灣省政府委託「花蓮師範山胞教育中心」調查九族藝能人才。	
1993	● 3.13-31，拉黑子首次個展「劉奕興創作展 驕傲的阿美族」於台北亞帝藝術中心。 ● 撒古流‧巴瓦瓦隆編著《排灣族的裝飾藝術》由台灣省政府教育廳出版。 ● 撒古流‧巴瓦瓦隆於1993至1997年間於桃園縣復興鄉三民村以石板建造「石廬」。 ● 伊命回部落並隨哈古學習木雕。 ● 安力‧給怒「畫靈系列」創作展於台北彩田藝術空間。	● 12.10，「原住民工藝巡迴展」於屏東。 ● 12.26，花蓮縣立文化中心慶祝成立十週年，推出太魯閣風情展與原住民手工藝展。 ● 《九族藝能人才資料手冊》出版。 ● 台中縣和平鄉公所傳統藝品產銷班成立。	● 聯合國國際原住民年。 ● 11月，《山海文化》創刊。 ● 12月，全國文藝季以原住民文化為主的活動「卑南猴祭」於台東展開。 ● 國立自然科學博物館南島民族廳開放。
1994	● 1.5-2.6，拉黑子第二次個展「阿美族的女人」於台北。 ● 拉黑子於第二屆畫廊博覽會聯展「探索現代與原始」展出。 ● 《排灣人撒古流》紀錄片拍攝完成。 ● 撒古流‧巴瓦瓦隆發表「排灣、魯凱民族文化學園計劃書」於史前館籌備處通訊第四期。 ● 林益千任都蘭國中木雕班指導老師。 ● 安力‧給怒「新異象系列」創作展於花蓮文化中心。	● 台灣省政府原住民行政局所轄「原住民技藝研習中心」正式營運。 ● 1994年至1998年台灣省原住民行政局推行為期四年「家政推廣教育」。 ● 順益台灣原住民博物館開幕並舉辦「第一屆台灣原住民木雕獎」。	● 4.8-10，「原住民文化會議」於屏東台灣山地文化園區召開。「原住民」一詞首次獲國家元首李登輝正式回應。 ● 6.6-11，「第一屆原住民文化工作者培訓營」於台灣山地文化園區舉辦。 ● 6月，教育部技職司依據「發展與改進原住民教育五年計畫」擬定「發展與改進原住民職業教育五年計畫」。 ● 文建會推動「社區總體營造」政策。
1995	● 4.13-23，拉黑子第三次個展「劉奕興 太陽之歌」於新光三越百貨南西店文化館(亞帝藝術中心主辦)。 ● 5.30，高美館購藏哈古作品〈TEMEMAKU的老人〉。 ● 6.8-25，拉黑子‧達立夫第四次個展「劉奕興木雕創作展 舞者 太陽」於高雄炎黃藝術館展出。 ● 希巨‧蘇飛與伊命師拉黑子習木雕。 ● 希巨‧蘇飛木雕個展「阿美族的舞者」於台東縣立文化中心。 ● 飛魚參與「反核廢‧驅惡靈」運動。 ● 達鳳〈巨人〉為東管處蒐藏。 ● 伐楚古受撒古流‧巴瓦瓦隆啓發，於台北成立「臘人工寮」，並嘗試混合媒材創作。	● 3-6月，文建會舉辦「台灣原住民文化藝術傳承與發展系列座談」。	● 2月，第一個原住民成立的基金會「布農文教基金會」成立。 ● 6月，「第二屆原住民文化工作者培訓營」於台灣山地文化園區舉辦。 ● 5-6月，達悟族「反核廢‧驅惡靈」抗議活動。 ● 7.1，《南島時報》創刊。 ● 9.30，屏東縣立文化中心「台灣排灣族雕刻館」完工開幕。 ● 文建會推動文化產業政策。
1996	● 拉黑子作品被東管處退件。 ● 拉黑子於布農文教基金會創作。 ● 撒古流‧巴瓦瓦隆嘗試金屬與混合媒材創作，並於三地門鄉公創作〈	● 3月，「阿美族木雕藝術祭聯展」於花蓮山海關藝術中心展出。參展者有阿水、廖勝義、高建成、林益千、黃約瑟、達鳳、彭賢清。	● 3.16，台北市政府率先設立「原住民事務委員會」。 ● 3.21，台北市壽路更名為凱達格蘭大道，總統府前廣場更名為凱

時 間	原住民藝術創作者紀事	原住民藝術紀事	原住民相關紀事
	● 薪火相傳〉青銅雕塑。 ● 安力‧給怒「愛‧生命‧尊嚴」創作展於台北市立美術館。 ● 見維‧巴里任台東縣社區總體營造社區規劃師。 ● 雷恩於國立藝專美術科畢業。	● 10月，「原象──藝術家作品聯展」於台灣省原住民文化園區十週年慶。 ● 12月，「原生、族群、韌力：變遷社會中的原住民藝術」於清華大學藝術中心。 ● 哈古、拉黑子、林益千與伊命於布農文教基金會聯展。 ● 「台灣原住民手工藝展」於台北中華工藝館展出。 ● 中研院民族所購置伐楚古〈政客〉與達鳳〈敬酒〉作品。	達格蘭廣場。 ● 12.10，行政院原住民族委員會成立。 ● 鄒族山美部落，獲選全國社區總體營造示範點。
1997	● 4月，「林益千木雕展」於台東縣立文化中心。 ● 11月，拉黑子〈現代集會所〉(1993)、〈回敬舞〉(1997)為高美館典藏。 ● 撒古流裝置藝術〈鐵石文明〉於中研院民族所。 ● 撒古流〈和平勇士〉雕塑於屏東縣涼山公園。 ● 撒古流設計三地門鄉公所中山公園坡坎及入口。 ● 飛魚離開台北回到故鄉蘭嶼。 ● 見維‧巴里版畫〈卑南族青少年聚會所〉為台灣省立博物館典藏。 ● 尤瑪‧達陸成立「泰雅織物研究中心」從事原住民傳統織物研究迄今。	● 2月，「原真之美：台灣原住民藝術文物特展」陳澄晴私人收藏於國立歷史博物館。 ● 3月，北投文物館舉辦「台北市原住民文化祭──文化藝術聯展」。 ● 8月，「台灣省86年原住民傳統工藝展」於台灣省立美術館。 ● 「涵容強韌生命力：台灣原住民藝術創作展」於元智工學院人文藝術中心。參展者阿水、拉黑子、鄭宋彬、周錦松、方福明、高富村、高建成。 ● 原民會訂定「推展原住民族產業活動補助要點」。 ● 八十六年度全國文藝季排灣文明系列「第一屆排灣木雕獎」屏東縣立文化中心主辦。 ● 台灣省立博物館原住民月原住民藝文聯展。 ● 「山與海的呼喚」拉黑子與伊命聯展於布農文教基金會。	● 憲法增修條文第十條第九款「國家肯定多元文化，並積極維護發展原住民族語言及文化。」 ● 北美館展出「台灣樸素藝術家聯展」，原住民創作者有阿水。
1998	● 1.25-3月，撒古流‧巴瓦瓦隆「部落有教室：達瓦蘭文化扎根運動」展於台灣原住民文化園區管理局。 ● 11.14開幕，撒古流‧巴瓦瓦隆策劃「跨世紀文化扎根運動：部落有教室」特展於順益台灣原住民博物館。 ● 7月，「藍色回歸」飛魚個展於蘭嶼機場。 ● 撒古流‧巴瓦瓦隆參與中華民國社區營造學會「校園我的家」專案，策劃主持大社國小與達瓦蘭部落一系列地方特色營造活動。 ● 拉黑子「橫跨的歲月系列」與優劇場合作展演，並參加法國亞維農藝術節與巴西聖保羅藝術節。 ● 見維‧巴里壓克力作品〈回來聚會所跳舞〉為中研院民族所典藏。	● 屏東縣立文化中心舉辦第二屆原住民木雕比賽。 ● 「原住民木雕藝術創作展」於台東縣立文化中心。 ● 「台北原住民文化祭：台灣原住民現代藝術展」於台北市政府。 ● 簡扶育《搖滾祖靈：台灣原住民藝術家群像》出版。	● 「台灣樸素藝術家聯展」巡迴法國巴黎馬克斯‧博赫尼藝術館和比利時魯汶藝術館。
1999	● 1.16-30，撒古流‧巴瓦瓦隆創作群創作〈文化的樑〉於布農文教基金會。 ● 2.6-，「愛‧生命‧尊嚴創作畫展」安力‧給怒個展於台灣原住民文化園區管理局。 ● 6月，拉黑子於「第四屆原住民文化工作者培訓營」發表「原住民藝術創作的現代化」演說。 ● 12月至1月，拉黑子「末始系列」於「旭日2000‧太麻里迎曙光」跨年活動。	● 2月，「山‧海‧太陽光：布農部落原住民環境裝置藝術聯展」於布農文教基金會。 ● 3月，阿水倡議組織「台灣原住民藝術發展協會」並擔任理事長。 ● 3.18-4.18，「臺灣與加拿大原住民藝術巡迴聯展」，包括「加拿大因紐特女性藝術家作品展」與「祖先‧靈魂‧生命：台灣原住民藝術展」於國立歷史博物館。 ● 4.3-6.27，「臺灣與加拿大原住民當代藝術聯展」於台北市立美術館。	● 921大地震。 ● 11.5，撒古流和李道明合導之紀錄片「末代頭目」首映。 ● 苗栗國際假面藝術節。

時　間	原住民藝術創作者紀事	原住民藝術紀事	原住民相關紀事
	● 交通部觀光局東部海岸國家風景區管理處典藏拉黑子作品五件。 ● 尤瑪‧達陸策劃「彩虹的故鄉：泰雅織物展」於順益台灣原住民博物館。	● 4.10-11，「原住民的工藝世界：傳統、創新與商機研討會」於國立歷史博物館。 ● 6.17-20，「第四屆原住民文化工作者培訓營：原住民藝術工作者培訓」於台灣原住民文化園區管理局。 ● 12.12-12-.26，「雕鑿山海情：原住民巨型木雕展」部落重建賑災義賣於台北市大安森林公園。	
2000	● 3月，沈萬順個展「排灣族傳統之美木雕個展」於國父紀念館。 ● 4.30-5.31，「消逝的長虹：魯凱族藝術家里歐諾攝影藝術個展」於布農文教基金會台灣原住民現代藝術中心。 ● 6.15-7.31，「沙勞巨人與小水鬼：都蘭部落傳說 希巨‧蘇飛木雕藝術個展」於台灣原住民現代藝術中心。 ● 6月，拉黑子獲亞洲文化協會美術類獎助。 ● 8月，拉黑子於台北市立美術館「歸零展」展出。 ● 8.4-9.10，「金色年代：達悟族藝術家席‧傑勒吉藍油畫及裝置個展」、「原住民藝術表現與社會批判」座談會於台灣原住民現代藝術中心。 ● 拉黑子作品三件被財團法人公共電視文化事業基金會典藏。 ● 撒古流複合媒材雕塑〈鹿一家〉於三地門鄉公所斯帝摩兒雕塑公園。 ● 杜文喜受邀參加台北雙年展會外展「驅動 城市2000」聯展。	● 1.21-23，「第一屆台灣原住民現代藝術座談會」於布農文教基金會。 ● 4月，布農文教基金會「台灣原住民現代藝術中心」成立。 ● 5月，伐楚古等召開記者會抗議台北市原住民主題公園大陸石匠雕刻扭曲原住民。 ● 8.12，「2000原住民木雕獎巡迴展」於順益台灣原住民博物館展出。 ● 12月，「原貌雕像木雕展」於台東縣政府舉辦之台東原藝嘉年華會。 ● 12.9，台北市原住民文化主題公園落成啓用。 ● 12月，「日昇之屋：台灣原住民藝術創作聯展」於布農文教基金會。 ● 12月，「原住民工藝館」設於台北市兒童育樂中心。 ● 12月，「原住民工藝展」於總統府藝廊。 ● 簡扶育企劃製作「搖滾祖靈」於公共電視播出。	● 3月，「第一屆中華汽車原住民文學獎」，由中華汽車原住民文教基金會、中國時報與山海文化雜誌社開辦。 ● 5.20，原住民族部落工作隊出版《原住民族》月刊。 ● 8月，生物多樣性與台灣原住民族發展研討會。 ● 11月，馬耀‧比吼策劃「真實邦ㄗㄚˋ阿美族影展」。 ● 12.2-2001.3.11，「心靈再現：台灣女性當代藝術展」於高雄市立美術館(輔仁大學比較文學研究所主辦)，參展原住民有尤瑪‧達陸、瑁瑁‧瑪邵與芮斯‧若紘。 ● 「大地之歌」奧克拉荷馬印地安藝術創作展」於國立歷史博物館。
2001	● 2月，「隱形計劃I—隱形人系列」吳鼎武‧瓦歷斯個展於台北市立美術館。包括《迷幻莫那‧魯道》、《隱形人》兩部數位電影放映。 ● 7月，撒古流青銅雕塑〈父親的肩膀〉為高美館典藏。 ● 古勒勒「心靈殿堂」個展於原住民文化園區。 ● 撒古流參與東華大學民族學院辦公室設計。 ● 杜文喜參加土耳其第七屆伊斯坦堡國際雙年展，獲聯合國科教文組織「視覺藝術特別推薦獎」。 ● 拉黑子作品〈初末的靈魂〉分別於紐約台北藝廊、國立台灣美術館「形簡意繁：方與圓台灣當代藝術展」。 ● 吳鼎武‧瓦歷斯「隱形計畫Ⅱ–隱形動物系列」於台中國際城市藝術節。 ● 希巨‧蘇飛創立都蘭山劇團。 ● 見維‧巴里「野地之芳」個展於台東劇團藝廊。 ● 哈拿‧葛琉〈記憶中的圖騰〉公共藝術設置於台東國稅局。	● 2.13-15，「第二屆台灣原住民藝術創作研討會」於布農文教基金會。 ● 7.12-13，「藝術的對話：原住民文化藝術研討會」於台北市政府。 ● 「雕鑿祖先的面容」大型木雕現場創作於台東縣政府第二屆台東南島文化節。 ● 史前館公共藝術委託創作，委託拉黑子‧達立夫、尤瑪‧達陸與撒古流‧巴瓦瓦隆。	● 4.11，台北市原住民文化祭。 ● 6月，「馬偕博士珍藏台灣原住民文物展」於順益台灣原住民博物館。

時　間	原住民藝術創作者紀事	原住民藝術紀事	原住民相關紀事
2002	● 4.15-5.16，「台灣原味：魯凱獵人杜文喜的藝術世界」展於靜宜大學藝術中心。 ● 10月，林益千「硬硬春之戀」系列作品於台東第一屆都蘭山藝術節。 ● 11.15-2003.1.5，「串起心世界：比麤・露娜伊珠串個展」於布農文教基金會原住民當代藝術中心。 ● 見維・巴里於台北國際藝術村駐村。	● 花東縱管處紅葉溫泉風景區公共藝術，參與創作者包括伊命、希巨・蘇飛、達拉魯奇等。 ● 史前館公共藝術委託創作完成，拉黑子・達立夫〈起跳的頓力 舞者〉、撒古流・巴瓦瓦隆〈擺盪〉、尤瑪・達陸〈展開夢想的翅膀〉。 ● 來自部落的聲音「微弱的力與美：當代台灣原住民創作的文化展現」特展於史前館。 ● 台東金樽海灘「意識部落」自發性集體生活創作3個月。 ● 「我生命中的停駐與漂流：漂流木裝置藝術聯展」於台東都蘭糖廠(台東第一屆都蘭山藝術節)。 ● 台東南島文化節漂流木藝術裝置。 ● 12月，「第三屆原住民藝術創作研討會」於布農文教基金會。	● 撒古流攝影作品於史前館舉辦之「照片會說話：三個鏡頭下的台灣原住民特展」展出。 ● 11.13，保護原住民傳統智慧創作，行政院院會通過「原住民傳統智慧創作保護條例」草案。
2003	● 7.5-9.8，「野地裡的石披：張梅娘個展」於布農文教基金會原住民當代藝術中心。 ● 7月，林益千罹患肺腺癌末期辭世。 ● 9.20-12.31，「生命之歌：馬蘭阿美族雕刻家Eky林益千紀念展」於都蘭糖廠(第二屆都蘭山藝術節)。 ● 11.21-2004.1.4，「布農的眼・曠野的眼：米蕊・蘇可編織與畫聯展」於布農文教基金會原住民當代藝術中心。 ● 見維・巴里於嘉義鐵道藝術村駐村。 ● 希巨・蘇飛「盾・羽・頓：Siki木雕創作個展」於台東劇團藝廊以及第二屆都蘭山藝術節(都蘭糖廠)。 ● 尤瑪・達陸受台北縣十三行博物館委託重製原住民服飾。	● 3.8-9，「2003達瑙岸文化藝術園區漂流木休閒亭創作比賽」於花蓮鹽寮村達瑙岸文化藝術園區。 ● 6.4-7.5，林育世策劃「強烈意念：台灣原住民女性藝術家聯展」於高雄市明正國小原住民教育資源中心。 ● 7月，「靈語在畫」於原住民文化園區，參展者有飛魚、孫瑞玉等。 ● 8.15-24，「2003花蓮國際原住民漂流木創作營」於花蓮監獄舊址。參與者包括加照(陳建造，阿美族)、西佑(林正章・泰雅族)、馬浪阿雄(林朝雄，阿美族)、舒米(林鳳美，阿美族)、達給，以及祕魯Martin Salazar、加拿大Reymond Dupuis，愛爾蘭Caoimhghin O' Fraithile等。 ● 11月-12.7，「2003洄瀾國際藝術創作展」。 ● 「音樂與藝術流瀉的金樽：意識部落藝術家聯展」於金樽。	● 2.15-4.20，「圖騰大地：澳洲當代原住民藝術展」於台北當代藝術館。 ● 行政院表示要在台東興建一座南島文化園區。 ● 「批判、反省與實踐：百年來台灣博物館與原住民文化展現論壇」於史前館。 ● 「原生與創生：加拿大原住民藝術家作品展」於國立歷史博物館。
2004	● 1.17-2.29，「部落・母親與我：曹冀玲油畫個展」於布農文教基金會原住民當代藝術中心。 ● 7.10-9.12，「探尋：蔡貴松(阿美族)陶藝個展」於布農文教基金會原住民當代藝術中心。 ● 8.15，達鳳個展「甦醒、驚覺、反省」於花蓮太巴塱部落。 ● 達拉魯奇設計豫劇隊現代音樂劇《弒妻・試妻》之舞台設計。 ● 尤瑪・達陸獲第一屆「KEEP WALKING夢想資助計畫」。 ● 尤瑪・達陸參與國立台灣博物館「典藏服飾類文物檢視」計畫。	● 5.14-6.14，「會說故事的手：屏東縣八位原住民藝術工作者的故事」聯展於行政院原民會文化園區管理局。 ● 「海洋印記」漂流木裝置藝術展於東海岸。 ● 林育世策劃「海國魅力：漂流木戶外裝置藝術展」於高雄，參展者伊命、阿水、魯畢・司瓦那與峨冷等。 ● 林育世策劃「祖靈的解離與重聚：台灣南部與東海岸原住民藝術」於高雄市政府原住民事務委員會南島藝文展場。	● 12.24-2005.02.27，「顏水龍工藝特展」於國立台灣美術館。 ● 「花蓮縣原住民族文化產業中心」成立，定位為原住民文化產業與觀光的行銷出口，進而成為示範點推廣至其他地區(徐誌謙，2004 .6.19)。 ● 12月，原民會文化園區管理局辦理「原住民族文化藝術工作者論壇」實施計畫。

時　　間	原住民藝術創作者紀事	原住民藝術紀事	原住民相關紀事
2005	• 1.23-4.23，「戀念百合：雷恩個展」於行政院原民會文化園區管理局。 • 希巨・蘇飛參展「月台神話」於台中車站20號倉庫。 • 「女人・夢：石瑛媛木雕裝置藝術個展」於台東日昇之屋/女妖在說畫藝廊。 • 石瑛媛〈海洋心・情〉於第二屆洄瀾國際藝術創作營。 • 見維・巴里〈在鼓舞中前進〉壓克力媒材裝置藝術於台東鐵道藝術村開幕聯展。	• 8.13-8.28，「台東南島文化節&福爾摩沙原鄉藝術節」之「原鄉工坊」工藝創作。 • 9月，「原藝重現：當代台灣原住民家創作展」於台南新光三越。 • 12.3-17，「迴流 石門水庫國際漂流木藝術節」。參展原住民拉黑子、石瑛媛、馬浪阿雄。 • 12.15-16，「2005年原住民工藝文化發展論壇」於行政院原民會文化園區管理局。 • 12.16-17，「國際原住民文化創意設計交流學術研討會」於中原大學圖書館國際會議廳。	• 文建會將2005年訂為「2005台灣生活工藝運動年」。 • 2.5 -5.1，「載織載繡：台灣原住民織繡文化」於順益台灣原住民博物館，包括安力・給努以泰雅織品、竹管與油畫結合的作品。
2006	• 3.25，杜文喜因顱內出血不治辭世。 • 4.14-6.4，劉金德個展「狗日子：劉金德石雕個展」於布農文教基金會台灣原住民當代藝術中心。 • 5.30-10.22，拉黑子〈站立之舞〉於高雄市立美術館「島嶼之歌：有關海的24種表現」展出。 • 6.1-30，拉黑子〈大地之衣〉於高雄市立美術館「綠色奇蹟：藝術與環境生態的對話」展出。 • 希巨・蘇飛公共藝術作品〈穹蒼〉設置於台東機場。 • 哈拿・葛琉纖維藝術創作個展「她我之間」於都蘭月光小棧女妖藝廊。 • 尤瑪・達陸受國立台灣史前文化博物館委託重製台灣原住民服飾與相關器物、飾品。	• 6月，東管處主辦「東海岸飆創意：伽路蘭手創市集」。參加者有見維・巴里、哈拿・葛琉、飛魚、饒愛琴、魯碧・司瓦那、阿水、達鳳、伊命；開幕示範藝術家包括：尼誕・達給伐歷、雷恩、項鍊工作室、生火工作室等。 • 7.15-8.27，「發現新南方，霧台在台北：當代空間裡的原生藝術」於鳳甲美術館。 • 8.12-9.17，「夏浪・潮湧：原住民當代藝術創作展」於台東鐵道藝術村。參展者為拉黑子、達立夫、阿水、希巨・蘇飛、伊命、見維・巴里。 • 8.21，高美館館長李俊賢規劃「南島語系當代藝術發展計畫」。 • 高美館開始積極、有計畫的蒐藏南島當代藝術。 • 高美館「前進南島：95年兒童美術館藝術家駐館計畫」，台灣原住民藝術家有雷恩、魯碧・司瓦那；國外藝術家為新喀里多尼亞、卡納克族(kanak)的尚-米歇爾・波恩(Jean-Michel Boene)、喬瑟夫・普基歐(Joseph Poukiou)。	• 3.18-6.17，順益台灣原住民博物館推出文化系列講座「原住民的藝想世界」。 • 5月，順益台灣原住民博物館開始「當代台灣原住民藝術品」徵件與「文物」徵件。 • 6.4，2006高雄國際南島文化博覽會於高雄市立文化中心廣場開幕。 • 「凝視台灣：啓動台灣美術中的二二八元素」參展原住民有杜文喜(母阿蓋蓋的婚禮)、撒可努(童技)。 • 原住民族電視台台長人選爭議引發社會各界討論。
2007	• 2.10-3.31，「沒有用的有用」伊命的木石之用創作個展於都蘭糖場第二號倉庫。 • 5.26-7.22，吳鼎武「隱形計畫之虛擬原住民變臉裝置系列」於當代藝術館「流行的意外」展。 • 7.14-29，「PONAL 殘」拉黑子・達立夫個展於誠品信義店。 • 11月，尤瑪・達陸之公共藝術作品〈展開夢想的翅膀〉獲文建會「公共藝術獎」最大獎「卓越獎」，以及「最佳民眾參與獎」。	• 2.3-4.30，「交叉」展於都蘭糖廠，參展者包括希巨・蘇飛、了嘎・里外、阿庚、吳全達、吳文成等。都蘭山劇團主辦。 • 3.28，「漂流的終點/蛻變的起點」東海岸漂流創作研討會，日昇之屋/女妖在說畫藝廊主辦。 • 7月，台東南島文化節舉辦，重頭戲為「台啤之夜」。	

參考文獻

【中文書目】

中央研究院民族學研究所編譯
　　(2003)。《台灣總督府臨時台灣舊慣調查會番族慣習調查報告書〔第五卷〕第一冊排灣族》。台北：編譯者。

文建會編　(2003)。《文化統計》。台北：編者。
　　(1994)。《原住民文化會議論文集》。台北：編者。

文高一　(2000)。〈前進原住民技藝研習中心〉。《原住民文化與教育通訊》，第10期，33-37。

王秀雄　(2000)。《日本美術史(下冊)》。台北：國立歷史博物館。

王淑津　(2003)。〈日本殖民地時代臺灣美術史的「地方色彩」論題〉。《典藏今藝術》，126期，52-58。
　　(1996)。〈鹽月桃甫的莎勇畫像〉。《歷史文物》，6:4，52-69。

王嵩山　(2004)。〈原住民文化與美學經驗〉。《國立自然科學博物館簡訊》，第196期，3。
　　(2001)。《當代台灣原住民藝術》。台北：國立台灣藝術教育館。

王福東　(1991)。〈與獵人共枕--原住民美術採訪七日記〉。《雄獅美術》，第243期，106-110。

王墨林　(2003)。〈跨文化的一個政治問題--以「Tsou‧伊底帕斯」為例〉。收錄於林頌恩等(2003)。
　　(1993)。《批判、反省與實踐：百年來臺灣博物館的原住民文化展現論壇》，79-83。台東：國立台灣史前文化博物館。
　　(1998)。〈山地歌舞的地圖政治學〉。《表演藝術》，第63期，99-101。

王應棠　(2005)。〈從部落意識到意識部落：東部原住民藝術工作者創作與生活實驗中的新認同浮現〉。
　　收錄於林宜妙等編(2006)。《舞動民族教育精靈：台灣原住民教育論叢第八輯：部落教育》，39-50。台北：行政院原住民族委員會。
　　(2003)。《尋找家園--原住民文化工作者回歸部落現象中的認同轉折與家的意義重建：屏東魯凱、排灣族的案例》。國立台灣大學建築與城鄉研究所博士論文。

山海文化雜誌社編輯
　　(1995)。《鄒族的生活世界》。台北：順益台灣原住民博物館。

山海文化雜誌編輯
　　(1993)。〈山海專題：原住民圖像的重構〉。《山海文化雙月刊》，第1期，6-7。

方建明　(1997)。〈第一屆原住民木雕獎作品賞析〉。《文化生活》，2：49-52。

尤瑪‧達陸
　　(1999)。〈泰雅族傳統服飾系統〉。《文化視窗》，11：42-49。

台灣山地文化園區管理處編印
　　(1991)。《台灣山地文化之旅》。屏東：編者。

台北當代藝術館編
　　(2003)。《圖騰大地：澳洲當代原住民藝術展國際研討會》。台北：編者。

台邦‧撒沙勒(趙貴忠)　〈廢墟故鄉的重生：從《高山青》到部落主義——一個原住民運動者的觀察與反省〉。《台灣史料研究》，2：28-40。

台東縣立文化中心
　　(1992)。《民81年文藝季地方美展：台東縣美術家聯展》。台東：編者。

台東縣原住民族全人發展關懷協會編
　　(2005)。《造一種風格--台東：原住民工藝商品創意設計產品企劃書》。台東：編者。

台灣省政府住宅及都市發展局規劃、國立臺灣大學建築與城鄉研究所協助規劃
　　(1992)。〈第十五章 屏東縣山胞社會發展的分析與建議〉。《屏東縣綜合發展計畫》。
　　縣市綜合發展計畫報告書查詢系統：http://www.bp.ntu.edu.tw/cpis/cprpts/pingtung/depart/mulu-15.htm(2006.11.16參考)。

台灣手工業推廣中心編輯部編
　　(1997)。《台灣原住民手工藝品展專輯》。台北：臺灣手工業推廣中心。

生安峰　(2005)。《霍米巴巴》。台北：生智。

尼誕‧達給伐歷　(2005)。〈尼誕‧達給伐歷創作自述〉。《典藏今藝術》，第156期，193。

江海　(1999)。〈讓佳興成為一座真正的雕刻村吧！排灣族雕刻藝術家沈萬順訪談紀〉。《文化生活》，2(3)：52-53。

江韶瑩　(1999)。〈部落工藝美學的過渡--台灣原住民工藝的傳統與再生〉。原住民工藝世界研討會，行政院原民會主辦。
　　(1994)。〈傳統的承載與釋放：對原住民木雕藝術的一些想法——順益「台灣原住民木雕創作獎」評審感言〉。《山海文化雙月刊》，第4期，98-104。

江冠明　(2004)。〈走過人生 Eki雕刻奔放的世界 追求「原」味‧永不「雕」零〉。《新台灣》，第433期。
　　http://www.newtaiwan.com.tw/bulletinview.jsp?period=433&bulletinid=18452(2006.7.6參考)。
　　(2003a)。〈什麼是台灣原住民當代藝術？從《圖騰大地》展談起〉。《新台灣》，第361期。
　　http://www.newtaiwan.com.tw/bulletinview.jsp?period=361&bulletinid=11663(2006.7.6參考)。
　　(2003b)。〈南島文化節？還是歌舞節？〉。《新台灣新聞周刊》，第354期，78-81。
　　(2003c)。《創新的認同：三地門文化產業中的現代認同與變遷》。國立東華大學族群關係與文化研究所碩士論文。

(2002)。〈魂、縈、夢、繫--峨冷與漂流木的心靈對話〉。《新台灣新聞周刊》，第348期，78-81。
(2001)。〈現代原住民歌舞比賽的迷思〉。《新台灣新聞周刊》，第295期，82-84。
(1994)。〈出草宣言是原漢對話的起點〉。《山海文化》，第6期，37-44。
瓦歷斯‧諾幹
(1999)。〈再會吧！力大古〉。收錄於《番人之眼》。台北：晨星。
(1994)。〈告別1993國際原住民年──預知1994年台灣原住民族趨勢報告〉。《山海文化》，第3期，6-13。
(1991)。〈與祖先共舞──撒古流印象記〉。《雄獅美術》，第243期，118-120。
安力‧給怒
(1998)。〈台灣原住民藝術「傳統與現代」的課題〉。《文化生活》，第5期，9-13。
任 海 (1993)。〈表現的文化政治──解讀西方「非洲藝術」的話與語〉。《當代》，第89期，110-121。
朱元鴻 (2000)。《我們活在兩個不同的世界：社會學框作筆記》。台灣社會研究叢刊08。台北：唐山。
朱苓尹 (1991)。〈檳榔花的傳奇：哈古和他雕刻刀下的卑南情事〉。《雄獅美術》，第243期，111-117。
何榮亮等編著
(2005)。《賴高山漆藝創作研究專輯》。南投：台灣工藝研究所。
何兆華 (2005)。〈台灣原住民染織工藝之商品與文化〉。國立清華大學人文社會學院網站：
http://www.hss.nthu.edu.tw/~khku/discussion/essay/thesis2.htm(2005.10.17參考)。
何琦瑜 (2004)。〈尤瑪‧達陸 族群之美，密密地縫〉。《天下雜誌》，第300期，160-162。
汪明輝 (2001)。〈台灣原住民族運動的回顧與展望〉。收錄於張茂桂、鄭永年主編(2003)。《兩岸社會運動分析》，95-
135。台北：新自然主義。
李俊賢口述、高子衿整理
(2005)。〈從為鬼神而藝術開始-理解原住民藝術的新切口〉。《今藝術》，156期，184。
李韻儀 (2003)。《「他者之域」中，「她者」的自癒儀式與力量-布農族女性藝術家Ebu繪畫中的性別與族群認同探究》。
成功大學藝術研究所碩士論文，未出版。
李韻儀撰文
(2002)。《看見生命之美：高雄市明正國小原住民教育資源中心當代原住民視覺藝術創作展2002年展覽圖錄》。
高雄：明正國小。
李 渝 (2001)。《族群意識與卓越風格》。台北：雄獅。
李子寧編 (1999)。《台灣省立博物館創立九十年專刊》。台北：台灣省立博物館。
李永裕總編
(1997)。《台東縣立文化中心典藏原住民文物選輯》。台東：台東縣立文化中心，
李欽賢 (1996a)。《台灣美術閱覽》。台北：玉山社。
(1996b)。《台灣影像歷史系列--斯土繪影(1895-1945)》。台北：立虹出版社。
李 歡 (1991)。〈另一個素人美術家--哈古〉。《雄獅美術》，第243期，114-117。
呂理政主編
(1988)。《人類學家的博物館：中央研究院民族學研究所博物館》。台北：中央研究院民族學研究所。
宋國誠 (2003)。《後殖民論述-從法農到薩依德》。台北：擎松圖書。
阮昌銳 (1996)。《台灣的原住民》。台北：台灣省立博物館。
依斯坦達霍松安‧那布
(2003a)。〈寫在第三屆台灣原住民藝術創作研討會〉。收錄於鄭桂英編(2003)。《第三屆原住民藝術創作研討
會-創新與認同》。台東：布農文教基金會。
(2003b)。〈屍體或實體？以布農族小米田獵場的觀念看布農部落台灣原住民當代藝術中心與一般博物館〉。收錄
於林頌恩編(2003)。《批判、反省與實踐：百年來台灣博物館與原住民文化展現論壇》，148-151。台東：國立台
灣史前文化博物館。
吳垠慧 (2006)。〈「迴流」天地間的詠嘆-2005石門水庫國際漂流幕藝術節〉。《典藏今藝術》，第160期，97-99。
吳惠蘭 (1999)。〈尤瑪，你還會繼續織布嗎？〉。《新故鄉雜誌季刊》。
http://homeland.yam.com/h101-06.htm(2002.8.28參考)。
吳玲玲 (1999)。《現代社會脈絡中的魯凱族藝術產品之研究》。國立藝術學院傳統藝術研究所碩士論文，未出版。
吳振岳、陳碧珠策劃編輯
(1993)。《第一屆山胞藝術藝術季文藝創作》。台北市：文化總會出版。
吳天泰、國立花蓮師院山胞教育研究所編印
(1993)。《九族藝能人才資料》。花蓮：國立花蓮師院。
林懷民 (2003)。〈先談文化、再說產業：從雲門經驗看台灣表演藝術產業化的可能性〉。收錄於「2003文化創意產業：
全球思考‧台灣行動」國際研討會。歐洲聯盟研究協會網站：
http://www.eusa-taiwan.org/active_report/2003/20030326/Creative%20Industry/3-
28%E5%B0%88%E9%A1%8C%E6%BC%94%E8%AC%9B%E6%9E%97%E6%87%B7%E6%B0%91.PDF

(2006.6.7參考)。

林頌恩編　(2003)。《回憶父親的歌之一海洋ho haiyan》。台東：國立台灣史前文化博物館出版。

林田富策劃編輯
　　　　(2002)。《台灣原味：魯凱獵人杜文喜的藝術世界》。台中：靜宜大學藝術中心。

林靜宜編　(2001)。《原舞者十年回顧》。台北：財團法人原舞者文化藝術基金會。

林道生　(2001)。《原住民神話‧故事全集(1)》。北市：漢藝色研。

林義娥、莊麗華編
　　　　(2001)。《飛躍的子民：台灣原住民系列特展活動》。台北：國立台灣藝術教育館。

林柏年採訪、郭乃玲記錄
　　　　(1996)。〈阿美族木雕藝術祭創作與生活觀--陳正瑞Asoy〉。《空間》，第81期，98-99。
　　　　(1996)。〈阿美族木雕藝術祭創作與生活談--廖勝義Sigi〉。《空間》，第81期，100-101。
　　　　(1996)。〈阿美族木雕藝術祭創作與生活談--林益千Eki〉。《空間》，第81期，104-106。
　　　　(1996)。〈阿美族木雕藝術祭創作與生活談--鄭宋彬Tafong〉。《空間》，第81期，109-101。

林榮欽　(1993)。〈排灣族木雕藝術的繼承人--高富村創作生活訪問紀實〉。《臺灣手工業》，第47期，70-74。

林雲龍、林哲廷
　　　　(1993)。〈訪排灣木雕刻家兼談排灣群木雕藝術〉。《台灣手工業》，第46期，30-37。

林育世　(2001)。〈台灣原住民現代藝術發展的觀察與評析〉，收錄於《藝術的對話：原住民文化藝術研討會》活動手冊，6-19。台北：台北市原住民事務委員會。

林美伶紀錄整理
　　　　(1991)。〈原住民文化的蛻變〉。《雄獅美術》，第245期，178-183。

林建成　(2002)。《台灣原住民藝術田野筆記》。台北：藝術家。

林宜妙等編
　　　　(1999)。《太陽門下的夢想家-原住民文化工作者田野應用手冊(四)》。屏東：行政院原住民委員會文化園區管理局。

林宜妙、劉淑玫編
　　　　(1995)。《原住民文化工作者田野應用手冊(二)》。屏東：台灣原住民文化園區管理處。

林勝賢執編
　　　　(未標示)。《台東縣立文化中心山地文物陳列室專輯》。台東：台東縣立文化中心。

拉黑子‧達立夫
　　　　(2003)。〈我的溯與塑：我的創作力量與部落的關係〉。《發現 史前館電子報》。第14期。
　　　　(2000)。〈「末始」季‧拉黑子木雕創作系列(1999-2000)〉。《山海文化》，166-168。

冼懿穎責任編輯
　　　　(2005)。《Call me臺客！=Call me TK》。台北：英屬蓋曼群島網路與書台灣分公司。

周錦宏編　(2004)。《當代原住民藝術展》。苗栗：苗栗縣文化局。

邱貴芬　(2003)。《後殖民及其外》。台北：麥田。

胡文惠　(2005)。〈行政組織中團體盲思現象之初探〉。發表於第九屆全國公共行政碩士論文發表會。政治大學公共行政學系：http://pa.nccu.edu.tw/ninthdoc/3-3.pdf(2005.8.21)

胡家瑜　(2005)。〈博覽會與台灣原住民：殖民時期的展示政治與「他者」意象〉。《考古人類學刊》，第62期，3-39。
　　　　(1998)。《台大人類學系伊能藏品研究》。台北：台大出版中心。

胡台麗　(1994)。〈從田野到舞台：「原舞者」的學習與演出歷程〉。《當代》，第98期，30-47。

施正峰　(1998)。《族群與民族主義：集體認同的政治分析》。台北：前衛。

施翠峰　(1997)。〈原住民藝術文物面面觀--不論喜不喜歡，理應予以尊重〉。《典藏藝術》，62期，144-149。

屏東縣文化局
　　　　(2001)。《九十年原住民木雕獎專輯》。屏東：編者。

屏東縣立文化中心
　　　　(1999)。《八十八年原住民木雕獎專輯》。屏東：編者。

屏東縣三地門文化藝術協會
　　　　(2003)。〈「全國藝文創意產業案例蒐錄計畫」案例005號：三地門琉璃珠產業〉。國家文藝基金會網站：http://www.ncafroc.org.tw/(2003.12.14參考)。

浦忠義等編
　　　　(1999)。《愛 生命 尊嚴：安力‧給怒(賴安淋)創作集》。屏東：台灣原住民文化園區管理局。

徐文瑞　(2001)。〈第七屆伊斯坦布雙年展 自我賦格：從渾沌的邊緣重新出發〉。《典藏今藝術》，110期，48-52。

徐　純　(2003)。〈博物館裡的原住民〉。收錄於林頌恩編。《批判、反省與實踐：百年來台灣博物館的原住民文化再現論壇》，12-27。台東：國立台灣史前文化博物館。

姚德雄　(1990)。〈建築景觀為經，生活禮俗為緯：「九族文化村的起源與特色」〉。《文訊雜誌》革新第14期(總號53期)，16-18。

南方朔　(1995)。〈運動 被看 異國情調〉。《山海文化雙月刊》。第10期，21-25。

洪麗珠　　(2003)。〈家屋與商業的排灣雕刻：以屏東佳興為例〉
　　　　　http://www.hss.nthu.edu.tw/~khku/discussion/essay/thesis4.htm(2005.12.28參考)。
　　　　　(1996)。〈原生、族群、韌力：變遷社會中的原住民藝術〉。國立清華大學藝術中心網站：
　　　　　http://www.arts.nthu.edu.tw/NewWww/Exhibition/1996-12-09/Intro/preface.html(2006.10.18
　　　　　參考)。另刊載於(1997)。〈原生、族群、韌力：變遷社會中的原住民藝術〉。《台灣研究通訊》，第9期，33-37。

孫大川　　(2000)。《夾縫中的族群建構：台灣原住民的語言、文化與政治》。台北：聯合文學。
　　　　　(1991)。《久久酒一次》。台北：張老師出版社。
　　　　　(1995)。〈學術研究與原住民文化〉。收錄於林宜妙、劉淑玫編(1995)。《原住民文化工作者田
　　　　　野應用手冊(二)》，251-275。屏東：台灣原住民文化園區管理處。

孫大川主編
　　　　　(2003)。《台灣原住民族漢語文學精選--評論卷(下)》。台北：印刻。

孫大川計畫主持
　　　　　(1996)。《台灣原住民文化藝術傳承與發展系列座談實錄報告書》。台北：文建會。

高明智　　(2006)。〈卡地步部落的文化復振與當代情境〉，收錄於傅君主編(2006)。《南島民族論壇-海洋文化的傳統與當
　　　　　代發展》，37-41。台東：國立台灣史前文化博物館。

高俊雄　　(1998)。〈泰雅手工編織商品化之探討--以台中縣和平鄉為例〉。收錄於《原住民文化與觀光休閒發展研討會》，
　　　　　157-164。中華民國戶外遊憩學會、財團法人台灣原住民文教基金會主辦。

高業榮　　(1992)。《凝視的祖靈：試論排灣族祖先像的兩種風格》。第一屆山胞藝術季美術特展專輯抽印本。台中：台灣省立美
　　　　　術館。
　　　　　(1980)。〈台灣山地的手藝人〉。《藝術家》，第63期，175-179。

涂瑛娥　　(1998)。《蘭嶼‧裝飾‧顏水龍》。台北：雄獅。

國立歷史博物館編輯委員會編輯
　　　　　(2003)。《原生與創生：加拿大原住民藝術家作品展》。台北：編者。
　　　　　(2000)。《大地之歌：奧克拉荷馬印地安藝術創作展》。台北：編者。

許功明　　(2004)。《原住民藝術與博物館展示》。台北：南天。
　　　　　(2003)。〈台灣原住民藝術：當代與原始的對話〉。《現代美術學報》，第6期，87-103。
　　　　　(1991a)。《魯凱族的文化與藝術》。台北：稻鄉。
　　　　　(1991b)。〈族群藝術的尊嚴--「哈古」雕刻展有感〉。台北《雄獅美術》，第246期，150-155。

許功明、黃貴潮
　　　　　(1998)。《阿美族的物質文化--變遷與持續之例》。台北：行政院原民會。

許勝發
　　　　　(2005.5.24)。〈力大古〉。台灣大百科全書網站http://taipedia.cca.goc.tw (2005.12.7參考)。資料出處：
　　　　　《歷史建築資料庫分類架構暨網際網路建置第一期委託研究計畫成果報告書》/計畫主持人林會承教授。
　　　　　(1996)。《傳統排灣族群北部式家屋裝飾初步研究》。成功大學建築研究所碩士論文。

許木柱　　(1985)。〈從琉璃珠到達章建築：台灣土著族群的傳統文化與現代適應〉。《思與言》，第23卷第2期，113-120。

陳秀薇等執編
　　　　　(2006)。《典藏目錄2004-2005》。高雄：高雄市立美術館。

陳杏宇主編
　　　　　(2004)。《台東南島文化節活動成果專輯2003》。台東：台東縣政府。

陳泰松、賀豫惠編
　　　　　(2006)。《工藝水龍頭：顏水龍的故事》。南投：國立台灣工藝研究所。

陳亮丰　　(2002)。〈不只是創作-也是生存與傳承的戰鬥〉。收錄於盧梅芬編(2002)。《微弱的力與美：當代台灣原住民創
　　　　　作的文化展現》，54-55。台東：國立台灣史前文化博物館。

陳羿緻　　(2000)。〈遇見很多手的藝術家-撒古流巴瓦瓦隆〉。《雅砌》，第128期，54-59。

陳奇祿　　(1996)。《台灣排灣群》。台北：南天。1961初版發行。
　　　　　(1984)。《民族與文化》，台北：黎明。
　　　　　(1972)。〈台灣的原始藝術〉。《雄獅美術》，第22期，4-11。

陳光興　　(2006)。《去帝國--亞洲作為方法》。台北：行人出版社。
　　　　　(1996)。〈去殖民的文化研究〉。《台灣社會研究季刊》，第21期，73-139。
　　　　　(1994)。〈帝國之眼：「次」帝國與國族--國家的文化想像〉。《台灣社會研究季刊》，第17期，149-222。

陳永龍　　(1994)。〈觀看、地方自主性與社會權力--試論觀光互動過程中的看與被看〉。《山海文化雙月刊》，第2期，47-51。

陳佩周　　(1999)。《變臉中的「印地安」人：美國原住民文化探索》。台北：麥田。

陳國寧計畫主持
　　　　　(1991)。《博物館巡禮：台閩地區公私立博物館專輯》。台北：文建會。

陳銘城、鄭純宜主編
　　　　　(1999)。《台灣民權運動回顧》。台北：台北228紀念館。

曹俊漢　　(2001.10.26)。〈落實原住民團隊扶植計劃〉。財團法人國家政策研究基金會「國政研究報告」，內政(研)090-055
　　　　　號http://www.npf.org.tw/PUBLICATION/IA/090/IA-R-090-055.htm(2004.8.11參考)。原文刊載於
　　　　　(2001.10.22)中央日報15版智庫論壇。
梅丁衍　　(2001)。〈台灣當代美術中的「現代性」意義〉。收錄於林小雲、王品驊主編 (2001)。
　　　　　《流變與幻形》，11-36。台北：財團法人世安文教基金會。
梁琴霞　　(1998)。〈橫跨的歲月〉。收錄於優劇場編。《勇士的腳印》，46。台北：文建會。
張至善編　(2004)。《2004年終身學習節--無形資產的探尋：東區系列活動成果報告》。台東：國立台灣史前文化博物館。
張慧玲執行編輯
　　　　　(2002)。《顏水龍工藝特展》。台中：國立台灣美術館。
張茂桂　　(2002)。〈族群、種族、民族與族群關係〉。收錄於瞿海源主編。《社會學與台灣社會(精簡本)》，163-186。台
　　　　　北：巨流。
　　　　　(2002.3.15)。〈台灣是多元文化國家？！〉。《文化研究月報》。
　　　　　http://hermes.hrc.ntu.edu.tw/csa/journal/journal_park86.htm(2006.11.15參考)。
張晴文　　(2002)。〈原住民藝術〉。收錄於謝東山主編(2002)。《1980-2000台灣當代藝術》，166-178。台北：藝術家。
張炎憲編　(1992)。《歷史文化與台灣1：台灣研究研討會1-27回紀錄》。台北：台灣風物雜誌社。
傅寶玉等編
　　　　　(1998)。《台灣原住民史料彙編第三輯：台灣省政府公報中有關原住民法規政令彙編(1)》。南投：台灣省文獻委員會。
傅　君主編
　　　　　(2006)。《南島民族論壇--海洋文化的傳統與當代發展》。台東：國立台灣史前文化博物館。
傅　君　　(1998)。《活化部落經濟生機：振興原住民族經濟及產業發展之研究》。台北：行政院原住民委員會委託研究、印製。
曾智勇編
　　　　　(2004)。《93年度全國原住民木雕獎專輯》。屏東市：屏東縣政府原住民局。
馮久玲　　(2002)。《文化是好生意》。台北：臉譜。
莊伯和、徐韶仁
　　　　　(2002)。《台灣工藝之美：傳統工藝與原住民工藝技術》。台中：晨星。
莊伯和　　(2005)。〈建立台灣藝術風貌的顏水龍〉。收錄於張惠玲執行編輯(2005)。《顏水龍工藝特展》，5-14。台中：
　　　　　國立台灣美術館。
　　　　　(1998)。《台灣傳統工藝》。台北：漢光文化。
　　　　　(1979)。〈鄉土藝術的推動者--顏水龍〉。《雄獅美術》，第97期，6-35。
莊淑惠　　(1997)。〈原住民藝術傳承者--中生代原住民藝術家速寫〉。《典藏藝術》，第62期，170-175。
莊素娥　　(1992)。《台灣美術全集6顏水龍》。台北：藝術家。
楊小濱　　(1995)。《否定的美學：法蘭克福學派的文藝理論和文化批評》。台北：麥田。
詹火生、楊銀美
　　　　　(2002)。〈我國原住民社會福利政策--以國家干預觀點分析〉。社會(研)091-017號。財團法人國家政策研究基金
　　　　　會國政研究報告：http://www.npf.org.tw(2005.6.7參考)。
奧威尼‧卡露斯
　　　　　(2006)。〈文化的追尋與實踐講稿〉。收錄於傅君主編(2006)。《南島民族論壇：海洋文化的傳統與當代發展》，
　　　　　81-82。台東：國立台灣史前文化博物館。
莫那能口述、盧思岳採訪整理
　　　　　(1994)。〈被射倒的紅番〉。收錄於楊澤主編(1994)。《七〇年代懺情錄》，73-88。台北：時報文化。
雷　恩　　(2005)。〈雷恩創作自述〉。《典藏今藝術》，第156期，190。
遠流台灣館編著
　　　　　(2000)。《台灣史小事典》。台北：遠流。
黃慧琪　　(2005)。〈澳洲原住民新圖騰〉。《典藏今藝術》，第148期，150-153。
黃煌雄、黃勤鎮調查
　　　　　(2004)。《原住民地方文化產業總體檢》。台北：遠流。
黃國恩、林頌恩編
　　　　　(2001)。《國立台灣史前文化博物館開館紀念特刊》。台東：國立台灣史前文化博物館。
黃芳銘、劉和然。
　　　　　(2000)。〈在學青少年生活痛苦指標調查研究〉。財團法人方向陽公益基金會：
　　　　　http://www.tosun.org.tw/database/900307/hard/hard-5.htm(2005.12.7參考).
椏　木　　(1991)。〈現代獵人-沈秋大〉。《雄獅美術》，第243期，122-124。
趙　剛　　(2005)。《頭目哈古》。台北：聯經。
　　　　　(1996)。〈新的民族主義，還是舊的？〉。《台灣社會研究季刊》，第21期，1-71。
廖瑾瑗　　(2001)。〈台展東洋畫部與「地方色彩」〉。收錄於蔡昭儀主編(2001)。《台灣美術百年回顧學術研討會論文

集》，37-62。台中：台灣美術館。

鄧清乾總編輯
    (2003)。《台東南島文化節活動成果專輯2002》。台東：台東縣政府。

黎澤霖纂修
    (1958)。《臺灣省通志稿教育志文化事業篇》。台北：台灣省文獻會。

劉千美 (2001)。《差異與實踐：當代藝術哲學研究》。台北：立緒文化。

劉佩修 (1991)。〈這樣的作品，在那裡都會發光-牧師雕刻家達卡納瓦〉。《雄獅美術》，第243期，121-124。
    (1991)。〈在木石間構築希望-長髮獵人卡拉瓦〉。《雄獅美術》，第243期，125-129。

編輯部 (1997)。〈涵容強韌生命力：元智工學院舉辦台灣原住民藝術創作展〉。《典藏藝術》，第55期，156-157。

撒古流‧巴瓦瓦隆
    (1999)。《跨世紀文化扎根運動：部落有教室》。台北：順益台灣原住民博物館。
    (1998)。《部落有教室：達瓦蘭文化扎根運動特刊》。屏東：台灣原住民文化園區管理局。
    (1994)。《排灣、魯凱民族文化學園計畫書》。《國立台灣史前文化博物館籌備處通訊第四期》，83-104。

撒可努‧亞榮隆
    (2003)。〈認同的過程是一種集體治療〉。《發現史前館電子報》。第8期。

鄭桂英編撰
    (2003)。《創新與認同：第三屆原住民藝術創作研討會》。台東：布農文教基金會。

鄭惠美 (2001)。〈活的藝術vs.死的標本：台灣原住民當代藝術觀照〉。《典藏今藝術》，第107期，62-65。

盧梅芬 (2005)。〈人味！哪去了？博物館的原住民異己再現與後殖民的展示批判〉。《博物館學季刊》，第十九卷第1期，65-78。台中：國立自然科學博物館。
    (2004.8.18)。〈博物館，不該和原住民隔絕〉(原題〈博物館，給原住民創造知識的機會〉)。《中國時報》論壇。
    (2003)。〈從季‧拉黑子的創作歷程看九０年代台灣原住民創作意識的覺醒與矛盾〉。《現代美術學報》，第六期，105-124。台北市立美術館。
    (1999a)。〈認同與藝術表現--當代台灣原住民木雕藝術隱含之原住民化現象〉。收錄於《第一屆帝門藝術評論徵文獎》，9-13。財團法人中華民國帝門藝術教育基金會出版。(《中國時報》人間副刊，2000/01/07、2000/01/08連載。)
    (1999b)。〈解讀臺灣原住民木雕藝術興盛之現象〉。《台灣博物館民族誌論壇社通訊季刊》，(4):22-32。
    (1999c)。《當代台灣原住民藝術生態與風格：以台東卑南族為例》。國立成功大學藝術研究所碩士論文。

盧梅芬編 (2002)。《微弱的力與美：當代台灣原住民創作的文化展現》。台東：國立台灣史前文化博物館。

蔡東源編 (1998)。《八十七年原住民木雕藝術創作獎專輯》。屏東縣：屏東縣立文化中心。

簡芳菲 (2002)。〈日治時期排灣族雕刻圖像的變遷-以警察圖像為例〉。《師大學報：人文與社會類-藝術專刊》。47(1)：57-86。

簡扶育 (1998)。《搖滾祖靈：台灣原住民藝術家群像》。台北：藝術家。

簡明輝編 (1997)。《立石鐵臣 台灣畫冊》。台北：台北縣立文化中心。

謝里法 (1995)。《日據時代台灣美術運動史》。台北：藝術家。

謝世忠 (2000)。〈傳統與新傳統的現身：當代原住民的工藝體現〉。《宜蘭文獻》，第44期，7-40。
    (1995a)。〈「傳統文化」的操控與管理：國家文化體系下的台灣原住民文化〉。《山海文化雙月刊》，第13期，85-101。
    (1995b)。《山胞觀光》。台北：自立晚報社。
    (1987a)。《認同的污名：台灣原住民的族群變遷》。台北：自立晚報。
    (1987b)。〈原住民運動生成與發展理論的建立：以北美與台灣為例之初步探討〉。《中央研究院民族所期刊》，第64期，139-177。

謝佩霓 (2002)。〈萬法法無法，唯師自然：魯凱獵人杜文喜的藝術世界如是觀〉收錄於林田富策劃主編(2002)。《台灣原味：魯凱獵人杜文喜的藝術世界》，12-19。台中：靜宜大學藝術中心。

謝麟兮撰稿、薛玲、洪進雄主編
    (2003)。《台灣原住民工藝匠師專輯》。嘉義國立嘉義大學原住民生產力培訓中心。

謝東山 (1996)。《殖民與獨立之間：世紀末的台灣美術》。台北：台北市立美術館。

鍾明德 (2001)。《神聖的藝術：葛羅托斯基的創作方法研究》。台北：揚智文化。

鍾肇政 (1992)。〈敲吧，門將被打開--參觀原住民詩歌朗誦競賽記〉。http://literature.ihakka.net/hakka/author/zhong_zhao_zheng/zhao_composition/zhao_onlin/pen1/pen1-16.html(2005.7.26參考)。

顏志光編 (2001)。《陳文生木雕作品集》。台東：台東縣政府。

顏娟英 (2001)。《風景心境：台灣近代美術文獻導讀(上冊)》。台北：雄獅美術。
    (1998)。《台灣近代美術大事年表》。台北：雄獅美術。
    (1993)。〈殿堂中的美術：台灣早期現代美術與文化啟蒙〉。《中央研究院歷史與研究所集刊》，64：2，469-595。
    (2004)。〈殖民地官方品味的變遷：石川欽一郎與1910年代台灣的美術活動〉。http://www.aerc.nhcue.edu.tw/paper/lee/01.pdf (2006.7.20參考)。

顏水龍 (1978)。〈我與台灣工藝：從事台灣工藝四十年的回顧與前瞻〉。《藝術家》，33期，7-13。

(1977)。〈我對促進台灣手工業所作之努力〉。《工業設計與包裝》，10期，6-7。
顏水龍等纂修
　　　　　(1958)。《臺灣省通志稿卷六學藝志藝術篇》。台北：台灣省文獻會。
顏水龍提供、黃春秀整理
　　　　　(1988)。〈台灣編織工藝材料概介〉。《歷史文物》，2：7，96-99。
魏貽君　　(2003)。〈找尋認同的戰鬥位置：以瓦歷斯‧諾幹的故事為例〉。收錄於孫大川主編(2003)。
　　　　　《台灣原住民族漢語文學選集--評論卷(下)》，97-145。台北：印刻。
蕭瓊瑞　　(1997)。《島嶼色彩--台灣美術史論》。台北：東大圖書。
蕭新煌　　(2002)。《台灣社會文化典範的轉移》。台北：立緒。
藤井志津枝
　　　　　(2001)。《日治時期台灣總督府理蕃政策》。台北：文英堂。
蘇振明　　(2000a)。《台灣樸素雕塑家》。台北：常民文化。
　　　　　(2000b)。《台灣樸素畫家》。台北：常民文化。
蘇啟明編　(1999)。《祖先‧靈魂‧生命：台灣原住民藝術展》。台北：國立歷史博物館。

【中文報紙】

未著撰人　(2000.12.31)。〈二十一尊巨型木雕 百公尺十字繡：爭取列入金氏紀錄 原住民亮出好手藝〉。《聯合報》，17版
　　　　　花東財經。
　　　　　(1955.5.1)。〈山胞工藝講習班二期在台東結業〉。《中央日報》，第5版。
　　　　　(1952.8.20)。〈手舞足蹈勞軍去 載歌載舞凱歌歸：記改進後的山地歌舞〉。《中央日報》，第3版。
王安國　　(2005.8.21)。〈雲霧山林‧真情盟約的魯凱族婚禮〉。《中國時報》。
王良芬　　(2005.7.17)。〈孤獨邊緣人：陳安黛西安 奮力打破邊界〉。《中國時報》。
王健壯　　(2004.7.10)。〈七百二十一個名字〉。《中時電子報》。
王蘭芬　　(2001.2.10)。〈吳鼎武‧瓦歷斯的《隱形計畫》以多媒體裝置關照族群生命〉。《民生報》。
江岷欽　　(2005.3.4)。〈集體意思下的權力遊戲〉。《中國時報》焦點新聞A4。
汪智博　　(2000.1.1)。〈穿梭太陽之門 發現台灣原生精神 阿美族人季‧拉黑子回應祖靈呼喚 木雕「末始」迎千禧 為原住民
　　　　　文化注入新生機〉。《中國時報》，第11版文化藝術。
林建成　　(1986)。〈山地圖騰〉。《更生日報》。
周敏煌　　(2000.5.1)。〈攝影作品呈現出老人堅韌生命力與貧弱現狀引人低迴〉。《中國時報》，地方新聞。
吳中興　　(1992.4.22)。〈文化拼盤 怎麼忠於原味？首屆山胞藝術季的尷尬〉。《中國時報》，第30版寶島。
南方朔　　(2005.8.8)。〈迎接新批判時代的到來〉。《中國時報》。
陳希林　　(2000.5.2)。〈原民公園誤導原民藝術〉。《中國時報》，藝文版。
　　　　　(2000.4.30)。〈原住民現代藝術中心 台東今揭幕〉。《中國時報》。
陳其南　　(1999.8.10)。〈社區總體營造--對啟蒙運動的反思〉。《聯合報》。
程延年　　(1997.12.15)。〈活化石的啟示〉。《台灣日報》。
劉芳妙　　(2004.6.30)。〈原住民工藝品 台加結盟行銷〉。《經濟日報》。
蔡　策　　(1951.2.10)。〈進步的山地歌舞〉。《中央日報》，第4板。
蘇嫻雅　　(1992.3.19)。〈山胞藝術季有熱的開始〉。《中國時報》，20版文化新聞。

【影音資料】

向上傳播公司、廣電基金
　　　　　(2006)。《峨格的排灣陶》DVD影音資料/最後圖騰系列。台北：廣電基金。
李道明　　(1994)。《排灣人撒古流》。78分鐘、16釐米，多面向藝術工作室有限公司。

【西文翻譯】

Atkins, Robert(羅伯特‧艾得金)著、黃麗娟譯
　　　　　(1996)。《藝術開講：當代意念、運動與詞彙導引》。台北：藝術家。
Anderson, Benedict(班納迪克‧安德森)著、吳叡人譯
　　　　　(1999)。《想像的共同體：民族主義的起源與散佈》。台北：時報。
Berger, John(約翰‧伯格)著、吳莉君譯
　　　　　(2005)。《觀看的方式》。台北：麥田。
Buber, Martin(馬丁‧布伯)著、陳維剛譯

　　　　(1991)。《我與你》。台北：桂冠。

Bullock, Alan(亞倫‧布洛克)著、董樂山譯
　　　　(2000)。《西方人文主義統》。台北：究竟。

Boal, Augusto著、賴淑雅譯
　　　　(2000)。《被壓迫者劇場》。台北：揚智。

Etcoff, Nancy著、張美惠譯
　　　　(1999)。《美之為物 美的科學》。台北：時報。

Fanon, Frantz(弗朗茲‧法農)著、陳瑞樺譯
　　　　(2005)。《黑皮膚，白面具》。台北：心靈工坊文化。

Foster, Hal(賀爾‧福斯特)主編、呂建忠譯
　　　　(1998)。《反美學：後現代文化論集》。台北：立緒。

Foucault, Michel(米歇‧傅柯)著、王德威譯
　　　　(1993)。《知識的考掘》。台北：麥田。

Giddens, Anthony(安東尼‧紀登斯)著、趙旭東、方文譯
　　　　(2003)。《現代性與自我認同：晚期現代的自我與社會》。台北：左岸。

Hoffer, Eric著、梁永安譯
　　　　(2004)。《狂熱分子》。台北：立緒。

Habermas, Jürgen(尤根‧哈伯瑪斯)
　　　　(1998)。〈現代性：一個不完整的方案〉。收錄於Hal Foster 主編、呂建忠譯(1998)。《反美學：後現代文化論集》，1-22。台北：立緒。

Hobsbawm, Eric等著、陳思仁譯
　　　　(2002)。《被發明的傳統》。台北：貓頭鷹。

Isaacs, Harold R.(哈羅德‧伊薩克)著、鄧伯宸譯
　　　　(2004)。《族群》。台北：立緒。

Little, Stephen(史蒂芬‧利透)著、吳妍蓉譯
　　　　(2005)。《西洋藝術流派事典》。台北：果實。

Mundine, Djon(瓊‧孟丹)著、黃舒屏譯
　　　　(2003)。〈原住民-當代：介於兩個世界之間〉。《藝術家》。第333期，178-183。

Mundine, Djon
　　　　(2003)。〈千禧的原生/原生的千禧(Millennia Indigenna / Indigenna Millennia)〉。收錄於《圖騰大地：澳洲當代原住民藝術展國際研討會》。台北：台北當代藝術館

McEvilley, Thomas著、徐文瑞譯
　　　　(1998)。〈後殖民時代的展覽策略〉。收錄於李長俊研究(1999)。《台灣藝評研究1997-1998》，92-98。台北：財團法人帝國中華民國帝門藝術教育基金會。原文刊載於(1998)。《現代美術》，第80期，8-14。

Moore-Gilbert, Bart(巴特‧摩爾)著、彭淮棟譯
　　　　(2004)。《後殖民理論》。台北：聯經。

Pick, John(費約翰)著、江靜玲譯
　　　　(1995)。《藝術與公共政策：從古希臘到現今政府的「藝術政策」之探討》。台北：桂冠。

Said, Edward W.(愛德華‧薩依德)著、蔡源林譯
　　　　(2001)。《文化與帝國主義》。台北：立緒。

Said, Edward W.(愛德華‧薩依德)著、王志弘等譯
　　　　(1999)。《東方主義》。台北：立緒。

Said, Edward W.(愛德華‧薩依德)著、單德興譯
　　　　(1997)。《知識份子論》。台北：麥田。

Storey, John(約翰‧史都瑞)著、李根芳、周素鳳譯
　　　　(2003)。《文化理論與通俗文化導論(第三版)》。台北：巨流。

Schech, Susan & Haggis, Jane、沈台訓譯
　　　　(2003)。《文化與發展：批判性導論》。台北：巨流。

Tutu, Desmond Mpilo(德斯蒙德_屠圖)著、江洪譯
　　　　(2005)。《沒有寬恕就沒有未來》，台北：左岸文化。

Woolf, Virginia(維金尼亞‧吳爾芙)著、張秀亞譯
　　　　(2000)。《自己的房間》。台北：天培文化。

理查‧謝喜納撰、馬奎元譯
　　　　(2005)。〈地戲、柴燈祭和「民俗表演」的問題〉。《戲劇學刊》，第1期，7-25，國立台北藝術大學。

【西文書籍】

Clifford , James.
　　　　2002. The Predicament of Culture: Twentieth-Century Ethnography, Literature, and Art. Tenth

printing. Harvard University.

Fanon, Frantz.
  1963. The Wretched of the Earth. New York, Grove Press.
Francione, Gianni.
  2000. Bali Modern: The Art of Tropical Living. Periplus Editions Ltd.
Hill, Tom and Hill, Richard W. ed.
  1994. Creation's Journey: Native American Identity and Belief. Washington: Smithsonian Institution Press.
Highwater, Jamake.
  1986.Controversy in Native American Art. In Wade, Edwin L. ed. 1986.The Arts of the North
  American Indian: Native Traditions in Evolution, 223-242. New York: Hudson Hills.
Kasfir, Sidney Littlefield.
  1999. Contemporary African Art. London: Thames & Hudson Ltd
Lowe, Truman T. ed.
  2004. Native modernism: The art of George Morrison and Allan Houser. Washington, D.C., and New York:
  Smithsonian National Museum of the American Indian.
Mitchell, Nancy M. & New, Lloyd.
  1992. Creativity is Our Tradition: Three Decades of Contemporary Indian Art. New Mexico: Institute of American
  Indian and Alaska Native Culture and Arts Development.
McEvilley, Thomas.
  1993. Fusion: West African Artist and the Venice Biennale. New York: Museum for African Art.
Nahwooksy, Fred and Hill , Richard ed.
  2000. Who stole the tee pee? New York: NMAI.
N'Goné Fall & Jean Loup Pivin ed.
  2002 .An Anthology of African Art: The Twentieth Century. NY: D.A.P./Distributed Art Publishers. Inc.
Penney, David W.
  2004. North American Indian Art. London, Thames & Hudson Ltd.
  2000. The Poetics of Museum Representation: Tropes of Recent American Indian Art Exhibition. In The Changing
  Presentation of the American Indian: Museum and Native Cultures, 47-66. Washington: Smithsonian Institution
  Press.
Powell, Richard J.
  2003. Black Art: A Cultural History. London: Thames & Hudson Ltd
Strickland, Rennard.
  1994. Sharing The Heritage: American Indian Art from Oklahoma Private Collections. Fred Jones
  JR. Museum of Art, University of Oklahoma.
Sturtevant, William C..
  1986. The Meanings of Native American Art. In Wade, Edwin L. ed. 1986.The Arts of the North
  American Indian: Native Traditions in Evolution,23-44. New York: Hudson Hills.
Theobald, Elizabeth.
  1994. Beyond the Images: Native Voices and Visions in New York Theater. In Native American Expressive
  Culture,160-163. AKWE:KON/NMAI Press.
Teilhet-Fisk, Jehanne ed.
  1998. Dimensions of Native America: the contact Zone. Florida State University.
Vergo, Peter. ed.
  1989. The New Museology. London: Reaktion.
Warner, John Anson.
  1986.The Individual in Native American Art: A Sociological. In Wade, Edwin L. ed. 1986.The Arts
  of the North American Indian: Native Traditions in Evolution, 171-202. New York: Hudson Hills.

【日文翻譯】

台灣總督府警察本署編、陳金田譯
  (1997a)。《日據時期原住民行政稿第一卷》(原名:理蕃誌稿)。南投市:省文獻會。
  (1997b)。《日據時期原住民行政稿第二卷(上冊)》(原名:理蕃誌稿)。南投市:省文獻會。
台灣總督府警察本署編、吳萬煌譯
  (1999)。《日據時期原住民行政稿第四卷》(原名:理蕃誌稿)。南投市:省文獻會。
森丑之助原著、楊南郡譯註
  (2000)。《生蕃行腳--森丑之助的台灣探險》。台北:遠流。
陳昭明譯

(1993)。〈從「蕃童」的製作到入選「帝展」--黃土水的奮鬥與其創作〉。《藝術家》，220：367-368。

鳥居龍藏原著、楊南郡譯註

(1996)。《探險台灣：鳥居龍藏的台灣人類學之旅》。台北：遠流。

溫　吉編譯

(1999)。《台灣番政志(二)》。台北：台灣省文獻委員會。

【日文書籍】

天理大學

(1993)。《天理大學附屬天理參考館所藏「台灣原住民の生活用具」》。一刷。日本奈良：天理教道友社。

台灣總督府警務局理蕃課編

(1993a)。《理蕃の友 第一卷》。復刻版第一刷。東京：綠蔭書房。

(1993b)。《理蕃の友 第二卷》。復刻版第一刷。東京：綠蔭書房。

(1993c)。《理蕃の友 第三卷》。復刻版第一刷。東京：綠蔭書房。

(1928)。《台灣原住民族の向化》。編者。

台灣總督府編

(1994)。《台灣日誌(1919-1944)》。台北：南天一版。

台灣經世新報社編

(1938)。《台灣大年表》。第四版。台北印刷株式會社。1994年南天書局二刷發行。

西村兵部編輯、解說

(1970)。《台灣の蕃布》。京都：有秀堂。

佐山融吉、大西吉寿

(1996)。《生蕃傳說集》。二刷發行。台北：南天。初版於1923(大正12)年由杉田重藏書店印刷發行。

佐藤文一

(1988)。《台灣原住種族の原始藝術研究》。複刻版。台北：南天。1942年初版發行。

宮川次郎

(1930)。《台灣の原始藝術》。台北：台灣實業界社。

笠原政治

(1995)。《台灣原住民族映像》。台北：南天。

鈴木秀夫編

(1935)。《台灣蕃界展望》。台北：台灣總督府警務局理蕃課內理蕃之友發行所。

鈴木作太郎

(1988)。《台灣の蕃族研究》。複刻版。台北：南天出版。原書於1932年由台灣史籍刊行會發行。

瀨川孝吉

(2000)。《台灣先住民寫真誌──ツオウ篇》。初版一刷。台北：南天書局。

藤崎濟之助

(1988)。《台灣の蕃族》。複刻版。台北：南天出版。原書於1930年由國史刊行會發行。

【日文報紙】

(1911.08.13)。〈臺中番地狀況(上)/教授蕃業〉。2版。《漢文台灣日日新報》資料庫。

(1911.04.15)。〈蕃婦機業〉。3版。《漢文台灣日日新報》資料庫。

(1911.01.18)。〈蕃人歸山〉。3版。《漢文台灣日日新報》資料庫。

(1911.01.10)。〈生蕃參觀〉。2版。《漢文台灣日日新報》資料庫。

(1911.01.09)。〈渡英蕃人歸〉。3版。《漢文台灣日日新報》資料庫。

(1911.01.07)。〈渡英蕃人歸臺〉。1版。《漢文台灣日日新報》資料庫。

(1910.02.20)。〈本島蕃人の渡英〉。《台灣時報》，第8號，58。

(1910.02.06)。〈蕃人渡英〉。4版。《漢文台灣日日新報》資料庫。

(1909.10.17)。〈塑蕃人型〉。7版。《漢文台灣日日新報》資料庫。

(1908.02.23)。〈番歸學織〉。3版。《漢文台灣日日新報》資料庫。

(1908.02.08)。〈機業之傳習〉。2版。《漢文台灣日日新報》資料庫。

(1907.02.20)。〈阿猴蕃人授產〉。5版。《漢文台灣日日新報》資料庫。

(1906.09.08)。〈現計畫欲教授農作及工藝〉。3版。《漢文台灣日日新報》資料庫。

後　記

感謝給我啟發、知識的原住民創作者，
許多我的「寫」，來自於你們的「口」。

人生，常是不可推算的。寫這本書的過程中的幾個選擇，發現在面對一些現實條件或限制，而自己又想在某些限制中，誠實面對內心想做的事並尋求自我精神的飽足感。

　　1998年，母親罹癌，從開刀、化療、安寧病房，到望著她薄弱的脈搏逐漸停止的那一刻，我和她在醫院住了半年多的時間，那年她四十七歲。就在這段第一次學習生命與死亡意義的時間，無法進行碩士論文的沉澱空間，我輕鬆地放開了不結合之前所學實在可惜的「策略」，朝著內心的呼聲走去，從原住民聚落換成內心最想研究的當代原住民藝術。

　　1999年夏天，我剛完成碩士論文，回到研究的田野地台東，遇到了阿美族與噶瑪蘭族混血的創作者阿水，當時，他憂心出身於坂的排灣族雕刻師陳春和過世，作品棄置無人聞問。1999年冬天，因機緣來到我喜愛嚮往的台東工作。老父雖不捨，卻只淡淡地說順著妳的心去。2001年，台東成了我的家了，但這幾年回台中家時，卻看到了「似曾相識」的台東，菜市場前的公車站新增了「清泉崗-台東」的野雞車、小學舊址上蓋了一棟原住民活動中心蚊子館、卡拉OK小吃店增多，老舊眷村殘破的房舍因原住民「租得起」大量進住（似乎就跟大陸配偶潮的時間差不多），期待旁邊新設工業區的工作機會。父親也成了房東之一，房客曾有阿美族、卑南族……。

　　因為興趣與研究方向、工作地點、生活環境，使我有較多的機會接觸、感受原住民藝術創作者的心路歷程，我試著從親身體驗的氛圍去理解原住民藝術。2000年還是博物館菜鳥的我，沒想到會承辦公共藝術設置。設定原住民藝術委託創作後，如何找到成熟穩定的藝術家，成為最現實的問題。從邀請風格穩定獨特到退而求其次，委託有潛力者，但同時要冒著風險，才讓委託名單出爐。被評審委員認為雖有潛力，但是經驗不足的尤瑪‧達陸，接近結案時面臨了無法順利完成的問題。對於一個必須在既定時間完成行政程序並兼具質感成果的「文化行政者」來說，在公共藝術執行過程，面對不諳行政程序、不了解公共藝術與建築工程介面，甚至連自身的藝術專業都不穩定的創作者，我曾氣的跳腳、協助寫公文、捲起袖子弄髒手一起施作，也曾因他們的努力而流淚。

　　除了文化行政等規劃與執行能力，面對不同的族群與文化，我的挑戰與學習還包括獲得對方的信任，自己對不同族群文化的適應力，以及原住民因適應不良所衍生的問題的隨機應變，以及原則與同理之間的拿捏。

　　2003年7月，我在史前館工作快四年了，Eki（林益千）因肺線癌過世。我曾懊惱自己的反應遲鈍，敏銳度不足，而未細膩地分析關照他的作品。2005年，我拋開之前原住民傳統人像雕刻的刻板印象，認真、反覆地閱讀大量的原住民木雕作品，對照現今藝術展與博物館藏品的差別。常

常，瞪著作品照片，試想創作者的心境，似乎呼之欲出，卻又隱去，那是經歷了多次的階段，原住民木雕不同的細膩面貌才在眼裡逐漸清晰。

從2001年開始，已不時反覆提出原住民藝術教育問題的拉黑子‧達立夫，在2004年的語調更顯急迫、焦慮。我告訴他自己非藝術教育方面的專業，似乎無能為力。也許可以參考、考察國外原住民藝術教育的發展經驗；或者與其急著提出原住民藝術教育的政策與執行方式，還不如先把原住民藝術教育的問題與困境，作一個踏實的釐清，以讓國內其他相關領域的學者、專家以及政府單位了解。

當這個問題仍停留在滿身無力與滿腦疑惑狀態時。2004年，我又進入了腦袋容易不靈光、行動不便的「妊娠期」。進入博物館工作後，讀博士班常是研究人員的重要生涯選項。我也不例外，也曾盤算著。但因為嬰幼兒時期的孩子比較離不開母親而使得女性在這段期間相對較為弱勢、不希望自己與家人的生活過於疲累而失去品質此生命意義、不願錯過享受孩子生命中最可愛卻也短暫的時光，再加上台東地處偏遠，以及內心所累積的問題與疑問，需要釐清與釋放，就這樣，我先刪除考博士班這個選項，蹲在台東寫起書。

雖然，現在已「脫離」孩子一歲前辛苦的生活，孩子已是我每天八小時工作後的一個可愛小句點。但我仍需要在與孩子一起成長、日常三餐與自我實現之間尋求平衡。而維持這個平衡的關鍵，來自家庭經濟的穩定以及另一件的支持、分擔與包容。

當內容接近完成，疲憊感跟著逐漸升高時，「藝術家出版社」何政廣社長支持出版、「如果出版社」總編輯王思迅協助釐清思緒，以及鄭桂英小姐等影像提供者，讓我又打起了精神。

我曾建議原住民藝術工作者吸取國際藝術與相關原住民藝術資訊，先增加自己的抵抗力，厚植實力，才有可能有朝一日突飛猛進。然而，當我聽到連中文閱讀都是吃力的，我才驚覺自己正以一個優勢族群、中產階級、受過高等教育、有基本能力搜羅知識工具的標準提出建議。這是一個非常不同的位置，因此常必須提醒與調整自己，在還沒有能力提出解決方案之前，努力確實地分析問題，不是指責式批判，而是投以更深與善意的理解，同時需有批判中所蘊含的期許。

解釋現實，處理現實進而反扭現實，兩條都不是容易的道路。但現階段的著述工作，或也成了自己的另一種實踐方式。原以為只是彼此人生中的過客的採訪者與受訪者，有些成了互相期許一起努力的夥伴；原來的學術田野地，成了自己想要投入耕耘的一塊美感土地。兩者，未來會怎麼走，還不清楚……，如果仍然可以順著內心而走，是另一種幸福。但現在，在這舒適卻也容易讓人習慣安逸與乖巧的環境中，記得時常回到野地裡，不要忘記當野狗的苦與美。

國家圖書館出版品預行編目資料

天還未亮‧台灣當代原住民藝術發展
Before Dawn：The Development of Contemporary Indigenous Art in Taiwan

盧梅芬／撰文. -- 初版 . -- 台北市：藝術家出版社，2007〔民96〕

面；17×23 公分

ISBN-13　978-986-7034-74-8（平裝）

1.臺灣原住民　　　2.民族文化　　　3.藝術

536.33　　　　　　　　　　　　　　　　　　　　　96022857

天還未亮 台灣當代原住民藝術發展

Before Dawn：The Development of Contemporary Indigenous Art in Taiwan

盧梅芬／著

發行人　何政廣
主編　王庭玫
文字編輯　謝汝萱‧王雅玲
美術設計　苑美如‧陳怡君
封面設計　曾小芬

出版者　藝術家出版社
台北市重慶南路一段147號6樓
TEL：（02）2371-9692～3
FAX：（02）2331-7096
郵政劃撥：01044798 藝術家雜誌社帳戶

總經銷　時報文化出版企業股份有限公司
倉庫：台北縣中和市連城路134巷16號
TEL：（02）2306-6842

南部區域代理：台南市西門路一段223巷10弄26號
TEL：（06）261-7268／FAX：（06）263-7698

製版印刷　欣佑彩色製版印刷股份有限公司
初版／2007年12月
定價／新台幣380元

ISBN-13　978-986-7034-74-8（平裝）
法律顧問　蕭雄淋
版權所有，未經許可禁止翻印或轉載
行政院新聞局出版事業登記證局版台業字第1749號